Alice Bianchini
Silvia Chakian
Mariana Bazzo
Letícia Giovanini Garcia

Manual de DIREITO ELEITORAL E GÊNERO

Aspectos Cíveis e Criminais

2ª edição
Revista, atualizada e ampliada

2025

EDITORA JusPODIVM
www.editorajuspodivm.com.br

EDITORA *Jus*PODIVM
www.editorajuspodivm.com.br

Rua Canuto Saraiva, 131 – Mooca – CEP: 03113-010 – São Paulo – São Paulo
Tel: (11) 3582.5757
• Contato: https://www.editorajuspodivm.com.br/central-de-relacionamento

Copyright: Edições *Jus*PODIVM

Diagramação: Lupe Comunicação e Design (*lupecomunicacao@gmail.com*)

Capa: Ana Caquetti

B578m Bianchini, Alice
Manual de Direito Eleitoral e Gênero: Aspectos Cíveis e Criminais / Alice Bianchini... [et. al.] – 2.ed., rev., atual. e ampl. – São Paulo: Editora JusPodivm, 2025.
296 p.

ISBN: 978-85-442-5673-2

1. Direito Eleitoral. I. Bianchini, Alice. II. Bazzo, Mariana. III. Chakian, Silvia. IV. Garcia, Letícia Giovanini. V. Título.

CDD 341.28

BIBLIOTECÁRIA RESPONSÁVEL

Ana Carolina Ribeiro Mois – CRB7 – RJ 007348/0

SOBRE AS AUTORAS

Alice Bianchini

Doutora em Direito penal pela PUC/SP. Vice-Presidenta da Associação Brasileira de Mulheres de Carreiras Jurídicas. Coordenadora da Pós-Graduação Direito das Mulheres (meucurso.com.br). Autora de vários livros e de artigos publicados em periódicos nacionais e estrangeiros, dentre eles: *Crimes contra mulheres*, Juspodivm, 2024 (7ª edição); *Crimes contra Crianças e Adolescentes*, Juspodivm, 2025 (3ª edição); *Lei Maria da Penha*, Tirant, 2021; *Feminismo(s)*, em coautoria com Sílvia Pimentel, Matrioska, 2024 (2ª edição). Integrante do Grupo de Pesquisa Direito, Discriminação de Gênero e Igualdade, certificado no CNPq e vinculado à PUC/SP. Conselheira do Notório Saber do CNDM. Ministra cursos de capacitação para profissionais do direito sobre direito das mulheres e práticas da Lei Maria da Penha, sob a perspectiva de gênero.

Letícia Giovanini Garcia

Promotora de Justiça no Ministério Público do Paraná desde 2009, atualmente atuando em Promotoria de Enfrentamento à Violência Doméstica, Fazenda Pública, Falência e Recuperação Judicial e Coordenação Eleitoral. Doutoranda e Mestre (2023) em Ciências Jurídico-Políticas pela Faculdade de Direito da Universidade de Lisboa. Pós-graduada em Direito Aplicado pela Escola da Magistratura do Estado do Paraná (2006) e pela Fundação Escola Superior do Ministério Público do Paraná (2005). Autora da obra "Mulheres, Política e Direitos Políticos", publicada pela Editora Almedina e coordenadora da obra "Democracia, Eleições e Participação Feminina: Elas Pensam o Brasil", publicada pela Editora Fórum

Mariana Bazzo

Promotora de Justiça no Ministério Público do Estado do Paraná desde o ano de 2004. Autora de diversos artigos relacionados ao tema da violência contra a mulher e direitos humanos, e coautora das obras *Crimes contra Mulheres* e *Crimes contra Crianças e Adolescentes* (Juspodivm). Doutoranda em Direito Financeiro pela Universidade de São Paulo (USP). Mestra em "Estudos sobre Mulheres – Gênero, Cidadania e Desenvolvimento" pela Universidade Aberta de Portugal (2018). Pós-graduada em Justiça Europeia dos Direitos do Homem pela Faculdade de Direito da Universidade de Coimbra, Portugal (2008).

Silvia Chakian

Promotora de Justiça do Ministério Público de São Paulo, integrante da Promotoria de Enfrentamento à Violência Doméstica e Familiar contra a Mulher. Coordenadora do Núcleo de Atendimento às Vítimas de Violência e Ouvidoria das Mulheres do MPSP. Mestre em Direito Penal pela Pontifícia Universidade Católica de São Paulo. Especialista em gênero pela Universidade Tor Vergata de Roma. Professora da Escola Superior do Ministério Público de São Paulo e convidada de outros cursos. Autora da obra *A Construção dos Direitos das Mulheres* (ed. Lumen Juris), coautora das obras *Crimes contra Mulheres* (Juspodivm), *Crimes contra Crianças e Adolescentes* (Juspodivm), *Precisamos falar de Consentimento* (ed. Bazar do Tempo), além de artigos e projetos relacionados ao tema da violência contra a mulher. Articulista da *Revista Marie Claire* (ed. Globo), desde 2019.

APRESENTAÇÃO

O presente trabalho visa ao estudo detalhado das principais reformas legislativas do Direito Eleitoral, tanto no âmbito cível quanto criminal, à luz dos Estudos de Gênero e da Teoria Feminista do Direito.

Procurou-se o enfoque no discurso que, para além da mera discussão no âmbito do Direito, trouxesse à baila posicionamentos possivelmente influenciados por questões de gênero e, por consequência, passíveis de serem objeto de Estudos de Gênero, inclusive de forma interdisciplinar, a partir de conceitos oriundos da História, da Filosofia, da Psicologia e da Sociologia, todos hábeis a buscar a compreensão do complexo fenômeno da exclusão da mulher no âmbito da política e da própria violência política de gênero contra a mulher.

SUMÁRIO

INTRODUÇÃO

Desde o Brasil Colônia até os dias de hoje, a evolução da sociedade brasileira foi fortemente temperada pela misoginia e pelo racismo, que tornaram a banalização da violência um dos seus pilares estruturais. Os argumentos médicos e biológicos de fragilidade do sexo feminino, vistos desde a Antiguidade, foram firmados e reafirmados pelo patriarcado moderno e, assim, qualquer alteração de papéis impostos socialmente aos homens e mulheres passou a ser "antinatural". As práticas das habitantes do Novo Mundo, seja de espiritualidade, de cuidados e exposição do próprio corpo, formas matrimoniais e toda sua cultura ancestral, foram silenciadas pelo colonizador que, sob a já consolidada tradição judaico-cristã, encarava esses costumes heterodoxos como desvios de fé. O discurso de "salvar almas", todavia, legitimou práticas violentas e o destino da Eva pecadora, portadora do pecado original, gerou o adestramento cultural e sexual da mulher indígena, além de todo seu povo, sobretudo entre os séculos XVI e XVIII, período intenso da colonização no Brasil.

Os escassos documentos acerca da situação da mulher brasileira pré-colonial, entretanto, partem da visão do colonizador, com seus valores morais e religiosos do período medieval em que a Europa vivia, e toda a legislação à época existente foi elaborada sob os fundamentos de submissão e inferioridade feminina. Assim, o papel da mulher, já disseminado na Europa Ocidental, passou a se vincular às atividades domésticas, nomeadamente os cuidados com o marido e com os filhos, e à esfera privada, desprovida de importância política e, com isso, afastada da proteção do Estado. O século XIX, todavia, iniciado pela chegada da família real no Brasil, em 1808, trouxe profundas transformações para a sociedade brasileira, por meio da ascensão da burguesia e implementação do capitalismo.

Da mulher nativa da Terra de Santa Cruz à mulher contemporânea houve uma lenta e gradual evolução de direitos, muito ligada, a propósito, ao desenvolvimento do Direito Português, então vigente à época. Nesta toada, as Ordenações do Reino, principalmente as Ordenações Filipinas, vigentes no Brasil por mais de trezentos anos[1], mais tempo inclusive do que sua existência em seu país de origem, legitimavam inúmeras práticas misóginas, a exemplo do feminicídio em legítima defesa da "honra"[2].

No âmbito constitucional, da Carta outorgada de 1824, que nem sequer fez menção à situação das mulheres, até a Constituição de 1988, marco para o direito à igualdade de gênero, um longo caminho de lutas e conquistas foi percorrido. Isso sem considerar a longa vigência de um Código Criminal de matriz declaradamente patriarcal, com utilização de expressões de escancarada feição sexista, como "mulher honesta" e "mulher virgem", ao dispor sobre crimes sexuais, que punia o "defloramento" da mulher com tais características. A legislação da época ainda regulava a criação de escolas exclusivamente femininas, denominadas de "primeiras letras", voltadas ao ensino de "prendas domésticas"[3]. As demais áreas do conhecimento, tal como matemática, leitura, geometria e princípios cívicos e morais eram de destinação exclusivamente masculina.

Na seara civil, o paradigma patriarcal se mantinha, já que o então vigente Código de 1916 preservava os princípios existentes na época do Império e Proclamação da República, tendo, inclusive, equiparado a mulher ao pródigo, silvícola e menores de idade, todos considerados relativamente incapazes. Apesar de ter conquistado os direitos políticos

1. As Ordenações Filipinas tiveram vigência no Brasil entre os anos de 1603, ano de sua edição, à 1916, quando entrou em vigor o antigo Código Civil Brasileiro.
2. É o que autorizava em seu Livro 5º, título XXXVIII, §6º: "Achando o homem casado sua mulher em adultério, licitamente poderá matar tanto ela como o adúltero".
3. Cf. Lei de 15 de outubro de 1827, art. 6º. Foi apenas em 1879, por meio do Decreto n. 7247, que o ensino superior passou a ser acessível às mulheres.

em 1932, foi apenas em 1962, com o Estatuto da Mulher Casada, que a parcela feminina da sociedade obteve sua capacidade civil plena, saindo do rol das incapacidades. Apesar disso, até o Código Civil de 2002, quando alterações que já vinham sendo trilhadas desde a Constituição de 1988 foram realizadas, grande parte das discriminações legitimadas por lei permaneceram, em especial com relação à mulher casada, dependente do marido para o exercício de grande parte de suas liberdades individuais[4].

Nesta toada de evolução social, após iniciada a desmistificação do patriarcado com a decadência das casas-grandes do século XIX[5], o século XX surge sob grandes impactos na vida das mulheres, com a chegada da consagração dos direitos políticos femininos, em 1932, novos comportamentos advindos do pós-guerra, nomeadamente o ingresso massivo das mulheres no mercado de trabalho, aumento no nível de escolarização feminina, bem como o surgimento da pílula anticoncepcional na década de 1960, que revolucionou não apenas a sexualidade feminina, mas também a formação familiar, antes extremamente numerosa. As taxas de natalidade viriam a cair na sequência e as famílias, em especial as de classe média, passaram a ter cada vez menos filhos. As mudanças no ambiente doméstico não pararam por aí. Na década de 1970, surge a Lei do Divórcio, n. 6.015/77, o que, somado aos acontecimentos acima nomeados, deu início à gradual (e ainda não completa) emancipação da mulher, provocando naturalmente uma modificação definitiva das relações familiares[6].

As lutas femininas em busca da emancipação atingiram também a vida política e o movimento sufragista brasileiro, de forte ligação ao meio acadêmico no período ditatorial, tendo obtido conquistas com a consagração dos direitos políticos femininos, no ano de 1932.

---

4. Exemplo do art. 242, que vinculava o exercício ao direito de propriedade por parte da mulher e até mesmo à sua profissão, à anuência marital.

5. De um modo geral, a queda das civilizações, sobretudo ocidentais, do século XIX e os movimentos emancipatórios que a sucederam também já foi objeto de análise por FRASER, Nancy. **Fortunes of Feminism – from state-managed capitalism to neoliberal crisis,** London/New York, Verso, 2013, p. 233.2

6. Sobre o tema, Cf. PRIORE, Mary Del. **Sobreviventes e Guerreiras: Uma breve história da mulher no Brasil de 1500 a 2000**, São Paulo, Editora Planeta, 2020.

Apesar disso, as Constituições de 1937 e de 1946 não contemplaram expressamente o vocábulo "sexo", utilizando fórmulas genéricas[7]. Foi a Constituição de 1967 que, no espírito da Declaração Universal dos Direitos Humanos, voltou a estabelecer o princípio da igualdade formal, sem distinção de sexo. Ainda assim, o estatuto jurídico da mulher passou a ter engajamento constitucional, de fato, somente com a atual Constituição de 1988.

Dos embates entre o conservadorismo da época e a latente libertação feminina, a sociedade foi se moldando, modificando o matrimônio e a própria família. A partir daí, cada vez mais mulheres ingressaram no mercado de trabalho e passaram a ser provedoras de suas unidades familiares. A propósito, segundo levantamento feito pelo Instituto Brasileiro de Economia da Fundação Getúlio Vargas, com base em dados da Pesquisa Nacional por Amostra de Domicílios Contínua (PnadC), para a Valor, houve aceleração de crescimento dos domicílios chefiados por mulheres, especialmente sem cônjuges ou companheiros, nos últimos dez anos, estimado em 72,9%, tendo passado de 22,2 milhões para 38,3 milhões[8]. Com base nesses dados, é possível concluir que a inserção no mercado de trabalho não é fácil. Para milhares de mulheres é impossível conciliar maternidade, estudo e trabalho: 7,2% das mães solo entre 15 e 60 anos estão desempregadas, "29,4% estão fora da força".[9]

A balança social, portanto, não se ajustou por completo e a mulher, agora inserida nos espaços públicos, preservou as obrigações do espaço doméstico, principalmente no que diz respeito aos cuidados com a prole e demais membros da família, e a dupla jornada a sobrecarregou em cheio. Para algumas, inclusive, o trabalho passou a

---

7. Consta nos documentos constitucionais mencionados: Constituição Federal de 1937 - A Constituição assegura aos brasileiros e estrangeiros residentes no país o direito à liberdade, à segurança individual e à propriedade, nos termos seguintes: "§ 1º: Todos são iguais perante a lei" (art. 122, § 1º); Constituição Federal de 1946 – "Todos são iguais perante a lei". (art. 141, § 1º).

8. Cf. https://valorinveste.globo.com/mercados/brasil-e-politica/noticia/2023/05/08/mulheres-ja-chefiam-mais-de-metade-dos-lares-brasileiros.ghtml. Acesso em: 16 de julho de 2023.

9. Disponível em: https://portal.fgv.br/artigos/maes-solo-mercado-trabalho-crescem-17-milhao-dez-anos. Acesso em: 14 de julho 2023.

ser praticamente intermitente. Não é por outra razão que as diferenças sociais, políticas e civis geraram e ainda geram implicações práticas, nomeadamente no que diz respeito à igualdade econômica, revelando uma face predominantemente feminina da pobreza, quando são observados dados comparativos entre os gêneros[10]. Segundo o Instituto Brasileiro de Geografia Estatística (IBGE), a diferença salarial entre homens e mulheres, que experimentava tendência de queda até 2020, voltou a subir e atingiu 22% no final de 2022, o que significa dizer que uma brasileira recebe, em média, 78% do que ganha um homem, no exercício das mesmas funções[11].

Por isso, em alinhamento à igualdade de gênero preceituada pela Constituição de 1988, que esclareceu que "os direitos e deveres referentes à sociedade conjugal são exercidos igualmente pelo homem e pela mulher" (art. 226, §5º), normas protetoras à maternidade (extensivas ao/à recém-nascido/a), a exemplo da licença-maternidade (art. 7º, incisos XVIII e XIX, da Constituição Federal), o incentivo ao trabalho feminino (art. 7º, inciso XX), assim como o menor prazo para aposentadoria em razão da dupla jornada feminina (art. 40, inciso III, letras "a", "c", "d" e "e"; art. 202, incisos I, II, III e §1º, da Constituição Federal), começaram a ser inseridas no ordenamento jurídico brasileiro, com finalidade compensatória, reafirmando o objetivo constitucional de promoção do bem de todos, sem distinção e preconceitos em função do sexo, marcando a segunda metade do século XX pela mudança de paradigma no ordenamento jurídico brasileiro.

A história tem apresentado contornos mais justos e igualitários. Não obstante, dados de 2022 mostram que, a cada hora cerca, de 39 atos de violência são praticados contra mulheres no Brasil[12]. No

10. O Programa das Nações Unidas para o Desenvolvimento (Pnud), por exemplo, aponta uma sobrerepresentação das mulheres entre os pobres no Relatório de Desenvolvimento Humano de 1995, e afirma que 70% dos pobres no mundo eram mulheres (Cf. COSTA, Joana Simões et. al. "A Face Feminina da Pobreza: Sobre-Representação e Feminização da Pobreza no Brasil", in **Texto para Discussão**, n. 1137, Brasília, 2005, p. 7).

11. Cf. https://epocanegocios.globo.com/brasil/noticia/2023/03/diferenca-salarial-entre-homens-e-mulheres-vai-a-22-aponta-ibge.ghtml. Acesso em: 16 jul. 2023.

12. Dados extraídos de: https://www.gov.br/mdh/pt-br/assuntos/noticias/2022/eleicoes-2022-periodo-eleitoral/brasil-tem-mais-de-31-mil-denuncias-violencia-contra-as-mulheres-no-contexto-de-violencia-domestica-ou-familiar. Acesso em: 21 ago. 2023.

ano de 2023, um grande avanço ocorreu com a criação do Ministério das Mulheres, que possui, como áreas de competência, os seguintes assuntos[13]:

– Formulação, coordenação e execução de políticas e diretrizes de garantia dos direitos das mulheres;
– Políticas para as mulheres;
– Articulação e acompanhamento de políticas para as mulheres nas três esferas federativas;
– Articulação intersetorial e transversal junto a órgãos e entidades, públicos e privados, e a organizações da sociedade civil;
– Articulação, promoção e execução de programas de cooperação com organismos nacionais e internacionais, públicos e privados, para a implementação de políticas para as mulheres;
– Elaboração e implementação de campanhas educativas e antidiscriminatórias de abrangência nacional; e
– Acompanhamento da implementação da legislação sobre ações afirmativas e definição de ações para o cumprimento de acordos, convenções e planos de ação sobre a garantia da igualdade de gênero e do combate à discriminação.

Não obstante importantes conquistas, amargamos a posição de um dos países com menor participação da mulher na política. Por conta disso, urgente se torna a discussão acerca da desigualdade de gênero na política e sobre o papel do Direito Eleitoral nessa seara, temas fundamentais e que serão apresentados no presente livro.

Em pesquisa realizada pela União Interparlamentar, acerca da representação política feminina, no mês de junho de 2023, o Brasil ocupava a 133ª posição em um ranking que contava com 187 países. Dentre os 20 países latino-americanos presentes na pesquisa, apenas

13. Disponível em: https://www.gov.br/mulheres/pt-br/acesso-a-informacao/competencias. Acesso em: 21 ago. 2023.

Haiti e Venezuela se encontravam em posição inferior à brasileira - International Organization of Parliaments[14]. Confira-se:

Rank	Country	Lower or single House				Upper chamber			
		Elections	Seats*	Women	% W	Elections	Seats*	Women	% W
133	Brazil	10.2022	513	90	17.5	10.2022	81	15	18.5

Notas:

- Os dados desta tabela foram compilados pela União Interparlamentar, com base nas informações fornecidas pelos parlamentos nacionais.
- Os parlamentos são classificados de acordo com a porcentagem de assentos ocupados por mulheres nas câmaras parlamentares inferiores ou únicas.
- Os números correspondem ao número de assentos preenchidos no parlamento no momento. A classificação pode evoluir ao longo do tempo com base nas atualizações recebidas dos parlamentos nacionais.

Global and regional averages of women in national parliaments[15]

Averages as of 1st June 2023

Global averages			
	Lower chamber and unicameral	**Upper chamber**	**All chambers**
Total MPs	37,550	6,995	44,545
Gender breakdown known for	37,550	6,995	44,545
Men	27,533	5,153	32,686

14. IPU. Women in national parliaments. New York, 2023. Disponível em: https://data.ipu.org/women- ranking?month=1&year=2023. Acesso em: 21 jun. 2023.

15. Disponível em: II- IPU PARLINE. *Global and regional averages of women in national parliaments.* Disponível em: https://data.ipu.org/women-averages. Acesso em: 05 jul. 2023.

Women	10,017	1,842	11,859
Percentage of women	26.7%	26.3%	26.6%

Regional averages			
Region	**Lower chamber and unicameral**	**Upper chamber**	**All chambers**
Americas	34.6%	35.7%	34.8%
Europe	31.4%	30.9%	31.3%
Sub-Saharan Africa	26.7%	26.1%	26.6%
Asia	21.7%	19.2%	21.4%
Pacific	19.7%	49.4%	22.8%
Middle East and North Africa	17.7%	11.3%	16.4%

Apesar de todas as informações acima, podemos registrar uma evolução no tema, representado pela criação, na esfera do TSE, no ano de 2024, do Observatório de Direitos Políticos Fundamentais da Mulher. A regulamentação e a composição do observatório constam, respectivamente, das Portarias TSE 738/24 e 739/24. As atividades do observatório serão divididas em três núcleos: de direitos políticos e eleitorais; de direitos à privacidade e à igualdade contra violências digitais; e de direitos políticos fundamentais à igualdade de oportunidades para serem as mulheres social e politicamente aptas ao exercício de suas prerrogativas de nacionalidade e cidadania plena.

1

NOÇÕES GERAIS

1.1. CONTRATO SOCIAL E GÊNERO

Ao longo da história da humanidade, inúmeras teorias surgiram tentando explicar o processo que leva as pessoas a formarem Estados e/ou buscarem a preservação de uma ordem social. Estas teorias, denominadas contratualistas, trazem a noção de um acordo implícito, denominado contrato social, realizado entre os membros de uma determinada sociedade, abrindo mão de sua liberdade em troca de segurança estatal, justificando, portanto, a criação de um conjunto de regras, de um regime político e a existência de um governante. O contrato social é visto, desta forma, como símbolo da liberdade e elementar ao convívio social, podendo ser definido como "acordo tácito ou expresso entre a maioria dos indivíduos, acordo que assinalaria o fim do estado natural e o início do estado social e político"[1]. As teorias contratualistas partem de um estado de natureza dos seres humanos, livres e iguais, para colocá-los numa ordem social estruturada, que lhes traga segurança. Ou seja, os seres humanos[2], percebendo que não

1. Cf. BOBBIO, N.; MATTEUCCI, N.; PASQUINO, G. **Dicionário de Política**, Brasília, Ed. UnB, 2004, p. 272.
2. Vale lembrar que até o advento das Revoluções Liberais e o avanço do pensamento feminista, mulheres sequer eram consideradas como sujeitos de direitos, o que equivale dizer que o conceito de humanidade as deixava de lado, assim como as pessoas escravizadas, para definir como "ser humano", em termos de garantia ampla de direitos, apenas o homem, especialmente branco, europeu, heterossexual e cristão.

conseguiriam viver isoladamente, unem-se de comum acordo e, "no que concerne aos associados, adquirem coletivamente o nome de povo, e se chamam particularmente cidadãos, na qualidade de participantes na autoridade soberana, e vassalos, quando sujeitos às leis do Estado"[3].

Em sua versão clássica, o contratualismo, em suma, pretendeu "através do contrato resolver o problema da legitimidade do poder", e aqui destacam-se as figuras de Thomas Hobbes (1588-1679) e Jonh Locke (1632-1704). Para o primeiro, o homem, em estado permanente de guerra decorrente de suas características naturais que são a competição, a desconfiança e a glória dependeriam do contrato social para combater esta tendência[4]. Em sua obra *Leviatã*, o autor analisa o estado de natureza do homem, caracterizado pela guerra de todos contra todos, na qual cada um faria o que quisesse, de acordo com seu autogoverno:

> consequentemente é um preceito ou regra geral da razão, que todo homem deve esforçar-se pela paz, na medida em que tenha esperança de consegui-la, e caso não a consiga pode procurar e usar todas as ajudas e vantagens da guerra. A primeira parte desta regra encerra a lei primeira e fundamental de natureza, isto é, procurar a paz, e segui-la. A segunda encerra a suma do direito de natureza, isto é, por todos os meios que pudermos, defendermo-nos a nós mesmos[5].

Na visão de Hobbes, portanto, centrada na natureza humana violenta, apenas a existência de um pacto entre os seres humanos e o Estado, no qual os primeiros obedecem a regras e leis, e o segundo lhes concede direitos à igualdade e liberdade, é que seria capaz de conter aquela tendência. A essência do Estado é, para Hobbes, como

> uma pessoa de cujos atos uma grande multidão, mediante pactos recíprocos uns com os outros, foi instituída por cada um como

3. Cf. ROUSSEAU, Jean-Jacques. **Do Contrato Social**, trad. de Rolando Roque da Silva, Edição: MORES, Ridendo Castigat, p. 26. Disponível em: http://www.ebooksbrasil.org/adobeebook/contratosocial.pdf. Acesso em: 21 ago. 2023.
4. Cf. HOBBES, Thomas. **Leviatã**, Lisboa, INCM, p. 111.
5. Cf. HOBBES, Thomas. **Leviatã**, Lisboa, INCM, p. 116.

autora, de modo ela poder usar a força e os recursos de todos, da maneira que considerar conveniente, para assegurar a paz e a defesa comum[6].

Para Jonh Locke, de outro lado, as pessoas nascem livres e racionais, consistindo o estado de natureza na liberdade e igualdade entre eles, fato este que não afasta a existência de inconvenientes que inviabilizem esta igualdade[7]. Ele descreve o estado de natureza por meio da liberdade das pessoas em dirigir suas ações e dispor de seus bens como lhe aprouver, sem depender da anuência de ninguém, mas levando em conta os limites da lei natural e, por isso, só pode se submeter ao poder político com sua anuência, normalmente concedida porque o ser humano busca paz e segurança. Para o autor:

> a única maneira pela qual uma pessoa qualquer pode abdicar de sua liberdade natural e revestir-se dos elos da sociedade civil é concordando com outros homens em juntar-se e unir-se em uma comunidade, para viverem confortável, segura e pacificamente uns com outros, num gozo seguro de suas propriedades e com maior segurança contra aqueles que dela não fazem parte[8].

Já em sua versão mais moderna, demonstrada na concepção de Jonh Rawls, o contratualismo passou a utilizar o contrato como forma de resolver o problema da justiça social[9]. Para Rawls, existem "algumas distinções que nos possibilitam compreender o significado das diferentes concepções do contrato social e isolá-las umas das outras"[10]. Assim, compreende o contrato social como

---

6. Cf. HOBBES, Thomas. **Leviatã**, Lisboa, INCM, p. 146.
7. Cf. LOCKE, Jonh. **Dois tratados sobre o governo**, São Paulo, Martins Fontes, 1998, pp. 381-382.
8. Cf. LOCKE, Jonh. **Dois tratados sobre o governo**, São Paulo, Martins Fontes, 1998, p. 468.
9. Cf. BRITO, Miguel Nogueira de. **As Andanças de Cândido – Introdução ao Pensamento Político do Século XX**, Lisboa, Edições 70, 2009, p. 40.
10. Cf. RAWLS, Jonh. **Conferências sobre a história da filosofia política**, trad. de Fabio M. Said (Org. Samuel Freeman), São Paulo, Editora WFM Martins Fontes, 2012, p. 16.

> um acordo hipotético a) entre todos, e não apenas entre alguns membros da sociedade, e b) entre todos na condição de membros da sociedade (como cidadãos), e não na condição de indivíduos que nela ocupam uma posição ou desempenham um papel particular; Na versão kantiana dessa doutrina, que denomino "justiça como equidade", c) consideram-se as partes contratantes como pessoas morais livres e iguais e d) o conteúdo do acordo consiste nos princípios primeiros que devem regular a estrutura básica[11].

Rawls apresenta uma ideia de posição original para assegurar que consensos básicos sobre justiça sejam estabelecidos de forma equitativa, que não passa de uma situação hipotética na qual as partes contratantes escolhem os princípios de justiça que devem reger a sociedade, sob um *véu de ignorância,* expressão por ele utilizada para simbolizar a escolha dos princípios desvinculada da posição real dos contratantes dentro da estrutura social.

Esta história do contrato social, ademais, é abordada como uma espécie de relato sobre a constituição da esfera pública da liberdade civil, espaço originalmente atribuído às pessoas do sexo masculino, considerada politicamente com relevo, diferente do que se passa com a esfera particular, na qual foram inseridos a mulher, o casamento e o contrato matrimonial. Ou seja, a igualdade existente na elaboração do contrato original existe apenas entre os homens, nomeadamente os brancos e de alto poder econômico. Por isso, a concepção de contrato social acaba sendo limitada pela metade[12] e a ideia de propriedade – de bens, riquezas e sobre suas pessoas – a ele inerente acaba sendo atribuída ao indivíduo do sexo masculino. Assim, o contrato original revelaria um duplo sentido: a *liberdade,* dos homens, e a *sujeição,* das mulheres. Entretanto, esta segunda metade, assentada na dominação e exploração das mulheres pelos homens, tornou-se ocultada da concepção original do contrato social, a qual passou a ser repensada através

11. Cf. RAWLS, Jonh. **O liberalismo político**, trad. de Álvaro de Vita, São Paulo, Edição WMF Martins Fontes, 2011, p. 306.
12. Cf. PATEMAN, Carole. **O Contrato Sexual**, trad. de Marta Avancini, Rio de Janeiro, Paz e Terra, 1993 (tradução), 1988 (original), p. 19.

do contrato sexual, baseado na divisão sexual de trabalho e na sujeição das mulheres aos homens. Por isso, para Carole Pateman:

> o contrato social é uma história de liberdade; o contrato sexual é uma história de sujeição. (...) O pacto original é tanto um contrato sexual quanto social: é sexual no sentido patriarcal – isto é, o contrato cria o direito político dos homens sobre as mulheres – e também sexual no sentido do estabelecimento de um acesso sistemático dos homens aos corpos das mulheres[13].

Mas este contrato sexual, em contrapartida, não permite que a mulher troque sua liberdade pela proteção estatal de maneira isonômica, já que a ela foi destinado o espaço privado, de cuidados domésticos e com os filhos e outros membros da família, ao passo que o espaço político, por decisão política dos homens, a eles foi atribuído. A propósito, "a hierarquização entre masculino e feminino, própria de divisão sexual do trabalho, do saber e do poder, deve ser combatida pela ação política, na medida em que, inferiorizando o feminino, a divisão sexual cria uma situação de profunda injustiça social"[14].

Então, se o próprio contrato social se origina de uma assimetria sexual, invariavelmente seu conteúdo colaboraria para manutenção deste cenário. É, deste modo, "tanto um contrato sexual quanto social: é social no sentido de patriarcal, isto é, o contrato cria o direito político dos homens sobre as mulheres e também sexual no sentido do estabelecimento de um acesso sistemático dos homens aos corpos das mulheres"[15]. Ou seja, as mulheres, diferentemente dos homens, não se sujeitam ao contrato social por uma decisão livre e racional. Elas simplesmente não participaram da elaboração de um acordo que só favoreceu seus pactuantes. Ao contrário disso, elas se tornaram objeto

---

13. Cf. PATEMAN, Carole. **O Contrato Sexual**, trad. de Marta Avancini, Rio de Janeiro, Paz e Terra, 1993 (tradução), 1988 (original), pp. 16-17.
14. Cf. HIRATA, Helena. "Conhecimento e Ação Política: Divisão sexual do trabalho e teorias da interseccionalidade", in ALKMIN, Gabriela Campos; NICOLI, Pedro Augusto Gravatá; RAMOS, Marcelo Maciel. Gênero (orgs.), **Sexualidade e Direitos Humanos: perspectivas multidisciplinares**, Belo Horizonte, Initia Via, 2017, p. 98.
15. Cf. PATEMAN, Carole. **O Contrato Sexual**, trad. de Marta Avancini, Rio de Janeiro, Paz e Terra, 1993 (tradução), 1988 (original), p. 17.

desse contrato, que permite que os "homens transformem seu direito natural sobre as mulheres na segurança do direito patriarcal civil"[16], na medida em que o controle sobre a propriedade das pessoas sobre si próprias encontra-se nas mãos apenas de uma das partes desse contrato. Uma parte controla, a outra, submete-se.

O contrato original, dessa maneira, tem como base a assimetria de gênero, apesar de aparentar uma neutralidade jurídica e política. Foram os homens brancos e proprietários os verdadeiros contratantes deste instrumento viabilizador da liberdade civil e ao mesmo tempo da sujeição. Por isso, toda a estrutura normativa, política e social foi elaborada ao largo das dificuldades enfrentadas pelas mulheres, já que o espaço a elas tradicionalmente atribuído, qual seja, a esfera privada, foi considerado irrelevante. E isto invariavelmente gera reflexos políticos, para além dos sociais e culturais, já que a vida pública historicamente excluiu as mulheres e todas as leis, normas, regras e estruturas sociais surgiram de uma visão parcial. As mulheres ingressam, assim, na vida política partindo de uma organização posta e não programada para sua participação. Formação e bases partidárias, escolha de candidatos e eleições, atividade legislativa, horário de funcionamento e de reuniões de toda a estrutura que gira em torno da atividade política, sessões legislativas, a inexistência de apoio e suporte às responsabilidades inerentes à maternidade, e até mesmo a própria concepção de democracia, tudo isso foi pensado e estruturado por homens que contavam com o suporte feminino para manutenção de todas as atividades domésticas e de cuidado com os filhos e, eventualmente, com outros membros da família. E isso significa que, ainda que atualmente, o número de mulheres desempenhando atividades públicas seja crescente, os sexos não são socialmente equivalentes, uma vez que a maioria dos empregos, de fato, exige que a pessoa, a princípio com gênero neutro, que seja qualificada para o cargo, seja alguém que não se trate do cuidador principal de uma criança em idade escolar ou de outra pessoa que necessite de atenção especial (pessoa idosa, doente, com deficiência etc.)[17].

16. Cf. PATEMAN, Carole. **O Contrato Sexual**, trad. de Marta Avancini, Rio de Janeiro, Paz e Terra, 1993 (tradução), 1988(original), p. 21.

17. Cf. MACKINNON, Catherine. **Feminism Unmodified: discourses on life and law**, Cambridge/Massachusetts/London, Harvard University Press, 1987, p. 37 (tradução livre)).

1.2. DEMOCRACIA REPRESENTATIVA

A democracia ocidental originou-se na Grécia Antiga, na qual eram considerados cidadãos as pessoas capazes de exercerem o poder de participar na política da cidade. Tratava-se, todavia, de uma concepção bastante restrita de democracia, apresentando uma grande mudança com o Iluminismo e a Revolução Francesa, que passou a apresentar a ideia de participação política de todas as classes sociais. Então, ao contrário da democracia direta, na qual as pessoas exercem o poder político diretamente, na democracia representativa, este exercício se dá através de representantes escolhidos pela população eleitoral, que atuam em nome desta, legitimados pela soberania popular. Caracteriza-se, assim, pelo ato de a pessoa eleita representar os cidadãos que a escolheram por meio do exercício do direito ao voto e consagra-se através de uma visão moderna de democracia, já que a antiga, oriunda da Grécia antiga, era desempenhada através de escolhas e decisões feitas diretamente pelas pessoas com esta capacidade, que excluía, por exemplo, mulheres e escravos, do exercício desse direito. Esta concepção moderna, a qual se denominou democracia liberal ou democracia representativa, foi desenvolvida durante o século XIX, nomeadamente após as Revoluções liberais, e firmada no século XX, trazendo uma experiência de libertação e autonomia do homem (sem que mulheres fossem contempladas). Posteriormente, após o século XX, surgem os debates sobre democracia participativa e pluralista, buscando a efetivação de mecanismos de controle da administração pública pela sociedade civil. É um modelo de exercício do poder político baseado no debate e discussão públicos entre cidadãos livres e em condições iguais de exercício.

Apesar disso, mesmo na modernidade, com diversos avanços políticos e com a ampliação da visão de democracia, a participação política e democrática das mulheres era inexistente nos países republicanos, já que somente em 1893 foi que, após o intenso movimento sufragista, as mulheres exerceram o direito ao voto pela primeira vez na história, na Nova Zelândia. Assim, apesar da familiarização com o termo, a democracia é conceito amplo, que se divide basicamente em democracia direta, representativa e participativa.

A primeira, democracia direta, caracteriza-se pela forma clássica de democracia grega, na qual não existiam eleições, pois os cidadãos se reuniam em praças públicas para criarem, debaterem e alterarem a legislação ateniense, o que era viável por força do reduzido número de cidadãos, os quais, a propósito, eram considerados apenas homens, após a maioridade, livres e nascidos em Atenas ou filhos de atenienses.

As democracias representativas, por sua vez, são dirigidas por uma Constituição, que institui um Estado Democrático de Direito e cria direitos e deveres a todas as pessoas, consideradas iguais perante a lei. Este modelo, também denominado democracia indireta, na qual os cidadãos escolhem seus representantes para atuarem perante os Poderes Legislativo e Executivo, depende de alguns fatores, tais como a existência de sufrágio universal, a elaboração de uma Constituição e a alternância do poder, verificada por meio da periodicidade dos mandatos eletivos.

Já a democracia participativa, também chamada democracia semidireta, é uma mescla de elementos das outras duas, pois preservam-se as eleições para escolha de membros do Executivo e Legislativo, que atuam como representantes populares, mas muitas das decisões dependem da participação e autorização da população, seja por meio de assembleias, seja através de plebiscitos e, por esta razão, torna a concepção de cidadania mais ampla.

No Brasil, o constituinte originário adotou, no art. 1°, parágrafo único, a democracia representativa como regra, mas também estabeleceu o sistema da democracia participativa através de seus mecanismos de plebiscito, referendo e iniciativa popular de lei, configurando-se, inclusive, hipótese de intervenção federal a inobservância do sistema representativo, tal como a forma republicana e o regime democrático (art. 34, VII, *a*, da Constituição Federal). A propósito, o art. 14, da Constituição de 1988, dispôs que "a soberania popular será exercida pelo sufrágio universal e pelo voto direto e secreto, com valor igual para todos, e, nos termos da lei, mediante: plebiscito; referendo; e iniciativa popular de lei".

Ademais, o Estado de Direito, consagrado pela Constituição Federal de 1988, passa a ser também democrático quando adere à participação popular como elemento fundante e reconhece a existência de direitos sociais aos quais se buscam atender mediante a criação de instituições aptas para tanto e com a formulação de políticas públicas com a participação da coletividade. Tanto é que o próprio preâmbulo da Constituição anuncia a instituição de um Estado Democrático, destinado a

> assegurar o exercício dos direitos sociais e individuais, a liberdade, a segurança, o bem-estar, o desenvolvimento, a igualdade e a justiça como valores supremos de uma sociedade fraterna, pluralista e sem preconceitos, fundada na harmonia social e comprometida, na ordem interna e internacional, com a solução pacífica das controvérsias.

Há, contudo, que se estabelecer uma crítica da não realização da democracia baseada inclusive em índices de baixa participação efetiva da população no Brasil:

> O Brasil, devido a vários fatores, tais como, suas características históricas e econômicas, possuiu baixa adesão política da maioria de seus cidadãos, com a consequente formação de uma sociedade onde a participação popular predomina como parte meramente chancelatória de uma forma ou outra forma de assunção ao poder. O volume de participação popular não necessariamente demonstra interesse político consciente, pois um grande número de cidadãos não quer dizer que estejam livres e conscientes de suas escolhas. Em uma visão míope e rasa da realidade, muitas vezes o discurso prega que a quanto mais volumosa a participação, maior é o engajamento do cidadão, confundido o aspecto quantitativo com o aspecto qualitativo[18].

Por fim, dentro deste contexto de democracia representativa, há um estudo apresentado por Anne Phillips, no sentido de que foi entre as décadas de 1960 e 1970, que a política do movimento feminista

18. Cf. ALMEIDA, Frederico Martins de. A propaganda eleitoral em bens particulares: sua limitação proporcional e a liberdade de expressão. In FUX, Luiz; PEREIRA, Luiz Fernando Casagrande; AGRA, Walber de Moura (Coord.); PECCININ, Luiz Eduardo (Org.). **Propaganda Eleitoral**. Belo Horizonte: Fórum, 2018. (Tratado de Direito Eleitoral, v. 4.) ISBN 978-85-450-0499-8, p. 17.

surge a partir de uma insatisfação com a democracia liberal, buscando uma democracia mais ativa e participativa, o que levou a identificação feminista com valores da democracia local e descentralizada. Segundo a autora, "para muitos democratas, a fraqueza decisiva da democracia liberal é a maneira como ela restringiu o alcance e a intensidade do engajamento dos cidadãos, distanciando-se tanto dos ideais clássicos da democracia que algumas dúvidas são levantadas sobre o uso do termo"[19]. A autora aponta, ainda, a percepção de que a representação proporcional pode levar à ideia de justiça, muito embora, tantas vezes, a sub-representação de alguns grupos seja tão grande, como é o caso das mulheres no Brasil, que atualmente correspondem a meros 15% de representação legislativa [tendo, em 2023, um discreto aumento para 18% no Congresso Nacional: 18,52% das cadeiras do Senado (15 das 81[20]) e 17,93% das cadeiras da Câmara (92 das 513[21])], que a injustiça é inquestionável[22].

1.2.1. Representação Política Feminina: teoria e desenvolvimento histórico

A sub-representação feminina na política é uma realidade verificada em grande parte dos países do mundo. No Brasil, mesmo correspondendo percentualmente a mais da metade do eleitorado nacional (53%[23]), o papel desempenhado pelas mulheres na política acaba sendo de menor relevância e sua presença legislativa no ano de 2023 não ultrapassa a marca dos 18%. Os dados abaixo confirmam essa conclusão:

---

19. Cf. PHILLIPS, Anne, "¿Deben las Feministas Abandonar la Democracia Liberal?", in CASTELLS, Carme (comp.), Perspectivas Feministas en Teoría Política, Barcelona, Paidós, 1996, p. 80 (tradução livre).
20. Disponível em: <https://www25.senado.leg.br/web/senadores/em-exercicio/-/e/por-sexo>. Acesso em: 12 jul. 2023.
21. Disponível em: <https://www.camara.leg.br/deputados/quem-sao/resultado?search=&partido=&uf=&legislatura=57&sexo=F>. Acesso em: 12 jul. 2023.
22. Cf. PHILLIPS, Anne, "¿Deben las Feministas Abandonar la Democracia Liberal?", in CASTELLS, Carme (comp.), **Perspectivas Feministas en Teoría Política**, Barcelona, Paidós, 1996, p. 85 (tradução livre).
23. Disponível em: <https://www.justicaeleitoral.jus.br/tse-mulheres/>. Acesso em: 10 jul. 2023.

Nas eleições de 2022, foram eleitas

– 4 senadoras, ou seja, 14,8% do total de eleitos[24]. Em 10 de julho de 2023,[25] 15 senadoras estão em exercício.

– 91 deputadas federais, número que representa 17,7% do total de eleitos[26].

Em 04 de novembro de 2024[27], temos 341 deputadas federais em exercício.

– 186 deputadas estaduais, o que corresponde a 18% do número total de eleitos para deputados estaduais[28].

– 4 deputadas distritais, número que representa 16,7% do total de eleitos[29].

Nas eleições de 2020, foram eleitas 9.306 vereadoras, ou seja, 16,1% do total de eleitos[30].

Neste ponto, especial relevância merece ser dada aos movimentos sociais de busca pela emancipação feminina, em especial na área política. A luta sufragista é antiga, o direito político foi conquistado pelas mulheres, mas a cidadania plena ainda está em processo de consolidação. Aqui, o feminismo, muitas vezes de interpretação equívoca, foi construído sob a bandeira da igualdade de gênero e seu objetivo ligado à liberdade das mulheres, consideradas dentro de sua interseccionalidade, ou seja, levando em conta as variadas ramificações econômicas, sociais, culturais, etárias, de identidade, de escolaridade e, por essa razão, pode ser considerado como um movimento de mudança social.

---

24. Disponível em: <https://www.justicaeleitoral.jus.br/tse-mulheres/>. Acesso em: 12 jul. 2023.

25. Disponível em: <https://www25.senado.leg.br/web/senadores/em-exercicio/-/e/por-sexo>. Acesso em: 10 jul. 2023.

26. Disponível em: <https://www.justicaeleitoral.jus.br/tse-mulheres/>. Acesso em: 12 jul. 2023.

27. Disponível em: < https://www.camara.leg.br/deputados/quem-sao/resultado?search=&partido=&uf=&legislatura=&sexo=F>. Acesso em: 04 nov. 2024.

28. Disponível em: <https://www.justicaeleitoral.jus.br/tse-mulheres/>. Acesso em: 05 jul. 2023.

29. Disponível em: <https://www.justicaeleitoral.jus.br/tse-mulheres/>. Acesso em: 05 jul. 2023.

30. Disponível em: <https://www.justicaeleitoral.jus.br/tse-mulheres/>. Acesso em: 05 jul. 2023.

E neste processo de conquista do sufrágio feminino, esses movimentos tiveram forte contribuição.

Apesar de ter sido a Nova Zelândia o primeiro país a conferir o direito de voto à mulher, no ano de 1893, seguido da Finlândia em 1906, toda essa construção iniciou-se a partir do final do Século XVIII, quando a Revolução Francesa estava em seu auge e as reivindicações por igualdade em voga, todas postas na Declaração dos Direitos do Homem e do Cidadão, de 1789, documento este que, entretanto, deixou de fora as mulheres, muito embora muitas delas tenham participado ativamente deste momento.

Foi por esta razão a insurgência de Olympe de Gouges, em seu manifesto denominado *Declaração dos Direitos da Mulher e da Cidadã,* na qual defendia a emancipação da mulher e a incondicional igualdade entre ambos os sexos, bem como a de Mary Wollstonecraft, que bem estruturou as demandas femininas da época, em sua *Reivindicação dos Direitos da Mulher*, datado de 1792, ambas no contexto da posteriormente nomeada primeira onda feminista, marcada pela busca da igualdade de gênero, política e jurídica, em prol do direito ao patrimônio, aos direitos políticos, à educação e à igualdade dentro do casamento etc.

O texto produzido por Mary Wollstonecraft é considerado fundador do feminismo como movimento social, que defendia a cidadania plena para todos e a laicidade da República, ressaltando a necessidade de acesso à educação formal para as mulheres, de forma universal, além da inclusão na vida pública, como instrumento de emancipação social. Para Wollstonecraft, a inferioridade das mulheres da época nada mais era que um reflexo das limitações e preconceitos impostos pela interpretação equivocada que o sexo feminino inspirava até então. Com o acesso dessas mulheres à educação, as concepções de mundo para elas também ganhariam novos horizontes. Nessa perspectiva, Wollstonecraft critica o pensamento de Rousseau e o ideal feminino que representou em *Sophie*, ou seja, o modelo de mulher ideal vinculado à ideia de subserviência e bem-estar do homem, assim como os escritores que publicavam obras destinadas aos jovens, tratando dos modos femininos sempre restritos à busca pela beleza e servidão doméstica. Repudia a concepção de Rousseau de inferioridade "natural" da mulher, salientando que as meninas "eram tratadas como mulheres desde quase seu nascimento, e galanteios eram ouvidos no lugar da instrução".[31]

Na sua obra, Wollstonecraft clama:

> [...] se a Razão oferece sua sóbria luz, se as mulheres são realmente capazes de agir como criaturas racionais, que não sejam tratadas como escravas e nem como animais que, submetidos ao homem, dependem da sua razão; mas, ao contrário, cultivem sua mente, deem a elas o limite sublime e salutar dos princípios e deixem que alcancem a dignidade consciente, sentindo elas próprias que dependem apenas de Deus. Ensinem-nas, como aos homens, a se submeter à necessidade, em vez de atribuírem um sexo à moral para torná-las mais agradáveis.[32]

Portanto, para Wollstonecraft, a inferioridade feminina estava diretamente ligada às condições de alienação impostas às mulheres ao longo da história, que as alijavam do processo de conhecimento:

> [...] o poder de generalizar ideias, de tirar conclusões amplas a partir de observações individuais, é a única aquisição para um ser imortal que realmente merece o nome de conhecimento [...] Esse poder não tem sido negado apenas às mulheres, mas os escritores têm insistido em sua inconsistência com o caráter feminino, salvo algumas exceções. Que os homens o provém, e eu admitirei que a mulher só existe para o homem.[33]

Depois de Mary Wollstonecraft e Olympe de Gouges, John Stuart Mill foi voz importante que, no século XIX, escreveu sobre os efeitos do que chamou de "alienação feminina". O autor de *The Subjection of Women* dedicou suas ideias sobre as mulheres à sua esposa, também filósofa, Harriet Taylor Mill. Escreveu sobre o direito das mulheres à

---

31. Cf. WOLLSTONECRAFT, Mary. **Reivindicação dos direitos da mulher**. Trad. Ivania Pocinho Motta. São Paulo: Boitempo, 2016, p. 111.
32. Cf. WOLLSTONECRAFT, Mary. **Reivindicação dos direitos da mulher**. Trad. Ivania Pocinho Motta. São Paulo: Boitempo, 2016, p. 58.
33. Cf. WOLLSTONECRAFT, Mary. **Reivindicação dos direitos da mulher**. Trad. Ivania Pocinho Motta. São Paulo: Boitempo, 2016, p. 79.

educação, ao voto, ao trabalho, condenando a violência doméstica, rejeitando a noção de submissão "natural" feminina, ou subordinação das mulheres casadas aos seus maridos, incluindo as relações sexuais por elas não desejadas. Reconhecendo a extensão da violência praticada no âmbito familiar, Stuart Mill questionava seus colegas da Casa dos Comuns: "Gostaria de ouvir perante essa Casa o número de mulheres que são anualmente espancadas até a morte, chutadas até a morte ou pisoteadas até a morte por seus *protetores*."[34]

Para o filósofo, as mulheres somente poderiam garantir seus direitos fundamentais, tornando-se sujeitos da própria história, a partir da participação política. Da mesma forma, somente assim poderiam sair da invisibilidade social, deixando sua "posição subjetiva que não produz discurso, da qual só se espera que corresponda ao que já está designado no discurso do *Outro*."[35]

Celi Regina Jardim Pinto descreve que o feminismo que eclode nas décadas de 1960 e 1970 nos Estados Unidos e na Europa tem relação com a efervescência política e cultural que ocorria nessas regiões, propiciando a organização dos movimentos sociais. Nesse processo, aponta a importância da derrubada de dois grandes mitos: o primeiro, nos Estados Unidos, as Guerras da Coreia e do Vietnã, que colocaram fim no chamado sonho americano, construído a partir do capitalismo norte-americano, que prometia prosperidade econômica ao mesmo tempo em que reforçava os valores da família e da moral. Além disso, o incremento dos conflitos raciais da década de 1960, ela ressalta, contribuíra para "expor a fragilidade do mito de que na sociedade Americana havia um lugar certo para cada um atingir a felicidade".[36]

34. "I should like to have a return laid before this House of the numbers of women who are annually beaten to death, kicked to death, or trampled to death by their male protectors." *Apud* FREEDMAN, Estelle B. **The essential feminist reader.** USA: The Modern Library New York, 2007, p. 73.

35. KEHL, Maria Rita. **Deslocamentos do feminino: a mulher freudiana na passagem para a modernidade**. 2. ed. São Paulo: Boitempo, 2016, p. 57.

36. PINTO, Céli Regina Jardim. **Uma história do feminismo no Brasil**. São Paulo: Fundação Perseu Abramo, 2003, p. 41.

A historiadora prossegue citando que a derrubada do segundo mito na década de 1960: o sonho da revolução socialista defendido pelos partidos comunistas inspirados nas experiências do Leste Europeu, mencionando que "a revelação dos crimes stalinistas, a invasão da Hungria, em 1956, e posteriormente da Tchecoslováquia, em 1968, foram minando a força da luta unitária e da disciplina férrea para derrotar o capitalismo".[37]

Ainda para a historiadora, o movimento jovem de 1960 foi inovador, na medida em que buscava espaço no mundo público, questionando tanto as bases do capitalismo norte-americano, como o socialismo europeu – "eram as relações de poder e hierarquia nos âmbitos público e privado que estavam sendo desafiadas".[38]

Essa primeira fase do movimento feminista acaba marcada pelas ideias de liberalismo e universalismo: se homens e mulheres tinham as mesmas condições intelectuais e morais, deveriam ter as mesmas oportunidades de participação política. Ao longo desse processo inicial de fortalecimento do movimento feminista, alguns destaques: no Reino Unido de 1866, o filósofo John Stuart Mill defendeu o direito de voto para as mulheres; em 1868, foi criada a Sociedade Nacional pelo Sufrágio Feminino; em 1903, Emmeline Pankhurst, que cunhou o slogan "we do not want to be law breakers, we are here in our efforts to become law makers", criou a Women's Social and Political Union; e, em 1908, foi criada a Liga pela Liberdade da Mulher.[39]

37. PINTO, Céli Regina Jardim. **Uma história do feminismo no Brasil**. São Paulo: Fundação Perseu Abramo, 2003, p. 42.

38. PINTO, Céli Regina Jardim. **Uma história do feminismo no Brasil**. São Paulo: Fundação Perseu Abramo, 2003, p. 42.

39. Em um de seus discursos históricos, após prisão decorrente de manifestações pelo direito de voto, a sufragista Emmeline Pankhurst clamou: *"So, gentlemen, in this Court, Mrs. Pethick Lawrence and I are persons to be punished, but we are not persons to have any voice in making the laws which we may break, and wich we may be punished for breaking. That was the decision – the final decision – that we must pay our taxes, we must obey laws; but when it comes to choosing the men who impose the taxes and make the laws, we have no legal existence; we have no right to help choose these men [...] What right have you, as men, to judge women? Who gave you that right, women having no voice in deciding the legal system of this country, no voice in saying what is a crime and what is not a crime? [...] Year by year, and month by month, the fate of women is decided. How they live, their relationships whith children, the marriage laws under which they are joined in union and pledge theis affections*

Após intensas manifestações das denominadas sufragistas, algumas delas marcadas por violência, greves de fome e prisões, no Reino Unido, o Movimento Sufragista ganhou mais força em 1897, com a fundação da União Nacional pelo Sufrágio Feminino por Millicent Fawcett (1847-1929). Apesar disso, apenas em 1918 aprovou-se a *Representation of the People Act*, concedendo o direito político às mulheres maiores de 30 anos e que possuíam propriedade imóvel. Apenas dez anos depois, esse direito foi estendido a todas as mulheres, acima dos 21 anos.

Nesse processo, em 1840, Lucretia Mott lançou as bases da *Equal Rights Association*, para defesa da mulher e dos negros. Em 1869, foi criada a Associação Nacional pelo Sufrágio Feminino; em 1888, Susan B. Anthony fundou o Conselho Nacional de Mulheres; e em 1904, foi fundada a Aliança Feminina Internacional.

Importante reafirmar aqui que o movimento abolicionista teve papel fundamental na ampliação da consciência das mulheres sobre suas condições e seus direitos. O movimento sufragista nos EUA obteve, apenas em 1919, a Décima Nona Emenda à Constituição Americana, que concedeu a todas as mulheres o direito de voto. E apenas em 1920, as mulheres passaram a votar em todos os estados americanos.

Vale ressaltar que graças ao movimento feminista, em 1951, a Organização Internacional do Trabalho (OIT) aprovou a Convenção de Igualdade de Remuneração entre trabalho masculino e feminino e, em 1952, a Organização das Nações Unidas (ONU) aprovou a Convenção sobre Direitos Políticos da Mulher. O ano de 1975 foi eleito pela ONU o ano internacional da mulher.

No contexto latino-americano, foi o Equador o primeiro país a conceder tal direito às mulheres, em 1929, seguido do Brasil em 1932, que o implementou por meio do Decreto n. 21.076 (Código Eleitoral), posteriormente consolidado pela Constituição de 1934. Antes disso, todavia, no ano de 1927 a primeira eleitora do sexo feminino, Celina Guimarães Vianna, foi registrada, no pioneiro Estado do Rio Grande

[...]" *Apud* FREEDMAN, Estelle B. **The essential feminist reader.** USA: The Modern Library New York, 2007, p. 192–197.

do Norte[40]. Em 1934, a primeira deputada foi eleita, no Estado de São Paulo. Nessa época, Carlota Pereira de Queirós tornou-se a primeira deputada brasileira eleita, merecendo destaque também a figura de Bertha Lutz na luta pelo direito das mulheres, principalmente no encorajamento feminino à participação política; em 2011, de maneira inédita, o país teve uma Presidenta mulher.

O Século XX trouxe às lutas feministas uma ênfase pela igualdade nos espaços, e o slogan "o pessoal é político", de Carol Hanisch, e a afirmação "não se nasce mulher, torna-se mulher", de Simone de Beauvoir, bem simbolizam o período, agora centrado na concretização dos direitos formalmente conquistados. Aqui, grande impacto na vida das mulheres foi gerado pela Segunda Guerra Mundial, que escasseou o mercado de trabalho masculino, contando com o ingresso feminino para manutenção do funcionamento da economia e da própria sociedade, principalmente com relação às mulheres brancas e de classe econômica mais favorecida, já que a mulher negra e pobre sempre integrou a classe operária. Com o fim da guerra, na tentativa de recolocação das mulheres no ambiente doméstico, cria-se uma "Mística Feminina", bem retratada por Betty Friedan, numa campanha de marketing multissetorial idealizando a figura feminina religada aos afazeres domésticos e cuidados do lar.

Ao dizer que "não se nasce mulher, torna-se", Simone de Beauvoir evidenciou na célebre obra "O Segundo Sexo" a distinção entre "gênero" e o "sexo dado", uma vez que valores e comportamentos construídos socialmente e impostos às mulheres não poderiam ser tidos como biologicamente determinados. Sua obra contempla as vertentes do existencialismo, a dialética do reconhecimento de Hegel, dimensões do Marxismo e, no primeiro Tomo, apresenta os fatos e mitos das ciências que conduziram a construção de noções preconceituosas e falsas sobre as mulheres, denunciando inclusive o uso insidioso da literatura para vilipendiá-las. No segundo Tomo, trabalha questões relacionadas ao mito da feminilidade, o aprendizado desde à infância

40. Ela teve seu pedido de inscrição eleitoral aprovado, mesmo antes de entrar em vigor o Código Eleitoral de 1932, pois, no Rio Grande do Norte, os direitos políticos alcançavam as mulheres, em razão do disposto na constituição estadual.

da chamada mulher narcisista, a apaixonada e a emancipada. E finaliza com o pensamento de que seria importante para as mulheres atingirem libertação, com ênfase na educação e no trabalho.[41]

A filósofa também trata, em sua obra, da categoria do *outro*, descrevendo como a mulher não é definida em si mesma, mas sempre em relação ao homem. Assim como os judeus são *os outros*, para os antissemitas; os negros são *os outros* para os racistas norte-americanos; os indígenas são os outros para os colonos; os proletários são *os outros* para os proprietários; também a mulher foi constituída como *o outro*, em relação ao homem. Segundo Beauvoir, "o sujeito só se põe em se opondo: ele pretende afirmar-se como essencial e fazer do outro o inessencial, o objeto".[42]

Adriana Piscitelli sintetiza que, apesar das múltiplas vertentes do pensamento feminista desenvolvidas a partir de 1960, havia algumas ideias centrais: as mulheres ocupam lugares sociais de subordinação em relação aos homens, subordinação essa que parecia universal, em todos os períodos históricos e territórios conhecidos; não sendo natural, mas sim fruto de uma construção social, essa subordinação poderia ser modificada; necessidade de reivindicar, portanto, igualdade no exercício dos direitos; para tanto, criam um sujeito político coletivo – *as mulheres*[43].

Na década de 1980, surge uma terceira onda feminista, preocupada com o papel da mulher na sociedade e com a representação do feminismo, visto agora em suas variadas vertentes. Aqui, o foco passa a ser a sub-representação da mulher na política, os fatores que a influenciam, bem como os modelos de representação que favorecem ou dificultam a presença feminina. Surgem, neste contexto, inúmeros documentos internacionais voltados à igualdade material de gênero e

41. CHAKIAN, Silvia. **A Construção dos Direitos das Mulheres: histórico, limites e diretrizes para uma proteção penal eficiente** - 2.ed.rev. e atual. Rio de Janeiro: Lumen Juris, 2019, p. 145.

42. BEAUVOIR, Simone de. **O segundo sexo**. Trad. Sérgio Milliet. 2. ed. Rio de Janeiro: Nova Fronteira, 2009, 2 v., p. 17–18.

43. PISCITELLI, Adriana. Re-criando a (categoria) mulher? In: ALGRANTI, Leila (Org.). **A prática feminista e o conceito de gênero.** Campinas: IFCH-Unicamp, 2002. Textos Didáticos, n. 48, p. 2. Disponível em: http://www.culturaegenero.com.br/download/praticafeminina.pdf. Acesso em: 21 jul. 2018.

políticas e ações afirmativas passam a ser integradas nos ordenamentos jurídicos de diversos países.

É a partir dessa terceira onda, iniciada entre o final da década de 1980 e os anos 1990, que segundo Maira Zapater, avança a discussão sobre as mulheres sob a perspectiva das relações de gênero como um regime político, com questionamentos aos insucessos do movimento da década anterior.[44] Portanto, essa terceira fase do movimento feminista é marcada pelas críticas aos desacertos da segunda fase, sobretudo àqueles relacionados à visão essencialista da categoria *mulher*.

A grande contribuição teórica proporcionada pelos grupos de acadêmicas feministas da fase anterior, na sua maioria formados por mulheres brancas e da elite norte-americana e britânica, não mais atendia às expectativas das realidades e especificidades dos demais grupos de mulheres. Repudiando, portanto, a construção de uma categoria universal, essa fase é marcada pela afirmação de que as mulheres são múltiplas e plurais, razão pela qual a questão de gênero só pode ser analisada se em conjugação com outras categorias, como raça, classe, orientação sexual, geração etc.

Mas foi Kimberlé Williams Crenshaw quem primeiro cunhou essa noção, a partir do termo *interseccionalidade*, quando, em 1991, realizou pesquisa sobre os diversos tipos de violência experimentados por mulheres negras pertencentes às classes menos favorecidas dos Estados Unidos. Nesse contexto, Crenshaw analisou a interação entre as diferentes formas de subordinação, como raça, gênero e o patriarcado, concluindo que tais marcadores devem ser analisados em conjunto, porque se retroalimentam, e não como variáveis independentes umas das outras. Exemplificando, para uma mulher negra, a questão de gênero não vem antes e nem depois da questão racial, que por sua vez está relacionada à condição de classe.

Nesse sentido, Angela Davis descreve que a categoria classe tem importância, mas "é preciso compreender que classe informa raça"

44. Cf. ZAPATER, Maíra Cardoso. **A constituição do sujeito de direito "mulher" no direito internacional dos direitos humanos.** Tese (Doutorado). São Paulo, 2016. Faculdade de Direito. Universidade de São Paulo, p. 65–66.

e esta, por sua vez, "informa a classe", enquanto "gênero informa a classe" e "raça é a maneira como a classe é vivida", da mesma forma que "gênero é a maneira como raça é vivida". Assim, adverte que é preciso "refletir bastante para perceber as intersecções entre raça, classe e gênero, de forma a perceber que entre essas categorias existem relações que são mútuas e outras que são cruzadas. Ninguém pode assumir a primazia de uma categoria sobre as outras"[45].

Uma boa demonstração do que Angela Davis traçou acima pode ser traduzido no resultado das eleições municipais de 2024, que o estudo da FGV[46] arregimentou:

- Candidaturas pretas e pardas à prefeitura representam, respectivamente, 4,4% e 32,8% do total registrado junto ao TSE. Mulheres pretas são apenas 1% e pardas, 4,7%.
- Menos de ⅕ do total de registros de candidaturas à prefeitura enviados ao TSE são de mulheres. Comparando a desigualdade de gênero por região, verificamos que no nordeste há mais registros de mulheres, 18,5%, enquanto o sul tem a menor proporção dessas candidaturas, 12,6%.
- Mulheres candidatas têm maior escolaridade do que os candidatos homens. Entre as candidaturas para prefeitura, 79,5% das mulheres possuem ensino superior completo, enquanto apenas 55,3% dos homens completaram o ensino superior. Enquanto 36% das mulheres graduadas são nordestinas, 28,4% são sudestinas.
- A esquerda apresenta um maior número de candidaturas de pessoas pretas e indígenas para cargos de maior relevância, além de concentrar a maior quantidade de candidatas pretas e pardas.

---

45. Cf. DAVIS, Angela. **As mulheres negras na construção de uma nova utopia**. Conferência realizada no dia 13 de dezembro de 1997, em São Luís (MA). I Jornada Cultural Lélia Gonzales. Centro de Cultura Negra do Maranhão e Grupo de Mulheres Negras Mãe Andreza. Disponível em: http://www.geledes.org.br/as-mulheres-negras-na-construcao-de-uma-nova-utopia-angela-davis/. Acesso em: 21 jul. 2018.

46. Disponível em: https://midiademocracia.fgv.br/estudos/candidaturas-prefeitura-no-brasil-mulheres-mais-escolarizadas-mas-diversidade-ainda-e-um

Para a elaboração das conclusões acima, o estudo analisou a diversidade de raça, gênero, escolaridade e região nas candidaturas para prefeitura e vice-prefeitura e se debruçou sobre as seguintes perguntas orientadoras para as análises desenvolvidas em cada categoria:

- Como a desigualdade de gênero e raça se reflete nos registros de candidaturas aos cargos do executivo municipal em cada região do país?
- Qual espectro político partidário possui mais candidaturas femininas e negras?
- Onde estão as mulheres? Em quais cargos encontramos, proporcionalmente, mais candidaturas femininas? Essa proporção se repete nas diferentes regiões?
- O grau de escolaridade das mulheres é uma variável independente em relação ao cargo ao qual se candidata?
- Há diferença entre os espectros políticos partidários em relação à escolaridade na definição dos candidatos aos cargos para prefeitura e vice-prefeitura?

Levantamento realizado pelo site Nexo[47] mostra que dos/as 284 eleitos/as para comandar as capitais brasileiras desde 1985, apenas 25 são mulheres, o que representa 8,8% do total. "Boa Vista (RR), onde Teresa Surita foi eleita cinco vezes, é a capital recordista nesta lista." A relação completa com o recorte de gênero é apresentada na tabela abaixo:

47. Disponível em: https://www.nexojornal.com.br/grafico/2024/10/28/prefeitas-eleitas-em-capitais-desde-1985. Acesso em 03 nov. 2024.

Gênero do prefeito eleito nas capitais desde 1985

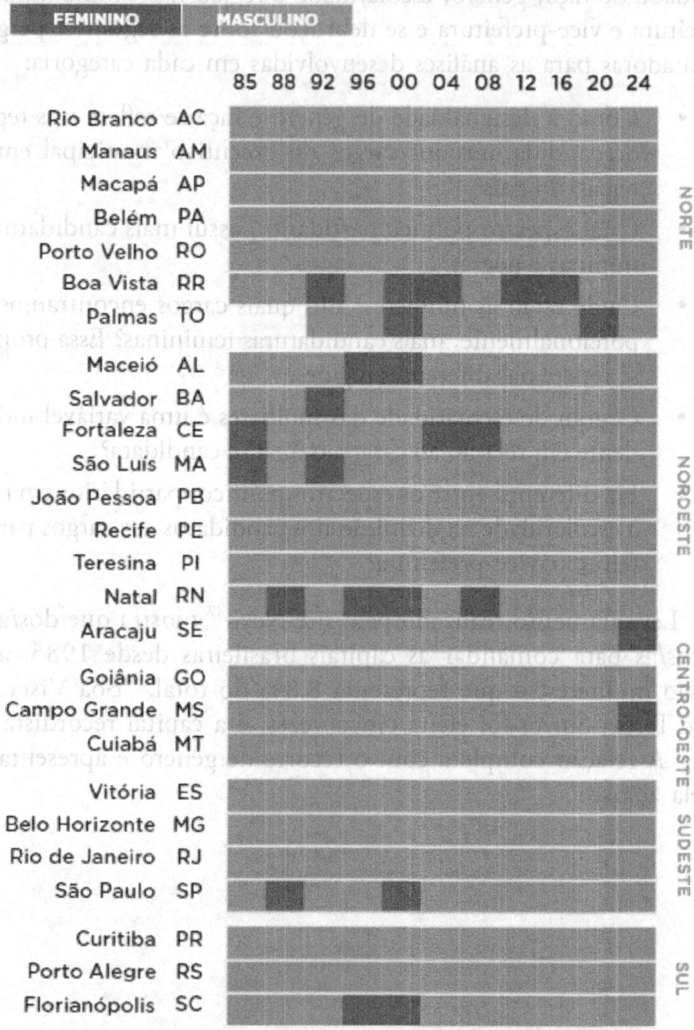

Fonte: Jornal Digital Nexo.[48]

48. Disponível em: https://www.nexojornal.com.br/grafico/2024/10/28/prefeitas-eleitas-em-capitais-desde-1985. Acesso em 03 nov. 2024.

1.3. A CONQUISTA DOS DIREITOS POLÍTICOS FEMININOS NO BRASIL

O processo de reconhecimento de direitos políticos pela mulher não só no Brasil, mas no mundo todo, foi lento, gradual e historicamente atrelado a diversos movimentos sociais. De um modo geral, o início do século XIX pontuou a ebulição reivindicatória feminina no que diz respeito aos espaços públicos. O sufragismo brasileiro surge na esteira do sufragismo norte-americano e do movimento abolicionista lá existente.

Os costumes herdados pelo pensamento europeu, nomeadamente no que diz respeito à condição de inferioridade da mulher, viu-se refletido de forma categórica no ordenamento jurídico da época. O Código Civil de 1916, por exemplo, reafirmava inúmeras discriminações contra a mulher que, após o casamento, perdia sua capacidade civil absoluta, equiparando-se aos silvícolas, aos pródigos e aos maiores de dezesseis e menores de vinte e um anos. Nestas situações, cabia ao marido autorizar a mulher a trabalhar, realizar transações financeiras, adquirir propriedade e fixar residência. A mesma legislação autorizava ao marido anular o casamento por conta do "defloramento" da esposa e ao pai deserdar a filha por suspeita de "desonestidade".

Vivendo sob a égide do pátrio poder – do pai ou do marido – a mulher da época experimentava um alto grau de ditadura sexual que, como pode-se supor, também lhes privava de todo e qualquer direito político, inclusive por meios constitucionais, já que as Constituições de 1824 e a de 1891 não lhes assegurava direitos políticos. Importante destacar que havia um importante movimento (mais que foi vencido nas lidas judiciais) em várias partes do país que se posicionavam no sentido de que a Carta de 1891 já consagrava os direitos políticos das mulheres, tema a ser abordado ainda no presente item.

Apesar de todas as dificuldades, as lutas e movimentos emancipatórios cresciam, em prol do direito à educação, direitos civis e políticos, somado às demais reivindicações da época, como as lutas pela independência, abolição da escravatura, dentre outros movimentos cívicos.

Neste processo evolutivo, que também englobou diversos retrocessos, destaca-se o papel de Nísia Floresta (1809-1885) que, na condição de educadora, coordenou diversas escolas femininas no país, tendo sido responsável pela tradução e publicação do manifesto feminista mais importante da época, denominado "Direitos das Mulheres e Injustiças dos Homens", escrito pela inglesa Mary Wollstonecraft. Nesta altura, surgiram inúmeros jornais femininos, que serviram na conscientização das mulheres sobre seu papel de submissão. Outro nome de relevo para as conquistas políticas femininas no Brasil foi o de Bertha Lutz, que fundou a Federação Brasileira pelo Progresso Feminino em 1922, cujos objetivos, dentre outros, eram "assegurar à mulher os direitos políticos que a nossa constituição lhe confere" e "estreitar os laços de amizade com os demais países americanos a fim de garantir a manutenção perpétua da paz". No Congresso Nacional, cresciam opiniões favoráveis ao voto feminino.

Graças ao legado de mulheres como Nísia Floresta e de alguns periódicos que passaram a ser editados por mulheres a partir de 1870, portanto, fortaleceram-se as reflexões críticas sobre o papel da mulher na sociedade e a necessidade de instrução para sua emancipação social. Nessa fase, destaca-se a atuação da editora do jornal carioca *O sexo feminino*, Francisca Senhorina da Motta, e da editora do jornal *A família*, Josefina Álvares de Azevedo, que também escreveu a peça de teatro pró-sufrágio intitulada *O voto feminino*.[49]

De fato, desde a Proclamação da República, em 1889, aumentava o anseio de engajamento das mulheres na luta por seus direitos políticos. Não obstante o tema tenha sido objeto de discussão na Assembleia Constituinte, a Constituição Federal, promulgada em 1891 descrevia que seriam elegíveis os cidadãos alfabetizados e maiores de 21 anos, deixando de mencionar expressamente as mulheres: "a mulher não foi citada porque simplesmente não existia na cabeça dos constituintes como um indivíduo dotado de direitos".[50]

A omissão do legislador constitucional foi utilizada pelas sufragistas, que chegaram a argumentar que o direito político para as

---

49. Cf. HAHNER, June E. Honra e distinção das famílias. In: PINSKY, Carla Bassenezi; PEDRO, Joana Maria (Orgs.). **Nova história das mulheres**. São Paulo: Contexto, 2012, p. 61.
50. Cf. PINTO, Céli Regina Jardim. **Uma história do feminismo no Brasil**. São Paulo: Fundação Perseu Abramo, 2003, p. 16.

mulheres passava a existir para mulheres com instrução, na medida em que nenhuma menção expressa as excluía. As mulheres estariam, assim, incluídas na categoria "cidadãos brasileiros". Como forma de manifestação, algumas mulheres chegaram a solicitar o alistamento para fins eleitorais, como adiante mencionado.

Até a efetiva previsão legal do direito ao voto feminino, em 1932, inúmeros casos foram saltando em busca desta emancipação. O Rio Grande do Sul foi pioneiro na concessão do direito ao alistamento eleitoral à dentista Isabel Mattos Dillon[51] que, em 1881, conseguiu alistar-se após recorrer à segunda instância, invocando a Lei Saraiva, Decreto n. 3.029, de 1881, que criou o título eleitoral, considerando eleitor todo brasileiro que detinha uma determinada renda líquida anual, contabilizada por bens de raiz, indústria, comércio ou emprego[52].

Em 1910, um pequeno grupo de mulheres fundou o Partido Republicano Feminino, que pretendia expor a ambivalência de ser um partido político, formado por pessoas sem capacidade de eleger ou serem eleitas. Com o desaparecimento do Partido, em 1918, foi a vez da feminista Bertha Lutz se tornar protagonista da luta pelo sufrágio feminino.

A adesão à causa aumentava na proporção em que cresciam os descontentamentos com o alijamento das mulheres de participação política. Nesse ambiente, foi realizado o Primeiro Congresso Internacional Feminino no Brasil, graças à articulação e à influência de Bertha, assim como do grupo de intelectuais bem relacionadas que a acompanhava. Na mesma ocasião, nasceu a Federação Brasileira pelo Progresso Feminino (FBPF), a mais importante organização feminista desse período.

51. A propósito, "Isabel relata ter obtido o direito a voto ainda durante o período imperial e o teria exercido no Rio Grande do Sul, antes das pioneiras Celina Guimarães Viana e Júlia Alves Barbosa. Apesar de ter tido alistamento eleitoral negado pelo Ministério do Interior em 1890, Isabel lançou candidatura a deputada pelo estado da Bahia naquele ano, tendo recebido votos. Foi definida na imprensa de sua época como a *primeira eleitora do Brasil*." Disponível em: https://pt.wikipedia.org/wiki/Isabel_de_Mattos_Dillon. Acesso em: 21 ago. 2023.

52. Cf. http://www.tse.jus.br/eleitor/glossario/termos/lei-saraiva. Acesso em: 21 ago. 2023.

A propósito, em 1927, o direito de as mulheres votarem e serem votadas chegou a ser previsto na Constituição Estadual do Rio Grande do Norte, gerando diversos requerimentos similares por mulheres nos demais Estados brasileiros[53]. No ano seguinte, no pleito de 5 de abril de 1928, no qual se elegeu para Senador José Augusto Bezerra de MEDEIROS, na vaga ocasionada pela renúncia de Juvenal LAMARTINE, houve quinze eleitoras, muitas das quais obtiveram o direito ao alistamento por meio do Judiciário. Estes votos, entretanto, foram excluídos pela Comissão de Poderes do Senado[54], a qual, nesta mesma oportunidade, entendeu de manter o resultado da votação, já que os votos anulados não modificariam a conclusão eleitoral. Da decisão da Comissão surgiu, como resposta, uma *Declaração dos Direitos da Mulher*, lançada pela Federação Brasileira pelo Progresso Feminino.

Apesar do posicionamento adotado pela Comissão acima mencionada, vários estados seguem o exemplo do Rio Grande do Norte, tendo o Poder Judiciário deferido o alistamento de eleitoras. Até o ano de 1930, Colégios Eleitorais de dez estados admitiram a inclusão de mulheres[55].

As discussões sobre a constitucionalidade das leis que determinavam, em nível estadual, a inclusão de mulheres nos alistamentos eleitorais, muito acalentaram os debates entre os jurisconsultos, ressaltando-se Carlos Maximiliano, Evaristo de Morais e Levi Carneiro[56].

O Rio Grande do Norte permanece na posição de vanguarda. A primeira eleição na qual saiu vitoriosa uma mulher, na América do Sul, também ocorreu dentro dos limites territoriais desse estado. Alzira Soriano de SOUZA foi eleita prefeita do Município de Lages, em 1929.

---

53. Cf. ALVES, Branca Moreira. "A Luta das Sufragistas", in HOLLANDA, Heloisa Buarque (org.), **Pensamento Feminista Brasileiro – formação e contexto**, Rio de Janeiro, Bazar do Tempo, 2019, p. 59.

54. As eleições, naquela época, não eram secretas, o que possibilitou a identificação dos votos, através de consulta nos livros de atas eleitorais. RIBEIRO, José Augusto. **Manual da Constituição para o cidadão**. Rio de Janeiro, Semente, 1987, v. 1, p. 73.

55. Cf. RIBEIRO, José Augusto. **Manual da Constituição para o cidadão**. Rio de Janeiro. Semente, 1987, p. 197.

56. CARNEIRO, Levi apud RIBEIRO, José Augusto. **Manual da Constituição para o cidadão**. Rio de Janeiro. Semente, 1987, p. 195.

No II Congresso Internacional Feminista, ocorrido no ano de 1931, no Brasil, foi defendido, como um dos objetivos a serem alcançados, os direitos políticos e civis da mulher. Como decorrência dos debates ocorridos,

> as sufragistas vão ao Chefe do Governo Provisório, Getúlio Vargas reivindicando o voto indiscriminado para a mulher brasileira, com a manifestação da porta voz Carmem Portinho, engenheira civil: "Metade da revolução quer dar metade do voto à mulher brasileira. Tudo ou nada." De Vargas veio a resposta firme e incisiva: "então, dou tudo"[57].

Foi, assim, no governo de Getúlio Vargas que surgiu o Código Eleitoral de 1932 (Decreto n. 21.076, de 24 de fevereiro do mesmo ano), tornando facultativo o direito ao voto à mulher, prerrogativa, aliás, que seria exercida, pela primeira vez, na eleição da Assembleia Nacional Constituinte de 1934. Com o advento da ditadura, pela criação do Estado Novo, no ano de 1937, entretanto, o direito ao voto foi proibido.

Foi apenas com a Constituição de 1946 que o alistamento e o voto tornaram-se obrigatórios a ambos os sexos. A conquista, com seus louvores, tornou-se extremamente elitista, já que a maior parte das mulheres teve privado seu direito ao voto pela via reflexa do analfabetismo, o que perdurou até o ano de 1985, quando o direito de votar estendeu-se também aos analfabetos, apesar de tal condição ainda nos dias de hoje ser impedimento ao exercício da capacidade eleitoral passiva, que é a de ser votado.

A primeira mulher eleita para a Câmara dos Deputados foi Carlota Pereira de Queiróz, formada em medicina, tendo Berta Lutz, apesar de todo o esforço, ficado na suplência. Elegeram-se, nesta altura, deputadas estaduais em Alagoas, Bahia, Sergipe, São Paulo e Amazonas, tendo a região sul demorado um pouco mais.

57. RIBEIRO, José Augusto. **Manual da Constituição para o cidadão**. Rio de Janeiro. Semente, 1987, p. 198

Com o advento do golpe de 1937, a dissolução do Congresso e a implantação do Estado Novo, o feminismo como movimento político organizado perde seu poder de articulação, o que não impede que algumas vozes isoladas continuem a luta pela mobilização feminina, especialmente a partir de 1945, quando cresce o anseio pela luta democrática.

> Em 28 de outubro de 1946 foi fundado o Instituto Feminino para o Serviço Construtivo (IFSC), embrião da Federação de Mulheres do Brasil (FMB), criada em 1949, a qual completou a estruturação formal de um novo movimento de mulheres que surgia no Brasil, agora sob a orientação política do pensamento de esquerda (e do PCB, em especial).[58]

Na sequência, o período de 1940 a 1960 é pródigo no surgimento de movimentos de mulheres que adotaram discurso crítico em relação aos desequilíbrios advindos do modelo de sociedade.

Graças às transformações ocorridas na sociedade brasileira, a partir de 1960, as mulheres passam a refletir sobre aspectos da sua participação nas relações de trabalho, a elevação do nível de instrução e a possibilidade de constituir novos arranjos de relacionamentos.

Em 1942, o Código Civil havia instituído o desquite e, em 1962, com o advento do Estatuto da Mulher Casada, a mulher teve reconhecida, também, sua "condição de companheira, consorte, colaboradora dos encargos da família, cumprindo-lhe velar pela direção material e moral desta".

Nesse ambiente, os movimentos de mulheres passam a ter que enfrentar a força repressora advinda com o golpe de 1º de abril de 1964, uma vez que as demandas feministas eram consideradas subversivas pelos militares que assumiram o poder. Com o decreto do Ato Institucional n.º 5, de 1968, e o governo Médici, de 1969, o País viveu período de prisões, torturas, censuras, cassação de direitos políticos, exílios e desaparecimentos.

58. Cf. SOIHET, Rachel. A conquista do espaço público. In: PINSKY, Carla Bassenezi; PEDRO, Joana Maria (Orgs.). **Nova história das mulheres**. São Paulo: Contexto, 2012, p. 230.

Mesmo assim, inspirado pelo cenário internacional, com Europa e Estados Unidos vivendo uma renovação cultural e dos costumes, o movimento feminista resistiu e se desenvolveu. Aliás, parte considerável do pensamento feminista brasileiro surge justamente no exílio. É o que demonstram os registros históricos sobre as organizações formadas no exterior, por exiladas, dentre as quais se destacam o Círculo de Mulheres Brasileiras em Paris (1975-1979), o Grupo Latino-Americano de Mulheres em Paris e o Grupo de Mulheres em Berkeley, organizado por Branca Moreira Alves, para citar alguns exemplos.[59]

Para Céli Regina Jardim Pinto, o feminismo brasileiro nasceu e se desenvolveu em um difícil paradoxo, porque ao mesmo tempo em que teve de administrar as tensões entre uma perspectiva autonomista e sua ligação com a luta contra a ditadura militar no Brasil, era visto pelos integrantes desta mesma luta como um desvio pequeno-burguês. Nesse sentido, sempre esteve diante da mesma questão:

> [...] por um lado, se organiza a partir do reconhecimento de que ser mulher, tanto no espaço público como no privado, acarreta consequências definitivas para a vida e que, portanto, há uma luta específica, a da transformação das relações de gênero. Por outro lado, há uma consciência muito clara por parte de grupos organizados de que existe no Brasil uma grande questão: a fome, a miséria, enfim, a desigualdade social, e que este não é um problema que pode ficar fora de qualquer luta específica. Principalmente na luta das mulheres e dos negros, a questão da desigualdade social é central.[60]

A partir de 1970, porque crescia o número de mulheres que havia adquirido formação em ciências humanas e graças a maior circulação de publicações estrangeiras, sobretudo norte-americanas e francesas, o movimento feminista recuperou forças e passou a se organizar na produção de estudos sobre a condição feminina. Também através de grupos de reflexão privados formados exclusivamente por mulheres, o

59. Cf. PINTO, Céli Regina Jardim. **Uma história do feminismo no Brasil**. São Paulo: Fundação Perseu Abramo, 2003, p. 54.

60. Cf. PINTO, Céli Regina Jardim. **Uma história do feminismo no Brasil**. São Paulo: Fundação Perseu Abramo, 2003, p. 45.

movimento de mulheres passou a discutir as demandas da mulher na sociedade, no trabalho, na vida pública e também dentro de casa. As mulheres que participavam desses grupos traziam outras mulheres nas próximas reuniões, permitindo o desmembramento dos grupos, que assim cobriam mais regiões[61].

A partir de 1975, quando a ONU o declarou como o Ano Internacional da Mulher, a causa da mulher "ganhava novo status, tanto diante de governos autoritários e sociedades conservadoras, como em relação a projetos ditos progressistas que costumeiramente viam com grande desconfiança a causa feminista"[62]. Ainda nesse histórico ano de 1975, na sede da Associação Brasileira de Imprensa, no Rio de Janeiro, foi realizado o primeiro encontro desses grupos de reflexão, evento que se constituiu num marco fundador do feminismo de segunda onda no Brasil. O encontro resultou na criação do Centro de Desenvolvimento da Mulher Brasileira, graças aos recursos conseguidos pela feminista histórica Rose Marie Muraro e com o objetivo de realizar estudos, pesquisas e reflexões sobre as questões das mulheres.

A institucionalização do feminismo na academia e na militância ocorreu já na década de 1980, em meio à redemocratização. Ainda, com a anistia política e a partir do advento do multipartidarismo no Brasil, as feministas passaram a aderir a diferentes partidos.

Nesse ambiente, o movimento feminista brasileiro percorria caminhos distintos do movimento de terceira onda que se iniciava na Europa e nos Estados Unidos: enquanto lá mulheres e negros passavam a questionar as especificidades dos diferentes contextos de dominação aos quais estavam submetidos, aqui, tanto o pensamento liberal, como o marxista revolucionário, dividia a luta entre democracia contra ditadura e proletariado contra burguesia.[63]

61. CHAKIAN, Silvia. **A Construção dos Direitos das Mulheres**: histórico, limites e diretrizes para uma proteção penal eficiente. 2. ed. rev. e atual. Rio de Janeiro: Lumen Juris, 2019.

62. Cf. PINTO, Céli Regina Jardim. **Uma história do feminismo no Brasil**. São Paulo: Fundação Perseu Abramo, 2003, p. 56.

63. Cf. PINTO, Céli Regina Jardim. **Uma história do feminismo no Brasil**. São Paulo: Fundação Perseu Abramo, 2003, p. 60.

Sobre a relação do feminismo europeu e o brasileiro, a historiadora Joana Maria Pedro descreve como a ditadura e as desigualdades sociais do Brasil influenciaram essas diferenças: "Na França, por exemplo, o 'inimigo' principal das feministas era o patriarcado. No Brasil, com tantas mazelas políticas e sociais, havia muito mais a fazer para além de combater o machismo ou defender a liberdade sexual da mulher, por exemplo"[64].

Assim é que, segundo a autora, entre 1970 e 1980, a militância teve que se dedicar a "lutas gerais" como o fim da ditadura e as mudanças sociais, além das "lutas específicas" relacionadas às pautas feministas. Não bastasse, o movimento feminista encontrava resistência dentro dos próprios grupos políticos de esquerda, que discordavam da atuação dos movimentos de mulheres de maneira autônoma.

Em 1983, um grupo de feministas inaugurou, em São Paulo, o Conselho Estadual da Condição Feminina, que passou a ter representantes da academia e também dos movimentos de mulheres, iniciativa que acabou se expandindo para outros estados e municípios.

Os Conselhos elaboravam estudos, pesquisas e estratégias relacionadas aos diversos temas da agenda feminista, assim como debatiam propostas que seriam discutidas nas comissões da Assembleia Nacional Constituinte – movimento que acabou sendo conhecido como "lobby do batom"[65].

Em 1985, foi criado o Conselho Nacional dos Direitos da Mulher - CNDM, à época vinculado ao Ministério da Justiça, tendo sua presidente o *status* de ministra.

Em 1988, por ocasião da Assembleia Constituinte, as parlamentares ocupavam apenas 5,7% do espaço legislativo na Câmara dos Deputados (26 mulheres). Não obstante, conseguiram apresentar cerca de 30 emendas sobre as demandas postas pelo movimento feminista na ocasião.

64. Cf. PEDRO, Joana Maria. O feminismo de "segunda onda": corpo, prazer e trabalho. In: PINSKY, Carla Bassenezi; PEDRO, Joana Maria. **Nova história das mulheres.** São Paulo: Contexto, 2012, p. 252.

65. Cf. ROSEMBERG, Fúlvia. Mulheres educadas e a educação de mulheres. In: PINSKY, Carla Bassenezi; PEDRO, Joana Maria (Orgs.). **Nova história das mulheres**. São Paulo: Contexto, 2012, p. 345.

Ainda, os trabalhos da Assembleia Constituinte foram acompanhados pelo Conselho Nacional da Condição da Mulher, que produziu o documento entregue aos constituintes denominado "Carta das Mulheres", com a colaboração de um grupo amplo de mulheres e que se revelou um dos documentos mais abrangentes sobre a demanda feminista contemporânea[66].

> A presença de militantes do movimento feminista durante os trabalhos constituintes e a capacidade que tiveram de fazer pressão, vencer resistências e fazer que fossem incorporadas suas demandas no texto da Carta Constitucional apontam para um fenômeno que não pode ser desprezado. [...] Atuar politicamente por meio de pressão organizada, capaz inclusive de ser propositiva, foi uma das marcas do movimento feminista brasileiro da década de 1980[67].

Nesse cenário de movimentos emancipatórios, diversas conferências internacionais realizadas no seio das Nações Unidas tiveram forte impacto, em especial a Conferência de Direitos Humanos, que ocorreu em Viena em 1993, a Convenção de Belém do Pará, de 1994, a Conferência de População e Desenvolvimento de 1994, que aconteceu no Cairo e Conferência das Mulheres, ou Conferência para a Igualdade, Desenvolvimento e Paz, realizada em 1995 em Beijing, sendo todas elas detalhadas em tópico específico deste livro. Aliás, o apoio da Organização das Nações Unidas aos direitos das mulheres já iniciou com sua Carta da Organização, cujos propósitos, dentre outros, são "conseguir uma cooperação internacional para resolver os problemas internacionais de caráter econômico, social, cultural ou humanitário, e para promover e estimular o respeito aos direitos humanos e às liberdades fundamentais para todos, sem distinção de raça, sexo, língua ou religião" (art. 1º).

Na preparação para a IV Conferência Internacional em Pequim sobre a Mulher, realizada em 1995, parlamentares brasileiras e latino-americanas reuniram-se em São Paulo, na 5ª Reunião da Comissão da

---

66. PINTO, Céli Regina Jardim. **Uma história do feminismo no Brasil**. São Paulo: Fundação Perseu Abramo, 2003, p. 74-75.
67. PINTO, Céli Regina Jardim. **Uma história do feminismo no Brasil**. São Paulo: Fundação Perseu Abramo, 2003, p. 76.

Mulher do Parlamento Latino-Americano, durante a qual constatou-se que diversos países do continente latino-americano obtiveram sucesso em ampliar a representatividade feminina na política e que, em onze deles, havia sido implantada a política de cotas de gênero, com percentual mínimo de candidaturas femininas concorrendo às eleições, como forma de quebrar as resistências e barreiras do sistema patriarcal e machista dessas sociedades. Posteriormente, na Conferência Internacional em Pequim, os 189 (cento e oitenta e nove) países reunidos estabeleceram o compromisso de que adotariam ações afirmativas para implementar a participação das mulheres em seus processos decisórios políticos, como garantia do exercício da democracia plena[68].

Nessa toada, passou a vigorar a Lei n. 9.100, de 1995, cujo projeto é de autoria da então deputada federal Marta Suplicy, que previa a pioneira proposta de ação afirmativa no campo dos direitos políticos femininos, com aplicação restrita às Câmaras Municipais, segundo a qual 20% no mínimo das listas de candidatos de cada partido deveria ser preenchido por candidatas mulheres. Após, adveio a disposição da Lei n. 9.504/97, estabelecendo cotas em partidos políticos já para as eleições seguintes, que deveriam ocorrer em 1998, em que nenhum dos sexos deveria possuir mais de 75% ou menos de 25% das vagas (art. 80). As cotas, como suposto, passaram a ser aplicáveis às eleições brasileiras de caráter proporcional, que são as realizadas para as casas legislativas, mas a partir desta nova normativa, a todos os níveis da federação (Câmaras Municipais, Assembleias Estaduais e Congresso Nacional) e não apenas no âmbito municipal, como a primeira legislação o fazia. Em 2009, através da Lei n. 12.034, a cota mínima de gênero foi ampliada para 30% e passou a ser obrigatória ao preenchimento das listas de candidatura, uma vez que, anteriormente, o percentual poderia ser lançado em cada circunscrição eleitoral em vez de calculado sobre o número de candidatos(as) efetivamente inscritos. Por força do art. 45, IV, desta lei, aos partidos passou a ser determinada a promoção e difusão da participação

68. TABERTI, Vera Lúcia de Camargo Braga. Da necessidade da Fiscalização das Candidaturas Femininas no Enfrentamento da Violência Política de Gênero. In: SARRUBO, Mario Luiz; ROMANO, Michel Betenjane; LEITÃO, Patrícia de Carvalho; CHAKIAN, Silvia (coords.). **Ministério Público Estratégico: Violência de Gênero**. Indaiatuba: Editora Foco, 2022, p. 210-211.

política feminina, "dedicando às mulheres o tempo que será fixado pelo órgão nacional de direção partidária, observado o mínimo de 10% (dez por cento)". A Lei n. 13.487/2017, no entanto, extinguiu a propaganda partidária no rádio e na televisão, revogando o dispositivo.

Na mesma linha, a Lei n. 13.165, de 2015, decorrente de uma minirreforma política, passou a exigir a aplicação de parte dos recursos partidários em campanhas de inclusão e participação feminina na política. Todavia, por meio da Ação Direta de Inconstitucionalidade n. 5617, o Supremo Tribunal Federal declarou inconstitucional o texto original de seu art. 9º, que estipulava que "no mínimo 5% (cinco por cento) e no máximo 15% (quinze por cento) do montante do Fundo Partidário destinado ao financiamento das campanhas eleitorais para aplicação nas campanhas de suas candidatas", em razão da não equivalência quantitativa e decidiu que a distribuição de recursos do Fundo Partidário destinados ao financiamento das campanhas eleitorais direcionadas às candidaturas de mulheres deve ser feita na exata proporção das candidaturas de ambos os sexos, a fim de manter o percentual mínimo de 30% de candidatas mulheres previsto no artigo 10, § 3º, da Lei n. 9.504/1997 (Lei das Eleições).

Em 2017, a Emenda Constitucional n. 97 passou a vedar a celebração de coligações nas eleições proporcionais e a estabelecer normas sobre acesso dos partidos políticos aos recursos do fundo partidário e ao tempo de propaganda gratuito no rádio e na televisão, o que gera impactos no cálculo das cotas de candidatura, que antes levava em consideração a lista geral da coligação e, a partir das eleições de 2020, com a proibição, ficou restrito a cada partido político.

Nos anos de 2021, 2022 e 2024, tivemos a promulgação de Emendas Constitucionais visando incentivar o aumento da representação feminina e das pessoas negras na política. A Emenda Constitucional n. 111 prevê a contagem em dobro, para a Câmara dos Deputados, dos votos recebidos por mulheres e pessoas negras no cálculo da destinação de recursos dos fundos partidários eleitorais nas eleições a partir da eleição de 2022 até 2030.

A Emenda Constitucional n. 117/22 passou a impor aos partidos políticos a aplicação de recursos do fundo partidário na promoção e difusão da participação política das mulheres, bem como a aplicação de recursos desse fundo e do Fundo Especial de Financiamento de Campanha e a divisão do tempo de propaganda gratuita no rádio e na televisão no percentual mínimo de 30% (trinta por cento) para candidaturas de cada sexo, fazendo incluir os §§ 7º e 8º no art. 17 da Constituição Federal, conforme será tratado mais adiante.

Neste ponto, em 14 de dezembro de 2023, a Procuradoria-Geral Eleitoral expediu recomendação para que os critérios de distribuição dos recursos para candidaturas femininas e de pessoas negras do Fundo Especial de Financiamento de Campanha sejam realizados de forma detalhada, indicando de forma pormenorizadas quais as razões de escolha, inclusive para seleção dos municípios. Para além do percentual mínimo, a PGE sugere que haja um mínimo de recursos a cada candidatura de mulheres e pessoas negras que viabilizem condições para realização de atos de campanha, e que na distribuição do tempo de propaganda seja considerado para efetivamente dar conhecimento ao eleitorado dessas candidaturas.

Confira-se:

> RECOMENDAÇÃO PGE n. 1, DE 14 de dezembro de 2023, levando em conta o teor da Resolução-TSE nº 23.605/2019, atualizada pela Resolução-TSE nº 23.624/2020, que "Estabelece diretrizes gerais para a gestão e distribuição dos recursos do Fundo Especial de Financiamento de Campanha (FEFC)"1, a qual, no § 1º do art. 6º prevê que "Os critérios a serem fixados pela direção executiva nacional do partido devem prever a obrigação de aplicação do total recebido do FEFC de acordo com os seguintes percentuais (STF: ADI nº 5.617/DF, DJE de 3.10.2018, e ADPF-MC nº 738/DF, DJE de 29.10.2020; e TSE: Consulta no 0600252- 18, DJE de 15.8.2018, e Consulta nº 0600306-47, DJE de 5.10.2020):
>
> I - para as candidaturas femininas o percentual corresponderá a proporção dessas candidaturas em relação a soma das candidaturas masculinas e femininas do partido, não podendo ser inferior a 30% (trinta por cento); (Incluído pela Resolução-TSE nº 23.664/2021);
>
> II - para as candidaturas de pessoas negras o percentual corresponderá à proporção de: (Incluído pela Resolução-TSE nº 23.664/2021): a) mulheres negras e não negras do gênero feminino do partido; e

(Incluído pela Resolução-TSE nº 23.664/2021); b) homens negros e não negros do gênero masculino do partido; e (Incluído pela Resolução-TSE nº 23.664/2021);

III - os percentuais de candidaturas femininas e de pessoas negras serão obtidos pela razão dessas candidaturas em relação ao total de candidaturas do partido em âmbito nacional. (Incluído pela Resolução-TSE nº 23.664/2021).

§ 1º-A Na hipótese de federação, a comissão executiva nacional do partido deve observar os critérios fixados pela federação para distribuição do FEFC às candidatas e aos candidatos que a integram. (Incluído pela Resolução-TSE nº 23.664/2021)

§ 2º Os critérios a que se refere o caput devem ser fixados em valores absolutos ou percentuais, de modo a permitir o controle da Justiça Eleitoral quanto à sua distribuição.

§ 3º Os diretórios nacionais dos partidos políticos devem promover ampla divulgação dos critérios fixados, preferencialmente em sua página na Internet.

Ainda, considerando o disposto no §10 do art. 19 da Resolução-TSE nº 23.607/2019, atualizado pela Resolução-TSE nº 23.665/2021, que determina que os recursos oriundos dos fundos públicos destinados a candidaturas femininas e de pessoas negras sejam repassados às respectivas candidaturas até a data final para a entrega das prestações de contas parciais, recomendou-se aos partidos políticos, em relação às Eleições Municipais de 2024, que:

a) ao votarem os critérios de distribuição de recursos do FEFC para candidaturas de mulheres e pessoas negras, ainda que sem desconsiderar a autonomia partidária para a seleção dos parâmetros de divisão dos recursos, o façam de forma detalhada, com a indicação dos critérios utilizados, inclusive para seleção dos municípios que serão contemplados com recursos do FEFC;

b) identifiquem quais serão os valores e/ou percentuais destinados a cada município, quais cargos/candidaturas serão contempladas com os recursos e quais serão os valores e/ou percentuais destinados a cada candidatura;

c) deem publicidade, conferindo a necessária transparência, aos critérios adotados para a distribuição dos recursos originários dos fundos públicos, especialmente em relação às candidaturas que são contempladas por critérios legais específicos, ou seja, candidaturas femininas e de pessoas negras;

d) a transferência dos recursos para as candidaturas femininas e negras ocorra a tempo de serem utilizados nas campanhas;

e) haja um mínimo de recursos destinados individualmente a cada candidatura de mulheres e pessoas negras, de forma a viabilizar condições para a realização de atos de campanha; e

f) realizem a distribuição do tempo de propaganda às candidaturas femininas e negras de forma que essas candidaturas sejam efetivamente levadas ao conhecimento do eleitorado.

Ainda merece ser mencionada a Emenda Constitucional 133/2024, que inseriu um parágrafo ao art. 17 da Constituição Federal para estabelecer que "dos recursos oriundos do Fundo Especial de Financiamento de Campanha e do fundo partidário destinados às campanhas eleitorais, os partidos políticos devem, obrigatoriamente, aplicar 30% (trinta por cento) em candidaturas de pessoas pretas e pardas, nas circunscrições que melhor atendam aos interesses e às estratégias partidárias." (art. 17, § 9º).

Apesar de toda essa evolução, a luta, que antes era para conquista de direitos formalmente previstos em lei, perpassa barreiras históricas, estruturais e culturais, evidenciando que a implementação de uma plena cidadania feminina e da população negra depende de um contínuo trabalho de rompimento de antigos e arraigados padrões.

Ademais, como verdadeiro *backlash*, há números expressivos da violência política de gênero, sendo que somente no ano de 2021 tais condutas foram criminalizadas: "*Os graduais avanços das mulheres na arena pública não vieram sem resistência. Assim, têm ficado cada vez mais evidentes os episódios de violência política de gênero, cujo objetivo é impedir o efetivo exercício dos direitos políticos pelas mulheres*"[69].

O ônus das barreiras impostas à participação das mulheres na arena política é de toda a sociedade. Exemplo disso está na análise que é possível se fazer sobre a atuação de mulheres líderes, nos seus

69. BARROSO, Luis Roberto; BARCELOS, Júlia Rocha In: FRATINI, Juliana (org.). ***Princesas de Maquiavel***. São Paulo: Matrix, 2021, p. 75.

respectivos países, durante o enfrentamento à pandemia do coronavírus. Com competência e objetividade, muitas se destacaram como exemplos de gestão política de sucesso no enfrentamento à crise, mesmo em países com situações bem distintas de condições sociais e econômicas. A então Primeira-Ministra da Nova Zelândia, Jacinda Ardern, adotou medidas enérgicas que fizeram com que o país registrasse baixíssimos índices de mortalidade[70]. Na Alemanha de Ângela Merkel, muitos casos foram notificados, mas com baixa mortalidade, graças aos intensos investimentos em testes e leitos de UTIs. A Presidente Tsai-wen de Taiwan adotou medidas antecipadas a partir de um centro de controle epidêmico que fez com que o país tivesse poucos casos de mortes. Nos países nórdicos liderados por mulheres, como a Finlândia, de Sanna Marina, a Islândia, comandada por Katrin Jakobsdóttir, e a Noruega, da Primeira-Ministra Erna Solberg, também registraram baixa mortalidade.

Os exemplos não são trazidos aqui para reforçar estereótipos, mas sim demonstrar como mulheres na política também podem trazer olhar mais horizontal para o problema, muitas vezes de mais diálogo, menos personalismos e mais foco na resolução dos problemas.

Nesse sentido, a pesquisa que havia sido desenvolvida pela consultoria de desenvolvimento de liderança Zenger/Folkman em 2012, apontando na época que **líderes mulheres** seriam tão eficazes quanto homens, foi atualizada e publicada pela Harvard Business Review em 2019, concluindo que, em verdade, as mulheres foram avaliadas como mais eficientes em 84% das competências de liderança. Segundo a pesquisa, as mulheres apresentaram maior capacidade de: tomada de iniciativas; resiliência; busca por resultados; integridade e honestidade; desenvolvimento e motivação de terceiros; construção de relacionamentos; definição de metas; colaboração e trabalho em equipe; conexão com

70. Em 19 de janeiro de 2023, Jacinda Ardern anunciou que deixaria o cargo de Primeira-Ministra, até 7 de fevereiro, portanto, antes das eleições. Ardern disse que não teria mais "combustível suficiente no tanque" e mencionou como foram desafiadores os seis anos no exercício da função pública. Entre aqueles que acusaram Ardern de deixar o cargo ante a improvável reeleição e apoiadores que elogiaram a coragem e honestidade para a difícil decisão, o fato é que a renúncia da Primeira-Ministra provocou o debate público sobre os índices alarmantes de *burnout* para as mulheres que estão no mercado de trabalho e precisam acumular as funções domésticas e de cuidado.

o restante do mundo; comunicação; análise e resolução de problemas; discurso para liderança e inovação.[71]

Tudo isso nos faz refletir sobre como poderíamos ter caminhado diferente na humanidade, seja na política, na economia, na ciência etc., se as mulheres tivessem tido as mesmas oportunidades que os homens para estarem nas instituições políticas.

Não bastasse, nesses tempos em que tanto se discute ameaças estruturais e conjunturais à democracia, é preciso ressaltar: não há que se falar em democracia plena, forte e consolidada, sem a participação igualitária das mulheres em todos os campos da arena pública.

1.4. CONCEITO E OBJETO DO DIREITO ELEITORAL

Feitas as considerações preliminares, que justificam o viés de gênero no estudo do direito eleitoral, cabe agora categorizá lo como ramo do direito público, que pode ser considerado como o conjunto de regras jurídicas que regulamentam o exercício do sufrágio universal, disciplinando todo o processo eleitoral, dos direitos políticos às eleições. É, desta forma, mecanismo de concretização dos princípios republicanos, federativos e da soberania popular. Seu regramento engloba todo o processo eleitoral, do alistamento eleitoral à diplomação dos eleitos, estruturando e regulamentando todos os atos relativos às eleições, partidos políticos, registros de candidaturas, campanha eleitoral, votação, apuração e proclamação dos resultados, exercício do mandato, perda de direitos políticos, inelegibilidade etc. Sua finalidade, deste modo, é garantir a justiça e legitimidade do processo eleitoral, que abrange não apenas as eleições, mas também os plebiscitos e referendos, e o respeito aos ditames do Estado Democrático de Direito, a fim de que o resultado seja de acordo com a vontade popular.

A competência para legislar sobre matéria de direito eleitoral é privativa da União, nos termos do art. 22, da Constituição Federal. Essa competência da União é exercida pelo Congresso Nacional, pois

71. Cf. https://hbr.org/2019/06/research-women-score-higher-than-men-in-most-leadership--skills. Acesso em: 16 jul. 2023.

a este órgão cabe, com a sanção do Presidente da República, dispor sobre as matérias do art. 22 da CF/1988 (art. 48, *caput*, da CF/1988). Em regra, a criação de normas eleitorais ocorrerá por meio da edição de lei ordinária, pois esta é suficiente para tratar dos diversos temas eleitorais, como por exemplo, alistamento, eleição, propaganda eleitoral, financiamento de campanha e condições de elegibilidade. Entretanto, em algumas situações, é exigível, em determinados temas eleitorais, a edição de lei complementar. Esses casos estão previstos no art. 14, § 9º, e no art. 121, *caput*, ambos da CF/1988, nos seguintes moldes:

> Art. 14.
>
> § 9º Lei complementar estabelecerá outros casos de inelegibilidade e os prazos de sua cessação, a fim de proteger a probidade administrativa, a moralidade para exercício de mandato considerada vida pregressa do candidato, e a normalidade e legitimidade das eleições contra a influência do poder econômico ou o abuso do exercício de função, cargo ou emprego na administração direta ou indireta. (Redação dada pela Emenda Constitucional de Revisão n. 4, de 1994)
>
> Art. 121. Lei complementar disporá sobre a organização e competência dos tribunais, dos juízes de direito e das juntas eleitorais.

Destaque-se, sobre o tema, a proibição constitucional prevista no art. 62, segundo o qual é vedada a edição de medidas provisórias sobre matéria relativa à nacionalidade, cidadania, direitos políticos, partidos políticos e direito eleitoral e reservada à lei complementar (inciso I, *a*, e inciso III).

Na perspectiva de gênero, há normas específicas que regulamentam o processo eleitoral, nomeadamente o estabelecimento de cotas de candidatura, percentual de fundo partidário, bem como suas implicações, que serão tratadas adiante.

1.5. FONTES

As fontes do direito apontam a partida, ao local de onde surge o direito, possibilitando sua organização e estabilidade e, de forma geral, podem ser identificadas através da Constituição Federal, das leis, da jurisprudência, dos costumes, da doutrina, dos princípios gerais de Direito e da equidade. No caso do direito eleitoral, são consideradas fontes os Tratados e Convenções Internacionais, a Constituição Federal, o Código Eleitoral, a Lei das Eleições (Lei n. 9.504/97), a Lei das Inelegibilidades (Lei Complementar n. 64/90), a Lei Orgânica dos Partidos Políticos (Lei n. 9.096/96), as consultas, as resoluções do Tribunal Superior Eleitoral, decisões da Justiça Eleitoral, além das demais antes mencionadas.

A Constituição Federal de 1988 apresenta normas sobre direitos políticos, tais como alistamento eleitoral e condições de elegibilidade, além de normas gerais sobre partidos políticos e organização da Justiça Eleitoral. E, neste ponto, o Código Eleitoral (Lei n. 4.737/65), apesar de antigo, estrutura a Justiça Eleitoral e traz normas destinadas a assegurar a organização e o exercício de direitos políticos precipuamente os de votar e ser votado.

Podem, ademais, ser divididas entre fontes diretas, que diretamente abordem o direito eleitoral, e fontes indiretas que, mesmo disciplinando outras áreas do direito, têm aplicação subsidiária ao direito eleitoral. E também entre fontes primárias, que decorrem da atividade legislativa e disciplinam de forma geral o direito eleitoral, e fontes secundárias, que regulamentam e especificam o conteúdo das primeiras.

Doravante, faremos a exposição das fontes diretas do Direito Eleitoral Brasileiro, com a devida ênfase à perspectiva de gênero, tratando este item dos Tratados e Convenções Internacionais, bem como da Constituição Federal, ao passo que a legislação eleitoral, cível e criminal, será analisada nos capítulos seguintes de maneira mais específica.

1.5.1. Tratados e Convenções Internacionais

De acordo com o art. 38 do Estatuto da Corte Internacional de Justiça (CIJ), de 1920, são fontes do Direito Internacional: as convenções internacionais, os costumes internacionais e os princípios gerais do Direito, sendo a doutrina e a jurisprudência meios auxiliares, e não fontes propriamente ditas. Neste ponto, os Tratados e Convenções

Internacionais são fontes de direito internacional com forte carga de segurança jurídica, já que seguem a forma escrita e são elaborados de forma democrática, com a participação de todos os Estados. Tratam-se, portanto, de acordos formais e escritos feitos por Estados ou organizações internacionais e que, além de integrarem o ordenamento jurídico brasileiro junto aos direitos e garantias expressados na Constituição (art. 5º, §2º, da Constituição Federal), podem também ter status de norma constitucional, quando dizem respeito a direitos humanos e aprovados, em cada Casa do Congresso Nacional, em dois turnos, por três quintos dos votos dos respectivos membros (art. 5º, §3º, da Constituição Federal).

Sob o enfoque do gênero, alguns tratados e convenções internacionais foram elaborados, repercutindo, ao menos reflexamente, no direito eleitoral, na medida em que apontam a urgente necessidade de ser trabalhada e implementada a igualdade entre homens e mulheres nas mais variadas áreas da vida e, de modo específico, no espaço destinado à vida pública, de domínio político, historicamente concentrado nos homens.

Tal como as normativas internas, "*em sua fase inicial, o sistema internacional de proteção dos direitos humanos guiou-se pelo lema da igualdade formal, geral e abstrata-lema do movimento feminista liberal. O binômio da igualdade perante a lei e da proibição da discriminação, sob a ótica formal, vê-se consagrado em todos os instrumentos internacionais de direitos humanos (...)*"[72].

Na presente análise da legislação internacional, observa-se o momento em que instrumentos interacionais passam a delinear a concepção material de igualdade "*(...) vê-se surgir, a partir da segunda metade da década de 60, instrumentos internacionais vocacionados para a proteção de grupos específicos (...)*"[73]

72. Cf. PIOVESAN, Flávia; FACHIN, Melina. **Diálogos sobre o feminino: a proteção dos direitos humanos das mulheres no Brasil à luz do impacto do sistema interamericano**. In: SILVA, Christine Oliveira Peter da; BARBOSA, Estefania Maria de Queiroz; FACHIN, Melina Girardi (coord.). Constitucionalismo Feminista. Bruna Nowak (org.). São Paulo: Juspodivm, 2018, p. 173.
73. Idem ibidem.

Neste contexto, podemos iniciar com a **Convenção Americana sobre Direitos Humanos**, também conhecida como Pacto de São José da Costa Rica, de 1969, que foi promulgada no Brasil por meio do Decreto n. 678/92. Seu texto, que reconhece direitos essenciais do homem como decorrentes e fundados nos atributos da pessoa humana, é embasado na Declaração Universal dos Direitos do Homem, segundo a qual só pode ser realizado o ideal do ser humano livre, isento do temor e da miséria, se forem criadas condições que permitam a cada pessoa gozar dos seus direitos econômicos, sociais e culturais, bem como dos seus direitos civis e políticos. Por isso, concede proteção, por meio dos Estados-Partes, aos direitos e liberdades nela reconhecidos e à garantia do livre e pleno exercício a toda pessoa que esteja sujeita à sua jurisdição, sem discriminação alguma por motivo de raça, cor, sexo, idioma, religião, opiniões políticas ou de qualquer outra natureza, origem nacional ou social, posição econômica, nascimento ou qualquer outra condição social. Para tanto, os Estados-Partes devem adotar as medidas legislativas ou de outra natureza que forem necessárias para tornar efetivos tais direitos e liberdades. E, especificamente, no que diz respeito aos direitos políticos, a Convenção, em seu art. 23, garante que todos os cidadãos, homens e mulheres, devem gozar dos direitos e oportunidades de participar da direção dos assuntos públicos, diretamente ou por meio de representantes livremente eleitos; de votar e ser eleitos em eleições periódicas autênticas, realizadas por sufrágio universal e igual e por voto secreto que garanta a livre expressão da vontade dos eleitores; e de ter acesso, em condições gerais de igualdade, às funções públicas de seu país.

Mas um pouco antes disso, a **Convenção n. 100 da OIT**, de 1951, com vigência nacional a partir de 1958, já apresentava a preocupação sobre a igualdade de remuneração de homens e mulheres trabalhadores por trabalho de igual valor, estabelecendo a cada membro o dever de, por meios adaptados aos métodos em vigor para a fixação das taxas de remuneração, incentivar e, na medida em que tudo isto é compatível com os ditos métodos, assegurar a aplicação a todos os trabalhadores do princípio de igualdade de remuneração para a mão de obra masculina e a mão de obra feminina por um trabalho de igual valor.

A igualdade entre homens e mulheres, sem distinção de nenhuma natureza, foi também reconhecida como parâmetro durante a

Convenção sobre Eliminação de Todas as formas de Discriminação contra a Mulher realizada em 1979, conhecida pela sigla CEDAW – *Convention on the Elimination of All Forms of Discrimination against Women*, promulgada no Brasil por meio do Decreto n. 4.377/02. Este documento definiu a expressão "discriminação contra a mulher" como toda a distinção, exclusão ou restrição baseada no sexo e que tenha por objeto ou resultado prejudicar ou anular o reconhecimento, gozo ou exercício pela mulher, independentemente de seu estado civil, com base na igualdade do homem e da mulher, dos direitos humanos e liberdades fundamentais nos campos político, econômico, social, cultural e civil ou em qualquer outro campo (art. 1º).

Além de condenarem a discriminação contra a mulher em todas as suas formas, os Estados-Partes se comprometeram, por meio do documento, a adotarem uma política destinada a tal fim, por meio de suas constituições nacionais ou em outra legislação apropriada, consagrando o princípio da igualdade do homem e da mulher e assegurando por lei outros meios apropriados a realização prática desse princípio; da adoção das medidas adequadas, legislativas e de outro caráter, com as sanções cabíveis e que proíbam toda discriminação contra a mulher; estabelecer a proteção jurídica dos direitos da mulher numa base de igualdade com os do homem e garantir, por meio dos tribunais nacionais competentes e de outras instituições públicas, a proteção efetiva da mulher contra todo ato de discriminação; da abstenção de incorrer em todo ato ou prática de discriminação contra a mulher e zelar para que as autoridades e instituições públicas atuem em conformidade com esta obrigação; da adoção de medidas apropriadas para eliminar a discriminação contra a mulher praticada por qualquer pessoa, organização ou empresa; da implementação de todas as medidas adequadas, inclusive de caráter legislativo, para modificar ou derrogar leis, regulamentos, usos e práticas que constituam discriminação contra a mulher; e da derrogação de todas as disposições penais nacionais que constituam discriminação contra a mulher (art. 2º). Ainda, os Estados-Partes se comprometeram a tomar, em todas as esferas e, em particular, nas esferas política, social, econômica e cultural, todas as medidas apropriadas, inclusive de caráter legislativo, para assegurar o pleno desenvolvimento e progresso da mulher, com o objetivo de garantir-lhe o exercício e gozo dos direitos humanos e liberdades fundamentais em igualdade de condições com o homem (art. 3º) e a implementarem medidas especiais de caráter temporário destinadas a acelerar a igualdade de fato entre o homem e a mulher, inclusive destinadas à proteção da maternidade, sem que isto seja considerado discriminação na forma definida na Convenção, devendo tais medidas cessarem quando os objetivos de igualdade de oportunidade e tratamento houverem sido alcançados (art. 4º).

Em outubro de 2024 veio a lume a Recomendação Geral do Comitê CEDAW/ONU n. 40 sobre a representação equitativa e inclusiva das mulheres nos sistemas de tomada de decisão[74]. Nela são trazidos 7 pilares da representação igualitária e inclusiva das mulheres nos sistemas de tomada de decisão. São eles:

1. 50:50 Paridade entre mulheres e homens nos sistemas de tomada de decisão como ponto de partida e norma universal
2. Liderança efetiva de jovens condicionada pela paridade
3. Interseccionalidade e inclusão das mulheres em toda a sua diversidade nos sistemas de tomada de decisão
4. Uma abordagem abrangente para sistemas de tomada de decisão em todas as esferas
5. Poder e influência iguais das mulheres nos sistemas de tomada de decisão
6. Transformação estrutural para uma representação equitativa e inclusiva das mulheres nos sistemas de tomada de decisão
7. Representação da sociedade civil nos sistemas de tomada de decisão

> Ao tratar do quadro normativo para a representação equitativa e inclusiva dos sistemas de tomada de decisão das mulheres, a RG 40 faz referências a vários documentos que contou com a participação da sociedade civil: As quatro Conferências Mundiais das Nações

74. Disponível em: https://tbinternet.ohchr.org/_layouts/15/treatybodyexternal/Download.aspx?symbolno=CEDAW%2FC%2FGC%2F40&Lang=en . Acesso em 03nov2024. Versão em português: https://drive.google.com/file/d/1xbjEPNk2sqpEN0QnIldZaqZ8leJn-4Ew/view

> Unidas sobre as Mulheres no México (1975), Copenhaga (1980), Nairobi (1985) e Pequim (1995) moldaram o papel das mulheres como atores iguais na tomada de decisões. A Declaração e Plataforma de Ação de Pequim identifica as mulheres no poder e na tomada de decisões como um dos doze objetivos estratégicos. Ele pede aos governos que removam todos os obstáculos à participação plena e igualitária das mulheres na tomada de decisões econômicas, sociais, culturais e políticas, para que o poder e a responsabilidade sejam compartilhados entre mulheres e homens em casa, no local de trabalho e nas comunidades nacionais e internacionais mais amplas. A Resolução 1325 do Conselho de Segurança da ONU e suas resoluções subsequentes instam os Estados a garantir a representação igualitária das mulheres em todos os níveis de tomada de decisão para a prevenção, gestão e resolução de conflitos. As metas 5.5 e 16.7 dos Objetivos do Desenvolvimento Sustentável visam a plena participação e liderança das mulheres na tomada de decisões políticas, econômicas e públicas, acompanhando o progresso por métricas representativas com base em gênero, idade, deficiência e grupo populacional. As Conclusões Acordadas da 65a Comissão sobre o Status da Mulher estabeleceram a meta de alcançar um equilíbrio de gênero de 50:50 em todos os cargos eleitos. A Ação 8 b) do Pacto para o Futuro consiste em assegurar a participação plena e efetiva das mulheres e a igualdade de oportunidades de liderança em todos os níveis de tomada de decisão na vida política, económica e pública. A Ação 19 (caput) reconhece que a participação plena, igual, segura e significativa das mulheres na tomada de decisões em todos os níveis de paz e segurança é essencial para alcançar a paz sustentável.41 Na Declaração de Kigali adotada em 2022, os parlamentos da UIP se comprometeram a alcançar a paridade na tomada de decisões políticas.

O documento traz, ainda, a seguinte definição de violência de gênero contra as mulheres (VGCM): "é uma forma de discriminação dirigida contra uma mulher porque ela é mulher ou que afeta as mulheres de forma desproporcional. Inibe seriamente a capacidade das mulheres de gozar de direitos e liberdades com base na igualdade com os homens" (item 36).

A VGCM na esfera pública e privada, continua o mesmo documento, "impede que as mulheres possam dar os primeiros passos em direção à participação na tomada de decisões. Quando exercido contra as mulheres em funções de tomada de decisão, pode empurrá-las para fora delas e constituir um efeito inibidor que desencoraja outras mulheres a alcançar tais posições."[75]

A **Declaração e Programa de Ação de Viena**[76], elaborada em 1993 durante a Conferência Mundial sobre Direitos Humanos promovida pela Organização das Nações Unidas, também apresenta importantes aspectos sobre gênero. Além de legitimar a noção de indivisibilidade dos direitos humanos, cujos preceitos devem se aplicar tanto aos direitos civis e políticos quanto aos direitos econômicos, sociais e culturais, destacar os direitos de solidariedade, o direito à paz, o direito ao desenvolvimento e os direitos ambientais, a Declaração de Viena redefine as fronteiras entre o espaço público e a esfera privada, nomeadamente pela interpretação que dá aos mais variados tipos de violências ocorridas na esfera privada, a exemplo do estupro e da violência doméstica, que passam a ser considerados crimes contra os direitos da pessoa humana. Neste ponto, o Preâmbulo da Carta das Nações Unidas já havia reafirmado a fé nos direitos fundamentais dos seres humanos, na dignidade e no valor da pessoa humana e na igualdade de direitos dos homens e das mulheres, assim como das nações, grandes e pequenas.

Assim é que, preocupada com as várias formas de discriminação e violência a que as mulheres continuam expostas em todo o mundo, a Declaração de Viena considera os direitos das mulheres e das crianças do sexo feminino como uma parte inalienável, integral e indivisível dos direitos humanos universais, bem como a participação plena e igual das mulheres na vida política, civil, econômica, social e cultural, em nível nacional, regional e internacional, e a erradicação de todas as formas de discriminação com base no sexo como objetivos prioritários

---

75. Disponível em: https://tbinternet.ohchr.org/_layouts/15/treatybodyexternal/Download.aspx?symbolno=CEDAW%2FC%2FGC%2F40&Lang=en . Acesso em 03nov2024. Versão em português: https://drive.google.com/file/d/1xbjEPNk2sqpEN0QnlIdZaqZ8IeJn-4Ew/view

76. Segundo José Augusto Alves, esta conferência foi "a maior concentração jamais havida sobre o tema" (Cf. ALVES, José Augusto Lindgren. "Direitos humanos: o significado político da conferência de Viena", in **Lua Nova: Revista de Cultura e Política**, n. 32, São Paulo, abril 1994, disponível em: https://www.scielo.br/scielo.php?script=sci_arttext&pid=S0102-64451994000100009, acesso em: 05 maio 2020).

da comunidade internacional. Para tanto, reafirma que a violência com base no gênero da pessoa e todas as formas de assédio e exploração sexual, incluindo as resultantes de preconceitos culturais e tráfico internacional, são incompatíveis com a dignidade e o valor da pessoa humana, devendo ser eliminadas, por meio de medidas de caráter legal e da ação nacional e da cooperação internacional em áreas tais como o desenvolvimento socioeconômico, a educação, a maternidade e os cuidados de saúde e assistência social. Por isso, insta aos Governos, às instituições e às organizações intergovernamentais e não governamentais a intensificarem os seus esforços com vista à proteção e ao fomento dos Direitos das mulheres e das crianças do sexo feminino.

No ano seguinte, foi realizada a **Convenção Interamericana para Prevenir, Punir, Erradicar a Violência contra a Mulher**, também denominada Convenção de Belém do Pará, porque concluída no Brasil neste lugar, em 9 de junho de 1994 e promulgada pelo Decreto n. 1.973/96, esclarecendo, à partida, entender-se por violência contra a mulher qualquer ato ou conduta baseado no gênero, que cause morte, dano ou sofrimento físico, sexual ou psicológico à mulher, tanto na esfera pública como na esfera privada (art. 1º) e especificando que a violência contra a mulher abrange a violência física, sexual e psicológica, ocorrida no âmbito da família ou unidade doméstica ou em qualquer relação interpessoal, quer o agressor compartilhe, tenha compartilhado ou não a sua residência, incluindo-se, entre outros temas, estupro, maus-tratos e abuso sexual; ocorrida na comunidade e cometida por qualquer pessoa, incluindo, entre outras formas, estupro, abuso sexual, tortura, tráfico de mulheres, prostituição forçada, sequestro e assédio sexual no local de trabalho, bem como em instituições educacionais, serviços de saúde ou qualquer outro local; e a perpetrada ou tolerada pelo Estado ou seus agentes, onde quer que ocorra (art. 2º).

A Convenção destacou, ademais, o direito da mulher ao reconhecimento e à proteção de todos os direitos humanos e liberdades consagrados em todos os instrumentos regionais e internacionais relativos aos direitos humanos, o que engloba o direito a que se respeitem sua vida, integridade física, mental e moral, à liberdade e segurança, de não submissão à tortura, respeito à sua dignidade e de sua família, igual proteção perante a lei e da lei, recurso rápido a tribunal competente para proteção contra atos violadores de seus direitos, de livre associação, de liberdade religiosa e de crença e de igualdade de direitos para o acesso a funções públicas de seu país e de participação nos assuntos públicos e tomadas de decisões (art. 4º), bem como o de ser livre de todas as formas de discriminação e o de ser valorizada e educada livre de padrões estereotipados de comportamento e costumes sociais e culturais baseados em conceitos de inferioridade ou subordinação (art. 5º). Para tanto, os Estados-Partes comprometeram-se a adotar, progressivamente, medidas específicas, inclusive programas destinados a promover o conhecimento e a observância do direito da mulher a uma vida livre de violência e o direito da mulher a que se respeitem e protejam seus direitos humanos; a modificar os padrões sociais e culturais de conduta de homens e mulheres, inclusive a formulação de programas formais e não formais adequados a todos os níveis do processo educacional, a fim de combater preconceitos e costumes e todas as outras práticas baseadas na premissa da inferioridade ou superioridade de qualquer dos gêneros ou nos papéis estereotipados para o homem e a mulher, que legitimem ou exacerbem a violência contra a mulher; a promover a educação e treinamento de todo pessoal judiciário e policial e demais funcionários responsáveis pela aplicação da lei, bem como do pessoal encarregado da implementação de políticas de prevenção, punição e erradicação da violência contra a mulher; a prestar serviços especializados apropriados a mulher sujeitada a violência, por intermédio de entidades dos setores público e privado, inclusive abrigos, serviços de orientação familiar, quando for o caso, e atendimento e custódia dos menores afetados; a promover e apoiar programas de educação governamentais e privados, destinados a conscientizar o público para os problemas da violência contra a mulher, recursos jurídicos e reparação relacionados com essa violência; a proporcionar à mulher, sujeita a violência, acesso a programas eficazes de recuperação e treinamento que lhe permitam participar plenamente da vida pública, privada e social; a incentivar os meios de comunicação a formularem diretrizes adequadas de divulgação, que contribuam para a erradicação da violência contra a mulher em todas as suas formas e enalteçam o respeito pela dignidade da mulher; a assegurar a pesquisa e coleta de estatísticas e outras informações relevantes concernentes às causas, consequências ou à frequência da violência contra a mulher, a fim de avaliar a eficiência das medidas tomadas para prevenir, punir e erradicar a violência contra a mulher, bem como formular e implementar as mudanças necessárias; e a promover a cooperação internacional para o intercâmbio de ideias e experiências, bem como a execução de programas destinados à proteção da mulher sujeitada a violência (art. 8º). Isto sem deixar de levar em conta, especialmente, a situação da mulher vulnerável a violência por sua raça, origem étnica ou condição de migrante, de refugiada ou de deslocada, entre outros motivos. Também será considerada violência contra mulher gestante, deficiente, menor, idosa ou em situação socioeconômica desfavorável, afetada por situações de conflito armado ou de privação da liberdade (art. 9º).

A **Conferência de População e Desenvolvimento** de 1994, realizada no Cairo, é considerada um marco histórico, por se tratar do primeiro encontro global no qual todos os aspectos da vida humana foram abordados de forma abrangente. Firmou compromissos com a finalidade de promover os direitos humanos e da dignidade, o apoio ao planejamento familiar, à saúde sexual e reprodutiva e seus direitos, à saúde da mulher, à promoção da igualdade de acesso à educação para as meninas, bem como a eliminação da violência contra as mulheres, que são fatores diretamente conectados à promoção da igualdade de gênero. Para tanto, considera o direito ao desenvolvimento como um direito universal e inalienável, que faz parte integral dos direitos humanos fundamentais, sendo a pessoa humana o sujeito central do desenvolvimento. Assim, embora o desenvolvimento facilite o gozo de todos os direitos humanos, a falta de desenvolvimento não pode ser invocada para justificar a redução de direitos humanos internacionalmente reconhecidos. Foi afirmado, na ocasião, que o progresso na igualdade e equidade dos sexos, a emancipação da mulher, a eliminação de toda espécie de violência contra ela e a garantia de poder ela própria controlar sua fecundidade são pedras fundamentais de programas relacionados com população e desenvolvimento. Por isso, considerou-se os direitos humanos da mulher e da menina como parte inalienável, integral e indivisível dos direitos humanos universais. E a plena e igual participação da mulher na vida civil, cultural, econômica, política e social, nos âmbitos nacional, regional e internacional, e a erradicação de todas as formas de discriminação com base no sexo como objetivos prioritários da comunidade internacional.

Em seu grupo de ações, a Conferência estipulou que os países devem agir para emancipar as mulheres e, para tanto, devem estabelecer mecanismos para a igualdade de participação e representação equitativa da mulher em todos os níveis do processo político e da vida pública, em toda comunidade e sociedade, capacitando-a a organizar seus interesses e necessidades; promover a realização do potencial da mulher por meio da educação, do desenvolvimento de habilidades e do emprego, conferindo a máxima importância à eliminação da pobreza, do analfabetismo e de doenças entre as mulheres; eliminar toda prática que discrimine a mulher; ajudando a mulher a estabelecer e realizar seus direitos, inclusive os relativos à saúde reprodutiva e sexual; tomar as devidas providências para melhorar a capacidade da mulher de ganhar a vida além das tradicionais ocupações, adquirir autoconfiança econômica e assegurando à mulher igual acesso ao mercado de trabalho e a sistemas de seguridade social; eliminar a violência contra a mulher; eliminar práticas discriminatórias de empregadores contra a mulher, como as baseadas na prova do uso de anticoncepcionais ou do estado de gravidez; possibilitar, por meio de leis, regulamentos ou outras medidas apropriadas, que a mulher conjugue os papéis de gravidez, de amamentação e de criação de filhos com a participação na força de trabalho; assegurar que a mulher possa comprar, manter e vender propriedade e terra em termos de igualdade com o homem, obter crédito e negociar contratos em seu próprio nome e em seu próprio interesse e exercer seus direitos legais à herança; além de bradar e agir com firmeza contra sistemas de discriminação sexual na família, baseados na preferência por filhos, com a finalidade de, especialmente, eliminar a excessiva mortalidade de meninas.

Em 1995, **a Declaração e Plataforma de Ação da IV Conferência Mundial Sobre a Mulher**, também denominada Declaração de Pequim, identificou doze áreas de preocupação prioritária para superar os obstáculos enfrentados pelas mulheres para exercerem plenamente seus direitos e alcançarem seu desenvolvimento integral como pessoas, a saber: a crescente proporção de mulheres em situação de pobreza (fenômeno que passou a ser conhecido como a “feminização da pobreza”); a desigualdade no acesso à educação e à capacitação; a desigualdade no acesso aos serviços de saúde; a violência contra a mulher; os efeitos dos conflitos armados sobre a mulher; a desigualdade quanto à participação nas estruturas econômicas, nas atividades produtivas e no acesso a recursos; a desigualdade em relação à participação no poder político e nas instâncias decisórias; a insuficiência de mecanismos institucionais para a promoção do avanço da mulher; as deficiências na promoção e proteção dos direitos da mulher; o tratamento estereotipado dos temas relativos à mulher nos meios de comunicação e a desigualdade de acesso a esses meios; a desigualdade de participação nas decisões sobre o manejo dos recursos naturais e a proteção do meio ambiente; e a necessidade de proteção e promoção voltadas especificamente para os direitos da menina.

A Plataforma de Ação de Pequim consagrou três inovações dotadas de grande potencial transformador na luta pela promoção da situação e dos direitos da mulher: o conceito de gênero, a noção de empoderamento e o enfoque da transversalidade. O conceito de gênero permitiu passar de uma análise da condição da mulher baseada no aspecto biológico para uma compreensão das relações entre homens e mulheres como produto de padrões determinados social e culturalmente e, por isso, passíveis de modificação, passando a constituir peça-chave para superação dos padrões de desigualdade estabelecidos. O empoderamento da mulher, que é um dos objetivos centrais da Plataforma de Ação, consiste em realçar a importância de que a mulher adquira o controle sobre o seu desenvolvimento, devendo o governo e a sociedade criar as condições para tal finalidade e dar-lhe suporte neste processo. A noção de transversalidade visa assegurar que a perspectiva de gênero passe efetivamente a integrar as políticas públicas em todas as esferas de atuação governamental. Essas perspectivas sobre o tratamento da situação da mulher de forma global levaram ao reconhecimento de que a desigualdade de gênero é uma questão de direitos humanos e não apenas uma decorrência de problemas sociais e econômicos a serem enfrentados[77]. Além de apresentar amplitude à expressão "violência", a Plataforma incitou os governos a adotarem medidas para eliminação de todos os obstáculos que dificultam a participação ativa da mulher em todas as esferas da vida pública e privada, mediante uma participação plena e em igualdade de condições no processo de tomada de decisões

77. Cf. https://www.onumulheres.org.br.

econômicas, sociais, culturais e políticas, supondo o estabelecimento do princípio de que mulheres e homens devem compartilhar o poder e as responsabilidades no lar, no local de trabalho e, em termos mais amplos, na comunidade nacional e internacional. A igualdade entre mulheres e homens passou a ser enxergada como uma questão de direitos humanos, constituindo uma condição para o êxito da justiça social, além de ser um requisito prévio necessário e fundamental para a igualdade, o desenvolvimento e a paz. Assim, para se obter um desenvolvimento sustentável orientado para o ser humano, é indispensável uma relação transformada entre homens e mulheres, baseada na igualdade. Além disso, é necessário um empenho contínuo e de longo prazo para que as mulheres e os homens possam trabalhar de comum acordo para que eles mesmos, seus filhos e a sociedade estejam em condições de enfrentar os desafios do século XXI. Com isso, esta conferência apresentou questões sobre a desigualdade feminina no mercado de trabalho, no acesso aos serviços educacionais e de saúde, assim como à tomada de decisões[78].

1.5.2. Constituição Federal de 1988

A Constituição Federal brasileira é, sem dúvidas, a fonte primária do direito eleitoral, porque dispõe sobre os princípios da democracia, normatização sobre nacionalidade, direitos políticos e seus casos de perda e suspensão, condições e causas de elegibilidade e inelegibilidade, sistemas eleitorais, a previsão da ação de impugnação de mandato eletivo, regras gerais sobre partidos políticos, além da organização e estrutura da Justiça Eleitoral. Antes disso, estabelece que "homens e mulheres são iguais em direitos e obrigações" (art. 5º, I), elevando a igualdade de gênero a direito e princípio fundamental. Entretanto, o tema da igualdade de gênero nem sempre foi objeto de preocupação constitucional, já que foi apenas a Constituição de 1934, ou seja, dois anos após a conquista legal dos direitos políticos femininos, a primeira

78. Cf. PITANGUY, Jacqueline, "A Carta das Mulheres Brasileiras aos Constituintes: memórias para o futuro", in HOLLANDA, Heloisa Buarque (org.), **Pensamento Feminista Brasileiro – formação e contexto**, Rio de Janeiro, Bazar do Tempo, 2019, pp. 90-91.

a dispor sobre a vedação de privilégios ou distinções por força do sexo, sendo sucedida por longos anos de ditadura, nos quais esta visão do *status* jurídico e político da mulher foi estagnado. Foi em 1967, ou seja, trinta e cinco anos após a conquista dos direitos políticos, que o princípio da igualdade de todos perante a lei independentemente do sexo integrou de vez a ordem constitucional brasileira, com o advento da atual Constituição de 1988, que explicitou o princípio da democracia representativa, no sentido de que "a soberania popular será exercida pelo sufrágio universal e pelo voto direto e secreto, com valor igual para todos" (art. 14), além de inserir mecanismos de participação popular direta em seu texto, ao prever o plebiscito, o referendo e a iniciativa popular de leis (arts. 1º, parágrafo único, e 14).

Nesta linha, o atual texto constitucional, além de categorizar a igualdade entre homem e mulher como direito fundamental e, com isso, proibindo qualquer deliberação que tenha por objeto sua abolição (art. 60, § 4º, IV), traz a normatização de todo o processo democrático e de cidadania, a exemplo do art. 12, que dispõe sobre a nacionalidade, considerando como brasileiros natos os nascidos na República Federativa do Brasil, ainda que de pais estrangeiros, desde que estes não estejam a serviço de seu país; os nascidos no estrangeiro, de pai brasileiro ou mãe brasileira, desde que qualquer deles esteja a serviço da República Federativa do Brasil; os nascidos no estrangeiro de pai brasileiro ou de mãe brasileira, desde que sejam registrados em repartição brasileira competente ou venham a residir na República Federativa do Brasil e optem, em qualquer tempo, depois de atingida a maioridade, pela nacionalidade brasileira (inciso I); e brasileiros naturalizados, os que, na forma da lei, adquiram a nacionalidade brasileira, exigidas aos originários de países de língua portuguesa apenas residência por um ano ininterrupto e idoneidade moral; os estrangeiros de qualquer nacionalidade, residentes na República Federativa do Brasil há mais de quinze anos ininterruptos e sem condenação penal, desde que requeiram a nacionalidade brasileira (inciso II).

O mesmo artigo estabelece serem privativos de brasileiro nato os cargos de Presidente e Vice-Presidente da República; de Presidente da Câmara dos Deputados; de Presidente do Senado Federal; de Ministro do Supremo Tribunal Federal; da carreira diplomática; de oficial das Forças

Armadas; de Ministro de Estado da Defesa (§3º). E ainda trata da perda da nacionalidade do brasileiro tiver cancelada sua naturalização, por sentença judicial, em virtude de fraude relacionada ao processo de naturalização ou de atentado contra a ordem constitucional e o Estado Democrático; (Redação dada pela Emenda Constitucional nº 131, de 2023) ou fizer pedido expresso de perda da nacionalidade brasileira perante autoridade brasileira competente, ressalvadas situações que acarretem apatridia. (Redação dada pela Emenda Constitucional nº 131, de 2023) (§4º).

Na sequência, apresenta o regramento dos direitos políticos, esclarecendo, inicialmente, que a soberania popular será exercida pelo sufrágio universal e pelo voto direto e secreto, com valor igual para todos, e, nos termos da lei, mediante plebiscito, referendo e iniciativa popular (art. 14). Depois, sobre o alistamento eleitoral e o voto, que são obrigatórios para os maiores de dezoito anos e facultativos para os analfabetos, os maiores de setenta anos e os maiores de dezesseis e menores de dezoito anos (§1º), vedando-o aos estrangeiros e, durante o período do serviço militar obrigatório, aos conscritos (§2º).

Em seguida, a Constituição estabelece como condições de elegibilidade a nacionalidade brasileira:

– *O pleno exercício dos direitos políticos*

O nacional poderá exercer seus direitos políticos, em sua plenitude se não incorrer em nenhuma das hipóteses de perda ou suspensão previstas no art. 15, da Constituição Federal, quais sejam: cancelamento da naturalização por sentença transitada em julgado; incapacidade civil absoluta; condenação criminal transitada em julgado, enquanto durarem seus efeitos; recusa de cumprir obrigação a todos imposta ou prestação alternativa, nos termos do art. 5º, VIII; e improbidade administrativa, nos termos do art. 37, § 4º.

– *O alistamento eleitoral*

O alistamento eleitoral é a primeira fase do processo eleitoral, compreendendo atos cartorários de qualificação e inscrição do eleitor ou da eleitora, após o qual este passa a integrar o Cadastro Nacional de Eleitores(as) da Justiça Eleitoral. Trata-se de ato realizado por meio de processamento eletrônico e se perfaz pelo preenchimento do requerimento de alistamento eleitoral (RAE), na forma das resoluções aplicáveis do Tribunal Superior Eleitoral (em especial, a Res. 23.659/21) e da legislação eleitoral. É a partir daí que o cidadão e a cidadã adquirem seus direitos políticos, nomeadamente a capacidade eleitoral ativa (direito de votar), viabilizando sua elegibilidade e filiação partidária.

– *O domicílio eleitoral na circunscrição*

O Código Eleitoral, no art. 42, parágrafo único, considera o domicílio eleitoral como "o lugar de residência ou moradia do requerente, e, verificado ter o alistando mais de uma, considerar-se-á domicílio qualquer delas". O Código Civil, por sua vez, conceitua domicílio da pessoa natural o lugar onde ela estabelece a sua residência com ânimo definitivo (art. 70), demonstrando que os conceitos de domicílio eleitoral e de domicílio civil não são equivalentes. Ademais, de acordo com entendimento do Tribunal Superior Eleitoral, o domicílio eleitoral abarca não apenas a residência ou moradia do eleitor, abrangendo, também, aquela localidade com a qual o/a eleitor/a tenha uma vinculação específica, seja na forma de exercício profissional (vínculo profissional), interesse patrimonial (vínculo patrimonial), reconhecida notoriedade no meio social daquela comunidade (vínculo social, político e afetivo)[79].

– *A filiação partidária*

No Brasil, a filiação partidária é requisito essencial para que o cidadão concorra a um cargo político eletivo, já que candidaturas avulsas, desvinculadas de partidos políticos, não são permitidas e, neste ponto, recente reforma eleitoral incluiu expressamente a vedação de registro de candidatura avulsa, ainda que o requerente tenha filiação partidária (§14 acrescido ao art. 11 da Lei n. 9.504/97 pela Lei n. 13.488/2017). Assim, apenas podem concorrer aos cargos eletivos os filiados que tiverem sido escolhidos em convenção partidária, tornando a centralidade partidária uma realidade compulsória na democracia representativa brasileira, de tal maneira que o Supremo Tribunal Federal já decidiu que o mandato parlamentar pertence ao partido e não ao

79. Cf. https://www.tre-pa.jus.br/eleicoes/eleicoes-anteriores/eleicoes-2018/portal-do-candidato-2018/informacoes-gerais-sobre-elegibilidade-inelegibilidade-e-incompatibilidades.

candidato eleito, ao reconhecer a constitucionalidade da Resolução 22.610/07, do Tribunal Superior Eleitoral (TSE), nas Ações Diretas de Inconstitucionalidade (ADIs) 3999 e 4086, tornando legítima a perda do mandato do candidato que abandona a legenda pela qual se elegeu, sob fundamento de que "as características do sistema proporcional, com sua ênfase nos votos obtidos pelos partidos, tornam a fidelidade partidária importante para garantir que as opções políticas feitas pelo eleitor no momento da eleição sejam minimamente preservadas". Na sequência, na ADI 5081, de 2021, a Corte Constitucional julgou que esta regra da fidelidade partidária não é aplicável aos candidatos eleitos pelo sistema majoritário, mas apenas ao sistema proporcional.

Neste tópico de filiação partidária, cumpre ainda destacar que o militar da ativa não pode ser filiado a partido político por força de vedação constitucional (art. 142, § 3º, V), motivo pelo qual essa condição de elegibilidade não lhe é exigível, bastando o pedido de registro de candidatura, após prévia escolha em convenção partidária. Mas ao militar alistável, a elegibilidade depende do cumprimento das seguintes condições: se contar menos de dez anos de serviço, afastar-se da atividade; e se contar mais de dez anos de serviço, ser agregado pela autoridade superior e, se eleito, passar automaticamente, no ato da diplomação, para a inatividade (art. 14, §8º). Essa exceção, contudo, não se aplica ao militar da reserva, o qual deve observar normalmente a regra geral de filiação partidária.

– *A idade mínima*

De trinta e cinco anos para Presidente/a e Vice-Presidente/a da República e Senador/a, trinta anos para Governador/a e Vice-Governador/a de Estado e do Distrito Federal, vinte e um anos para Deputado/a Federal, Deputado/a Estadual ou Distrital, Prefeito/a, Vice-Prefeito/a e juiz/a de paz; e dezoito anos para Vereador/a, que terá por referência a data da posse.

Ainda, o texto constitucional considera inelegíveis os analfabetos e os inalistáveis (§4º), além de expressar, nos §§ 6º e 7º do art. 14, os casos de inelegibilidade para mandatos eletivos por incompatibilidade, dispondo que o "Presidente da República, os Governadores de Estado e do Distrito Federal, os Prefeitos e quem os houver sucedido, ou substituído no curso dos mandatos poderão ser reeleitos para um único período subseqüente" (redação dada pela Emenda Constitucional n. 16, de 1997), devendo todos eles, para concorrer a outros cargos, serem desincompatibilizados dos seus respectivos cargos até seis meses antes do pleito e que, no território de jurisdição do titular, o cônjuge e os parentes consanguíneos ou afins, até o segundo grau ou por adoção, do/a Presidente/a da República, de Governador/a de Estado ou Território, do Distrito Federal, de Prefeito/a ou de quem os haja substituído dentro dos seis meses anteriores ao pleito, são inelegíveis, salvo se já titular de mandato eletivo e candidato/a à reeleição.

Tais situações também encontram previsão na Lei Complementar n. 64, de 1990, que será objeto de estudo no capítulo subsequente, ampliando o rol de inelegibilidade por incompatibilidade e estabelecendo prazos diferenciados para cada situação.

Consignamos, ademais, que as condições de elegibilidade não estão previstas apenas no art. 14, §3º, da Constituição Federal, mas também na Lei n. 9.504/1997 (Lei das Eleições), a qual estabelece, entre outras condições, que o/a candidato/a tenha quitação eleitoral (art. 11, §1º, inciso VI), legislação que será abordada no capítulo seguinte.

O texto constitucional também apresenta a normatização acerca da organização da Justiça Eleitoral em seus arts. 118 a 121.

Integram a Justiça Eleitoral o Tribunal Superior Eleitoral, que tem jurisdição em todo o território nacional e é composto por três Ministros do Supremo Tribunal Federal, dois/duas Ministros/as do Superior Tribunal de Justiça e dois/duas advogados/as; os Tribunais Regionais Eleitorais, nos Estados e Distrito Federal; Juízos Eleitorais e Juntas Eleitorais.

A Justiça Eleitoral tem a função de preparar, organizar e administrar todo o processo eleitoral; cuidar da inscrição dos/as eleitores/as e transferência de domicílio eleitoral; expedir títulos eleitorais; nomear pessoas para compor as Juntas Eleitorais e prestar serviços durante a coleta de votos; designar quais os locais de votação; acompanhar os planos de mídia dos partidos políticos; e exercer o poder de polícia em relação à propaganda eleitoral e à captação irregular de sufrágio.[80]

80. Cf. PONTE, Antonio Carlos. **Crimes eleitorais**. 2ª ed. São Paulo: Saraiva, 2016, pp. 19-20.

Além disso, faz parte da competência dos Tribunais Eleitorais responderem às consultas eleitorais formuladas por partidos políticos ou autoridades com jurisdição federal que versem sobre a aplicação e a interpretação do Direito Eleitoral em tese. Dessa forma, salienta Antônio Carlos da Ponte que a atuação da Justiça Eleitoral como órgão consultivo a diferencia das demais áreas jurisdicionais, dando-lhe colorido próprio e a aproximando muito mais das preocupações e anseios da sociedade, já que os Tribunais não se limitam a aplicar o Direito, mas se propõem a algo inovador, ao discuti-lo em tese.[81]

Por fim, para além de todo esse regramento de direito eleitoral, o constituinte, ao elevar à categoria de direito fundamental a igualdade entre homens e mulheres, também não ignorou as diferenças existentes entre ambos, tanto que em situações específicas adotou tratamento diferenciado que busque minimizar ou extinguir as desigualdades por meio de ações afirmativas, como é o caso da licença de maternidade (art. 7°, incisos XVIII e XIX), do incentivo ao trabalho da mulher, mediante normas especiais (art. 7°, inciso XX), bem como a previsão de menor prazo para a aposentadoria por tempo de serviço da mulher, em razão da dupla jornada (art. 40, inciso III, letras *a*, *b*, *c* e *d*; art. 202, I, II, III e §1°), o que se justifica por razões de natureza biológica, históricas, culturais, sociais e econômicas.

1.6. PRINCÍPIOS GERAIS DE DIREITO ELEITORAL

São considerados como princípios gerais do direito as regras que, embora não escritas, sirvam como mandamentos que informem e apoiem o direito, sendo utilizados para criação e integração das normas jurídicas e norteados pelo ideal de justiça.

A Constituição Federal é também denominada "carta de princípios", porque tem como fundamentos, conforme descrição do artigo 1º, a soberania, a cidadania, a dignidade humana, os valores sociais do trabalho, da livre iniciativa e o pluralismo político.

81. Cf. PONTE, Antonio Carlos. **Crimes eleitorais**. 2ª ed. São Paulo: Saraiva, 2016, pp. 19-20.

Na célebre lição de Celso Antônio Bandeira de Mello:

> Princípio é, por definição, mandamento nuclear de um sistema, verdadeiro alicerce dele, disposição fundamental que se irradia sobre diferentes normas compondo-lhes o espírito e servindo de critério para sua exata compreensão e inteligência exatamente por definir a lógica e a racionalidade do sistema normativo, no que lhe confere a tônica e lhe dá sentido harmônico (...)Violar um princípio é muito mais grave que transgredir uma norma qualquer. A desatenção ao princípio implica ofensa não apenas a um específico mandamento obrigatório, mas a todo o sistema de comandos. É a mais grave forma de ilegalidade ou inconstitucionalidade, conforme o escalão do princípio atingido, porque representa insurgência contra todo o sistema, subversão de seus valores fundamentais, contumélia irremissível a seu arcabouço lógico e corrosão de sua estrutura mestra.[82]

Configuram os princípios, deste modo, alicerces do ordenamento jurídico independentemente de positivação em normas legais.

No caso do direito eleitoral, os princípios que o norteiam são:

– *Princípio do Estado Democrático de Direito*

Trata-se de um fundamento e valor essencial dos Estados modernos, baseado na soberania popular, na qual o próprio povo, como titular do poder constituinte, serve de legitimador do poder político e de limite ao Poder Estatal. A Constituição Federal brasileira buscou implementar o regime democrático, em que todo poder emana do povo, que o exerce por meio de representantes eleitos ou diretamente. São princípios inerentes ao Estado Democrático de Direito a soberania, a cidadania, a dignidade da pessoa humana, os valores sociais do trabalho e da livre iniciativa e o pluralismo político. Para concretização deste princípio, a igualdade e a liberdade, de consciência, de expressão e manifestação, devem ser preservadas, uma vez que impedir ou viciar a manifestação de vontade da população pode gerar um retrocesso e levar a um Estado autoritário. Traduz-se na máxima "poder do povo, pelo

82. MELLO, Celso Antonio Bandeira. **Curso de Direito Administrativo,** 22. ed. São Paulo. Ed. Malheiros, 2007, p. 922-923.

povo e para o povo", na qual além da escolha periódica dos governantes, cabe à população uma participação efetiva nas decisões políticas, de tal modo que igualdade política e liberdade política caminhem juntas.

Sobre o princípio, merecem destaques os seguintes julgados:

> Recurso contra a diplomação. Argüição por suplente. Preliminar rejeitada. Analfabeto eleito vereador em 1996 e reeleito em 2000, regularmente matriculado no ensino fundamental. Ausência de impugnação ao registro da candidatura nas duas eleições. Conservação do mandato ante a prevalência do princípio do estado democrático de direito, que privilegia o respeito à manifestação soberana do eleitor. Improvimento (TRE/RS, RCED 112001, Relator Des. Dr. Pedro Celso Dal Prá, Relator designado Des. Dr. Manoel Lauro Volkmer De Castilho, j. 18.12.2001, DJe, tomo 48, 14.03.2002, p. 69).

> PROPAGANDA PARTIDÁRIA. REQUERIMENTO. INSERÇÕES REGIONAIS. REQUISITOS LEGAIS PREENCHIDOS. PRINCÍPIO DO ESTADO DEMOCRÁTICO DE DIREITO E IGUALDADE DE OPORTUNIDADES. DEFERIMENTO.1. Foi demonstrado nos autos que o partido político requerente preenche todos os requisitos estabelecidos pela legislação eleitoral para a concessão de propaganda partidária, através de inserções regionais. 2. Embora o partido requerente tenha elegido representantes para a Câmara dos Deputados, não atingiu o percentual mínimo de 1% (um por cento) exigido pelo art. 57, I, "a", da Lei n. 9.096/95.3. Impõe-se, no caso, a aplicação dos princípios do Estado Democrático de Direito e da Igualdade de Oportunidades, tendo em vista a porcentagem de candidatos eleitos pelo partido político ter sido de 0,95%, com a representação de 5 (cinco) Deputados Federais, conforme atesta a certidão da Câmara dos Deputados (fl. 50). 4. Requerimento deferido.
> (TRE/RJ, PP 0000024-69.2015.6.19.0000, Relatora Desa. Ana Tereza Basilio, j. 29.06.2015, DJe do TRE-RJ, tomo 132, 03.07.2015, p. 41-47).

> Recurso Eleitoral. Eleições 2016. Ação de Impugnação de Mandato Eletivo. I. A jurisprudência do E. Tribunal Superior Eleitoral é uníssona no sentido de exigir, para a desconstituição de diploma, prova robusta e contundente da prática da conduta abusiva. II. Conjunto

> probatório que não demonstra, ainda que de forma indiciária, prática da captação ilícita de sufrágio e, por conseguinte, do abuso de poder econômico que dela supostamente decorre. III. Prestígio ao princípio da soberania popular que se impõe. IV. Desprovimento do recurso (TRE/RJ, RE 0000001-93.2017.6.19.0149, Relator Des. Antonio Aurélio Abi Ramia Duarte, j. 30.10.2017, DJe do TRE-RJ, tomo 272, 07.11.2017, p. 14/20).

Do voto do relator, todavia, ressalta-se:

> Se, por um lado, a legitimidade do mandato obtido por meio do voto popular está condicionada à ausência de interferências indevidas no processo eleitoral, por outro, a desconstituição da vontade manifestada nas urnas deve ser objeto de prova robusta e inconteste, sob pena de violação do mais basilar princípio do Estado Democrático de Direito.
>
> Assim, se o recorrente não logrou êxito em demonstrar a prática da conduta abusiva por parte do então candidato, desincumbindo-se do ônus que lhe cabe por força do que dispõe o artigo 373 do CPC, eventual dúvida acerca da configuração dos fatos deve sim ensejar o não acolhimento do pedido veiculado na peça vestibular, tal como ocorreu no presente caso concreto.
>
> Contudo, ao contrário do alegado pelo Ministério Público Eleitoral em suas razões recursais, a improcedência do pedido formulado na presente Ação de Impugnação de Mandato Eletivo não se fundamenta no princípio do *in dubio pro reo*, mas no prestígio da soberania popular, no respeito à vontade democrática livremente manifestada pelo eleitorado nas urnas.
>
> **Diante disso, voto pelo desprovimento do recurso.**

– *Moralidade Eleitoral*

Como princípio ligado ao direito eleitoral, a moralidade consiste em evitar quaisquer práticas ilícitas e antiéticas na obtenção do mandato eleitoral. Encontra previsão no art. 14, § 9º, da Constituição Federal, segundo o qual

> lei complementar estabelecerá outros casos de inelegibilidade e os prazos de sua cessação, a fim de proteger a probidade administrativa,

a moralidade para exercício de mandato considerada vida pregressa do/a candidato/a, e a normalidade e legitimidade das eleições contra a influência do poder econômico ou o abuso do exercício de função, cargo ou emprego na administração direta ou indireta.

Além disso, a Constituição Federal também estabelece a moralidade como princípio da Administração Pública, em seu art. 37, o que justificou a edição da Lei da Ficha Limpa (Lei Complementar n. 135, considerada constitucional pelas Ações Declaratórias de Constitucionalidade – ADCs – n. 29 e n. 30 e pela Ação Direta de Inconstitucionalidade – ADI – n. 4578, no ano de 2010), cuja vigência não abarcou as Eleições Gerais daquele ano, pois desrespeitaria o princípio da anualidade eleitoral – de acordo com o STF –, previsto no artigo 16 da Constituição Federal, valendo, assim, somente a partir do ano de 2012), impedindo a candidatura de quem teve seu mandato cassado, além daqueles que tiverem suas contas relativas ao exercício de cargos ou funções públicas rejeitadas por irregularidade insanável que configure ato doloso de improbidade administrativa, e por decisão irrecorrível do órgão competente, dentre outras hipóteses.

Sobre o princípio da moralidade, ressaltem-se as seguintes decisões:

> RECURSO ORDINÁRIO. LEI COMPLEMENTAR 135/2010. SUPOSTA VIOLAÇÃO DO ART. 16 DA CONSTITUIÇÃO FEDERAL. INOCORRÊNCIA. CAPTAÇÃO OU GASTOS ILÍCITOS DE RECURSO DE CAMPANHA. DECISÃO COLEGIADA CONDENATÓRIA. DESNECESSIDADE DE EXAURIMENTO DAS VIAS RECURSAIS. CARACTERIZAÇÃO DA INELEGIBILIDADE PREVISTA NO ART. 1º, I, J, DA LEI DA FICHA LIMPA. REGISTRO INDEFERIDO. RECURSO ORDINÁRIO DESPROVIDO.
>
> [...]
>
> II - O art. 14, § 9º, da Constituição Federal traz determinação expressa para que o legislador complementar fixe, de maneira objetiva, critérios definidores de inelegibilidade condizentes com a probidade administrativa e a moralidade eleitoral, considerada a vida pregressa do postulante ao cargo eletivo.
>
> [...]

IV - Verificados, de forma objetiva, os requisitos ensejadores da causa de inelegibilidade prevista no art. 1º, I, j, da Lei Complementar 64/90, o indeferimento do registro de candidatura é medida que se impõe.

V - Recurso ordinário desprovido.

(TSE, RO 0004524-25.2010.6.13.0000/MG, Relator Ministro Marco Aurélio, Relator designado Ministro Ricardo Lewandowski, j. 14.12.2010, PSESS - publicado em sessão, 14.12.2010).

RECURSO ORDINÁRIO. ELEIÇÕES 2010. DEPUTADO ESTADUAL. INELEGIBILIDADE. APLICAÇÃO DA LEI COMPLEMENTAR N. 135/2010 ÀS ELEIÇÕES 2010. CONDENAÇÃO COLEGIADA POR ATO DE IMPROBIDADE ADMINISTRATIVA. ART. 1º, I, l, DA LEI COMPLEMENTAR N. 64/90. NECESSIDADE DE PRÁTICA DE ATO DOLOSO DE IMPROBIDADE QUE IMPORTE, SIMULTANEAMENTE, ENRIQUECIMENTO ILÍCITO DO CANDIDATO E LESÃO AO ERÁRIO. ARTS. 9º E 10 DA LEI N. 8.429/92. PROVIMENTO.

[...]

3. A Lei Complementar n. 135/2010 atende ao princípio constitucional da presunção de não culpabilidade, porquanto resultou da ponderação de tal princípio com o da moralidade e probidade para o exercício do mandato eletivo, considerada a vida pregressa do candidato. Precedente.

4. O ato de improbidade capaz de autorizar a incidência da causa de inelegibilidade do art. 1, I, l, da Lei Complementar n. 64/90 deve caracterizar-se por conduta do candidato de "auferir qualquer tipo de vantagem patrimonial indevida" (art. 9º, caput, da Lei n. 8.429/92) para a prática de ato que cause "perda patrimonial, desvio, apropriação, malbaratamento ou dilapidação dos bens ou haveres" do erário (art. 10, caput, da Lei n. 8.429/92).

5. Recurso ordinário provido.

Decisão:

O Tribunal, por unanimidade, proveu o recurso, nos termos do voto do Relator.

(TSE, RO 0002293-62.2010.6.26.0000/SP, Relator Ministro Aldir Passarinho Junior, j. 26.05.2011, RJTSE, vol. 22, tomo 2, 26.05.2011, p. 132, DJe, 20.06.2011, p. 45).

PRESTAÇÃO DE CONTAS. PTC. DIRETÓRIO NACIONAL. EXERCÍCIO FINANCEIRO DE 2011. NÃO COMPROVAÇÃO DE DESPESAS COM PASSAGENS AÉREAS. LOCAÇÃO DE VEÍCULO DE PROPRIEDADE DE DIRIGENTE PARTIDÁRIO SEM A COMPROVAÇÃO DA DESTINAÇÃO PARA FINS PARTIDÁRIOS. NÃO APLICAÇÃO INTEGRAL DO MÍNIMO DE 5% (CINCO POR CENTO) DE RECURSOS DO FUNDO PARTIDÁRIO NA CRIAÇÃO E MANUTENÇÃO DE PROGRAMAS DE PROMOÇÃO E DIFUSÃO DA PARTICIPAÇÃO POLÍTICA DAS MULHERES. ART. 44, V, DA LEI DOS PARTIDOS POLÍTICOS. GASTOS IRREGULARES COM HOSPEDAGEM. DESPESAS NÃO VINCULADAS À ATIVIDADE PARTIDÁRIA. CONTAS APROVADAS COM RESSALVAS. IMPOSIÇÃO DE RESSARCIMENTO AO ERÁRIO.

PREMISSAS TEÓRICAS

1. A prestação de contas, como dever, funda-se no princípio fundamental republicano (CRFB/88, art. 1º, *caput*), e seu corolário imediato o postulado da publicidade (CRFB/88, arts. 1º, *caput*, 5º, XXXIII, e 37, *caput*). A despeito de conteúdo plurissignificativo e de vagueza semântica, afigura-se possível identificar alguns atributos normativos mínimos no conteúdo jurídico dos aludidos cânones magnos, quais sejam, (i) a existência de uma concepção igualitária de bem público, cuja titularidade é atribuída ao povo, (ii) distinção entre patrimônio público e privado dos governantes, (iii) a eletividade dos representantes populares, (iv) periodicidade dos mandatos e (v) o dever de prestação de contas, com a consequente possibilidade de responsabilização político-jurídica de todas as autoridades estatais.

[...]

4. A divulgação dos recursos auferidos pelos partidos e candidatos se revela importante instrumento de análise para os cidadãos-eleitores, irradiando-se, precipuamente, sob dois prismas: no primeiro, de viés positivo, as informações acerca das despesas de campanha propiciam a formulação de um juízo adequado, responsável e consciente no exercício do direito ao sufrágio, notadamente no momento da escolha de seu representante; e, no segundo, de viés negativo, possibilitam que os eleitores possam censurar, por intermédio do voto, aqueles candidatos que, eticamente, estejam

em dissonância com os valores que ele, cidadão, considera como cardeais, em especial quando o fluxo de receitas amealhadas durante a campanha não restar devidamente comprovado.

5. A prestação de contas se conecta umbilicalmente a princípios caros ao Direito Eleitoral, como a igualdade de chances entre os partidos políticos, a moralidade eleitoral, e, em última análise, a própria noção de Democracia.

6. O *telos* subjacente à prestação de contas é evitar - ou, ao menos, amainar - os reflexos nefastos do abuso do poder econômico que, no limite, desvirtuam a igualdade de chances entre os candidatos e as agremiações partidárias, ao mesmo tempo em que se franqueia maior legitimidade ao processo político-eleitoral, sob o prisma do diálogo com a moralidade eleitoral.

[...]

MÉRITO

[...]

18. Contas apresentadas pelo Partido Trabalhista Cristão, relativas ao exercício financeiro de 2011, aprovadas com ressalvas, de acordo com o disposto no art. 27, II, da Res.-TSE n. 21.841/2004, com a determinação de recolhimento ao Erário do valor de R$ 114.562,64 (cento e catorze mil, quinhentos e sessenta e dois reais e sessenta e quatro centavos), devidamente atualizado, a ser pago com recursos próprios, nos termos do art. 34, *caput*, da Res.-TSE n. 21.841/2004. Determina-se, ainda, que se aplique o percentual remanescente (0,29%), acrescido de 2,5%, nos termos do art. 44, § 5º, da Lei n. 9.096/95, em programas de incentivo à participação da mulher na política no exercício financeiro seguinte ao deste julgamento, além do percentual referente ao respectivo exercício.

(TSE, PC 0000247-55.2012.6.00.0000/DF, Relator Ministro Luiz Fux, j. 27.04.2017, DJe, tomo 42, 01.03.2018, p. 91-93).

Do voto do relator vale destacar:

Mas não é só. A prestação de contas se conecta umbilicalmente a princípios caros ao Direito Eleitoral, como a igualdade de chances entre os partidos políticos, a moralidade eleitoral, e, em última análise, a própria noção de Democracia. Todos estes valores estão essencialmente vinculados, como ressalta, em sede doutrinária, o Min. Gilmar Mendes, citando *Herman Heller, in verbis: "o Estado de Direito Democrático atual encontra seu fundamento, principalmente, na liberdade e igualdade da propaganda política, devendo assegurar-se a todas as agremiações e partidos igual possibilidade jurídica de lutar pela prevalência de suas ideias e interesses" (Curso de Direito Constitucional.* 61 e d. São Paulo: Saraiva, 2011, p. 795-796).

Com a prestação de contas, evita-se - ou, ao menos, amaina-se - os reflexos nefastos do abuso do poder econômico que, no limite, desvirtuam a igualdade de chances entre os candidatos e as agremiações partidárias, ao mesmo tempo em que se franqueia maior legitimidade ao processo político-eleitoral, máxime porque o dever de prestar contas dialoga com a moralidade eleitoral. Captando com destreza a relevância do instituto, José Jairo Gomes preleciona que "[a prestação de contas] *constitui o instrumento oficial que permite a realização de contrastes e avaliações, bem como o controle financeiro do certame. Esse controle tem o sentido de perscrutar e cercear o abuso de poder, notadamente o de caráter econômico, conferindo-se mais transparência e legitimidade às eleições.*" (GOMES, José Jairo. *Direito Eleitoral.* ioa Ed. São Paulo: Atlas, 2014, p. 356).

– *Princípio da Democracia Partidária*

Uma das linhas mestras do Estado Democrático de Direito para manutenção da democracia, além do pleno exercício dos direitos individuais, é a liberdade partidária. E neste ponto, embora desempenhem papel de natureza pública, a legislação ordinária brasileira considera os partidos políticos como pessoa jurídica de direito privado (art. 1º, Lei n. 9.096/85) e sua autonomia é garantida pela Constituição Federal, que também prevê que sua organização interna se dê por estatutos e regimentos (art. 17, §1º). E neste ponto, o art. 3º, da Lei dos Partidos Políticos, assegura ao partido político "autonomia para definir sua estrutura interna, organização e funcionamento". O tema, inclusive, já foi objeto de deliberação do Supremo Tribunal Federal que declarou que "a liberdade na formação dos partidos há de se conformar ao respeito aos princípios democráticos"[83].

---

83. Cf. ADI 5.311, disponível em http://portal.stf.jus.br/processos/detalhe.asp?incidente=4758587.

Apesar da natureza de direito privado, suas funções são de natureza pública, o que liga o funcionamento dos partidos políticos de forma direta à democracia, nomeadamente no caso brasileiro, na qual a filiação partidária é exigência para candidatura. E neste ponto, José Afonso já declarou que "a autonomia é conferida na suposição de que cada partido busque, de acordo com suas concepções, realizar uma estrutura interna democrática"[84], o que torna a democracia partidária uma concretização da própria democracia brasileira.

Dentro da temática, os seguintes julgados merecem destaque:

> PETIÇÃO. PARTIDO SOCIAL LIBERAL (PSL). ALTERAÇÕES ESTATUTÁRIAS. ANOTAÇÃO. DEFERIMENTO PARCIAL.
>
> [...]
>
> RENOVAÇÃO DE COMISSÕES PROVISÓRIAS
>
> 4. O disposto no parágrafo único do art. 29 do estatuto, ao prever a possibilidade de renovações reiteradas e indefinidas de comissões provisórias, conflita com o princípio democrático e com o entendimento desta Corte a respeito do tema.
>
> 5. Na Inst 750-72, de relatoria do Ministro Henrique Neves da Silva, esta Corte assentou que "não há como se conceber que em uma democracia os principais atores da representação popular não sejam, igualmente, democráticos. Este, inclusive, é o comando expresso no art. 17 da Constituição da República que, ao assegurar a autonomia partidária, determina expressamente que sejam 'resguardados a soberania nacional, o regime democrático, o pluripartidarismo e os direitos fundamentais da pessoa humana'". No mesmo sentido: RPP 1417-96, rel. Min. Herman Benjamin, redator para o acórdão Ministro Tarcísio Vieira de Carvalho Neto, DJE de 15.3.2018.
>
> [...]
>
> Pedido de anotação das alterações estatutárias deferido parcialmente, concedendo-se o prazo de 90 dias para a agremiação retificar o estatuto no que diz respeito às disposições glosadas.

---

84. Cf. SILVA, José Afonso da. **Curso de Direito Constitucional Positivo**, 38. ed. São Paulo, Malheiros, 2015, p. 407.

(TSE, PET n. 18 (0000617-30.1995.6.00.0000/ DF), Relator Ministro Sergio Silveira Banhos, j. 05.09.2019, DJe 23.10.2019, p. 19).

SEGUNDO PEDIDO DE RECONSIDERAÇÃO. PEDIDO. ALTERAÇÃO ESTATUTÁRIA. PARTIDO DA MOBILIZAÇÃO NACIONAL (PMN). DEFERIMENTO PARCIAL. HIPÓTESE [...]

3. Diante da atual disciplina legal, não é admissível a interpretação pretendida pelo Ministério Público, no sentido de que a duração dos mandatos dos integrantes dos órgãos permanentes do partido deve ser limitada a quatro anos, a exemplo do mandato dos cargos eletivos do Poder Executivo, uma vez que impelir os partidos políticos a observarem uma simetria específica entre os prazos dos mandatos dos chefes do Poder Executivo e os dos dirigentes de partidos políticos resultaria na substituição da vontade discricionária da agremiação, minimizando, assim, a autonomia partidária interna.

4. Não se pode olvidar que o sistema constitucional brasileiro também estabelece a existência de mandato com duração de oito anos, § 1º do art. 46 da Constituição Federal, para o cargo do Poder Legislativo de Senador da República, ou seja, o mesmo prazo previsto no estatuto partidário em análise.

5. Devem ser respeitados os limites de atuação dos partidos políticos e as suas escolhas discricionárias, consagrando as chamadas reservas estatutárias, de forma a evitar a desnecessária intervenção judicial, que deve ser exercida de forma excepcional, em casos específicos e nos quais se vislumbra excesso, abuso ou ausência de razoabilidade na atuação partidária, o que não se observou na espécie.

6. É imperiosa a interpretação sistemática das normas envolvidas, de forma a compatibilizar o § 1º do art. 17 da Constituição da República, bem como o § 2º do art. 3º da Lei 9.096/95 (com a redação dada pela Lei 13.831/2019) - preceitos que preconizam a autonomia partidária - com o princípio republicano e democrático da periodicidade do mandato, no caso, estabelecido, por exemplo, no § 3º do art. 3º da Lei dos Partidos Políticos, ao prever a duração de oito anos do mandato a membros das comissões provisórias.

7. Os arts. 55 e *caput* do 63 do estatuto, ao estabelecerem o prazo de oito anos de duração do mandato dos membros do diretório na-

cional e da executiva nacional, órgãos permanentes da agremiação, estão de acordo com o art. 15, IV, da Lei 9.096/95, o qual preconiza que o estatuto do partido deve conter, entre outras, normas sobre o "modo como se organiza e administra, com a definição de sua estrutura geral e identificação, composição e competências dos órgãos partidários nos níveis municipal, estadual e nacional, duração dos mandatos e processo de eleição dos seus membros".

REPASSE ZERO DE RECURSOS DO FUNDO PARTIDÁRIO PARA OS ÓRGÃOS PARTIDÁRIOS ESTADUAIS E MUNICIPAIS

[...]

11. A redação das alíneas d e e do art. 95 do estatuto do PMN deve ser modificada, a fim de estabelecer o montante de distribuição dos recursos do Fundo Partidário aos diretórios estaduais e municipais, na proporção das responsabilidades fixadas no estatuto. Pedido de reconsideração deferido parcialmente, com determinação de modificação do art. 95 do estatuto, para fins de adequação à norma legal, o que deve ser procedido pela agremiação no prazo de 90 dias a partir da publicação do acórdão.

(TSE, 2ª Pedido de Reconsideração na Petição n. 100 (0001624-23.1996.0.60.0000/ DF), Relator Ministro Sérgio Banhos, j. 17.09.2020, DJe, tomo 210, 19.10.2020)

DEPUTADO FEDERAL. PEDIDO DE DESFILIAÇÃO PARTIDÁRIA. JUSTA CAUSA. DISCRIMINAÇÃO PESSOAL.

[...]

5. Ao partido, embora seja assegurada autonomia (art. 17, § 1°, da CF/88) para livremente se organizar, estabelecer normas de funcionamento e disposições de infidelidade partidária, não lhe é permitido o exercício em descompasso com os direitos fundamentais da pessoa, notadamente o princípio da isonomia e a segurança jurídica.

6. A cláusula da autonomia partidária não contempla interpretação isolada, impondo-se que seja considerada em relação à posição que ocupa no sistema da democracia representativa, no contexto em que desempenha a função de conferir aos partidos espaço de livre e autônoma deliberação, permitindo-lhes, na qualidade de órgãos intermediários entre a sociedade civil e o Estado, atuar, na exata

expressão do Ministro Celso de Mello, como "canais institucionalizados de expressão dos anseios políticos e das reivindicações sociais dos diversos estratos e correntes de pensamento que se manifestam no seio da comunhão nacional" (MS 26.603/DF).

7. A plena delimitação do significado e da extensão da autonomia partidária se apreende a partir da sua função de permitir que os partidos, dotados de espaço de livre e autônoma deliberação, expressem os anseios políticos do povo, sem, no entanto, permitir a violação de regras que tutelam a igualdade, a segurança jurídica e a boa-fé.

8. Esta Corte já se manifestou, no REspe 321-41, sob a relatoria do Min. Luiz Fux no sentido de que "é preciso reconhecer que a legitimidade dos partidos políticos perpassa necessariamente pela democratização de suas deliberações e tomada de decisões, nomeadamente porque são instrumentos de mediação entre os cidadãos e os órgãos constitucionais' e "justamente por isso impõe-se a mitigação do dogma da reserva estatutária, mediante a penetração do postulado democrático e seus corolários no corpo dessas entidades".

CONCLUSÃO

Pedido de declaração de justa causa julgado procedente.

(TSE, PET 0600637-29.2019.6.00.0000/SP, Relator Ministro Sérgio Banhos, j. 25.05.2021, DJe, tomo 193, 20.10.2021).

– *Princípio do Aproveitamento do Voto*

O princípio do aproveitamento do voto encontra previsão no art. 219, *caput*, do Código Eleitoral, segundo o qual "na aplicação da lei eleitoral o juiz atenderá sempre aos fins e resultados a que ela se dirige, abstendo-se de pronunciar nulidades sem demonstração de prejuízo". Assim, eventuais nulidades a serem analisadas durante o processo eleitoral devem ser interpretadas de forma a preservar a soberania popular expressada no voto, o que leva à mitigação, relativização e convalidação de nulidades não arguidas no momento oportuno, com a finalidade de serem preservadas as eleições. Confirmam essa disposição, excepcionando-se a matéria constitucional: o art. 149 do Código Eleitoral – "Não será admitido recurso contra a votação, se não tiver havido impugnação perante a mesa receptora, no ato da votação, contra as nulidades arguidas"; o art. 223 do Código Eleitoral – "A nulidade de qualquer ato, não decretada de ofício pela Junta, só poderá ser arguida quando de sua prática, não mais podendo ser alegada, salvo se a arguição se basear em motivo superveniente ou de ordem constitucional"; e o art. 259 do Código Eleitoral – "São preclusivos os prazos para interposição de recurso, salvo quando neste se discutir matéria constitucional".

A respeito do princípio em análise:

> ELEIÇÕES 2016. RECURSO EM MANDADO DE SEGURANÇA. VEREADOR. REGISTRO DE CANDIDATURA. REPRESENTAÇÃO POR CAPTAÇÃO ILÍCITA DE SUFRÁGIO. PROCEDÊNCIA. CASSAÇÃO DO REGISTRO. CÔMPUTO DOS VOTOS. LEGENDA. POSSIBILIDADE. SENTENÇA CONDENATÓRIA PUBLICADA APÓS A DATA DO PLEITO. EXEGESE DO ART. 175, § 4º, DO CÓDIGO ELEITORAL. MÁXIMO APROVEITAMENTO DO VOTO. CONCESSÃO DA SEGURANÇA. PROVIMENTO.
>
> 1. O artigo 175, § 4º, do Código Eleitoral comporta exegese sistemática, e não meramente literal, dada a organicidade do direito. A remissão da norma à "decisão proferida" deve ser compreendida como "decisão publicada", haja vista que, na esteira da jurisprudência dominante dos tribunais superiores, a publicidade do decisum condiciona a sua própria existência jurídica. Precedentes do STJ e do TSE.
>
> 2. O Tribunal Superior Eleitoral tem buscado, em situações razoáveis, como a dos autos, adotar a interpretação que se mostre mais obsequiosa com o postulado do máximo aproveitamento dos votos.
>
> 3. In casu, a sentença condenatória que implicou a cassação do registro do candidato por captação ilícita de sufrágio foi proferida em 26.9.2016 e publicada em 3.10.2016. Portanto, sua existência jurídica é posterior à data do pleito, que ocorreu em 2.10.2016, o que atrai a regra contida no § 4º do artigo 175 do CE, a qual garante o cômputo dos votos para o partido que lançou a candidatura.
>
> 4. Recurso provido, para conceder a segurança e determinar a imediata retotalização dos votos.
>
> (TSE, RMS 0000587-34.2016.6.26.0000/SP, Relator Ministro Admar Gonzaga, Relator designado Ministro Tarcísio Vieira de Carvalho Neto, j. 03.10.2017, DJe, tomo 216, 08.11.2017, p. 30).

ELEIÇÃO SUPLEMENTAR. 2016. RECURSO ESPECIAL. RECURSO ESPECIAL ADESIVO. AGRAVOS REGIMENTAIS. REGISTRO DE CANDIDATURA. PREFEITO ELEITO. NULIDADE DO PLEITO POR CONDIÇÃO PESSOAL DO CANDIDATO. PARTICIPAÇÃO NO PLEITO SUPLEMENTAR. IMPOSSIBILIDADE. PRECEDENTES JURISPRUDENCIAIS. PRINCÍPIOS DA CONFIANÇA E DA SEGURANÇA JURÍDICA. PROVIMENTO. AGRAVOS REGIMENTAIS PREJUDICADOS.

O caso concreto

1. *In casu*, o Tribunal Regional Eleitoral de Goiás (TRE/GO) manteve o indeferimento do registro de candidatura para o cargo de prefeito nas eleições suplementares do Município de Petrolina de Goiás/GO ao fundamento de que o candidato causador da nulidade da eleição majoritária não poderia participar da renovação do pleito.

[...]

Solução aplicada ao caso concreto com base nos postulados da proteção à confiança e da segurança jurídica

5. O princípio da segurança jurídica exige que soluções lineares sejam adotadas para demandas advindas de um mesmo pleito. Na espécie, há precedentes das Eleições 2016, nos quais foi sinalizada a possibilidade, ainda que em tese, de participação do candidato no pleito suplementar, o que gerou razoável expectativa, tanto no ora recorrente quanto no eleitorado que confiou na validade dos votos a ele direcionados.

6. Ademais, o recorrente obteve tutela liminar que possibilitou a sua diplomação por se reconhecerem a complexidade e a oscilação jurisprudencial acerca do tema de fundo.

7. Em homenagem ao princípio do aproveitamento do voto - *in dubio pro sufragio* -, bem como aos postulados da confiança e da segurança jurídica, deve ser deferido o registro de candidatura, a fim de preservar a soberania popular, além de evitar maior instabilidade política e social ocasionada por um terceiro escrutínio no Município de Petrolina de Goiás/GO.

[...]

Fixação de tese para pleitos futuros

9. Impossibilidade de participação do candidato que deu causa à nulidade da eleição ordinária nas eleições suplementares realizadas

com fundamento no art. 224, § 3º, do Código Eleitoral, nas hipóteses de decisões que importem o indeferimento do registro, a cassação do diploma ou a perda do mandato de candidato eleito em pleito majoritário.

(TSE, RESPE 0000042-97.2017.6.09.0065/GO, Relator Ministro Napoleão Nunes Maia Filho, Relator designado Ministro Tarcísio Vieira de Carvalho Neto, j. 11.12.2018, DJe 05.04.2019).

ELEIÇÕES 2016. RECURSO ESPECIAL ELEITORAL. AÇÃO DECLARATÓRIA DE PERDA DE MANDATO ELETIVO. VEREADOR. INFIDELIDADE PARTIDÁRIA. CERCEAMENTO DE DEFESA. NÃO CARACTERIZAÇÃO. CARTA DE ANUÊNCIA. JUSTA CAUSA PARA DESFILIAÇÃO. QUESTÃO DE ORDEM. ALTERAÇÃO SUPERVENIENTE DO CENÁRIO PARTIDÁRIO. INCORPORAÇÃO DO PHS AO PODEMOS. RETORNO DO TRÂNSFUGA À AGREMIAÇÃO ORIGINAL. RECURSO A QUE SE DÁ PROVIMENTO.

[...]

7. Nas ações que versam sobre a fidelidade partidária, a matéria de fundo apela diretamente à preservação (ou ao resgate) do elo entre a manifestação da cidadania e o agente associativo que a absorve.

8. À luz dessa premissa, cumpre reconhecer a perda superveniente do objeto da ação, apurada a partir do momento em que a movimentação do sistema partidário fez anódino o dissenso anteriormente existente entre as dimensões subjetiva e institucional do sufrágio coletivo.

9. Se a dinâmica política deságua na restauração do quadro preferido pela instância popular, o princípio do máximo aproveitamento do voto recomenda a adoção da hermenêutica que lhe possa conferir efeitos decisivos.

10. O acerto dessa leitura é reforçado pela percepção de que as circunstâncias novas fulminam a existência de um quadro de infidelidade, não somente no que tange à relação entre eleitores e eleito como, ainda, na interação do outrora trânsfuga com a legenda que o elegeu.

11. Em face do novo contexto, se é possível plasmar no parlamento o quadro representativo tal qual delineado pelas urnas, descabe decidir por um cenário diferente. Do contrário, a soberania popular seria

subjugada em prol de outros interesses, subvertendo-se a hierarquia dos valores que sustentam a *ratio essendi* da engenharia eleitoral.

12. Conforme entendimento fixado pelo TSE para as Eleições de 2016, a carta de anuência do partido político constitui justa causa para a desfiliação partidária, sem acarretar a perda do mandato eletivo.

13. Recurso especial a que se dá provimento.

[...]

(TSE, REspEl 0600131-27.2018.6.13.0000/MG, Relator Ministro Edson Fachin, j. 03.09.2020, DJe, tomo 197, 01.10.2020).

ELEIÇÕES 2018. RECURSOS ORDINÁRIOS. AGRAVOS INTERNOS. DEPUTADO FEDERAL E DEPUTADO ESTADUAL. AÇÕES DE INVESTIGAÇÃO JUDICIAL ELEITORAL. AÇÃO DE IMPUGNAÇÃO DE MANDATO ELETIVO. JULGAMENTO CONJUNTO.

PRELIMINARES. VIOLAÇÃO DO ART. 96-B DA LEI N. 9.504/97. LITISPENDÊNCIA. AUSÊNCIA DE FORMAÇÃO DE LITISCONSÓRCIO PASSIVO NECESSÁRIO. ILICITUDE NA FORMA DE OBTENÇÃO DE EXTRATOS BANCÁRIOS. APROVEITAMENTO DE PROVAS ILÍCITAS POR DERIVAÇÃO. NULIDADE DE DEPOIMENTO TESTEMUNHAL. CERCEAMENTO DE DEFESA. INDEVIDA AMPLIAÇÃO OBJETIVA DA DEMANDA. INTERRUPÇÃO INDEVIDA DO PRAZO PARA A APRESENTAÇÃO DE ALEGAÇÕES FINAIS. PRELIMINARES AFASTADAS, À EXCEÇÃO DO RECONHECIMENTO DE LITISPENDÊNCIA.

MÉRITO. DESVIO DE RECURSOS PROVENIENTES DO FUNDO PARTIDÁRIO E DO FUNDO ESPECIAL DE FINANCIAMENTO DE CAMPANHAS. USO DE CONTABILIDADE PARALELA. ABUSO DE PODER ECONÔMICO. GASTOS ILÍCITOS DE RECURSOS. CAPTAÇÃO ILÍCITA DE SUFRÁGIO. EXISTÊNCIA DE LASTRO PROBATÓRIO SUFICIENTE PARA A CONDENAÇÃO.

ELEIÇÕES PROPORCIONAIS. CASSAÇÃO DE MANDATO EM AÇÃO AUTÔNOMA PELA PRÁTICA DE ILÍCITO. ANU-

LAÇÃO TOTAL DA VOTAÇÃO. POSSIBILIDADE DE APROVEITAMENTO PARCIAL, PELO PARTIDO. PRESERVAÇÃO DA SEGURANÇA JURÍDICA. APLICAÇÃO DO MARCO JURÍDICO REGENTE DO PLEITO EM QUESTÃO.

[...]

DO MÉRITO.

[...]

20. Na espécie, ressai apurado um conjunto de práticas violadoras de diversas normas eleitorais, em especial aquelas previstas nos arts. 30–A e 41–A da Lei 9.504/97, e 22, caput, da LC n. 64/90. De igual modo, as circunstâncias particulares, consideradas em conjunto, são suficientemente graves, em ordem a autorizar a incidência das sanções legais a todos os sujeitos implicados.

DO DESTINO DOS VOTOS DIRECIONADOS A CANDIDATOS CASSADOS EM ELEIÇÕES PROPORCIONAIS EM MOMENTO POSTERIOR À VOTAÇÃO

1. A despeito da identificação de uma tendência pela aplicação do disposto no art. 175, § 4º, do Código Eleitoral, existem nesta Corte precedentes solucionados sob o pálio do art. 222 do mesmo diploma.

2. Em adição, a aprovação do art. 198, inciso II, b e §5º da Resolução n. 23.611/2019 pode ser interpretada como sinal indicativo de uma possível mudança de percepção quanto ao destino dos votos amealhados por vereadores ou deputados cassados por parte da composição atual deste Tribunal.

3. Dentro desse panorama, interessa que o tema dos efeitos da anulação de votos em pleitos proporcionais seja problematizado, com o fim de traçar uma linha de entendimento clara e segura, na esteira do que preconiza o art. 926 do Código de Processo Civil.

4. A matéria diz com o tratamento jurídico dos votos obtidos por candidatos cassados postumamente em pleitos proporcionais, os quais podem, a depender da perspectiva adotada, ser completamente anulados (culminando com o refazimento dos cálculos dos quocientes eleitoral e partidário) ou, alternativamente, ser aproveitados pelo partido ou coligação pelo qual concorreram, hipótese em que os cargos vacantes seriam ocupados pelos primeiros suplentes das respectivas listas.

5. As regras plasmadas nos arts. 222 e 237 do Código Eleitoral são especiais em relação ao cânone do art. 175, § 4º, tendo em vista que disciplinam, especificamente, situações de extinção anômala ocasionadas pela incidência de faltas eleitorais de primeira grandeza. Os dois primeiros artigos, nessa toada, cobram aplicação peculiar e, portanto, prevalente no âmbito do direito eleitoral sancionador, ao tempo em que a norma residual (art. 175) prepondera em seu campo específico, relacionado com a análise da habilitação jurídica dos indivíduos que almejam cargos de representação eletiva.

6. Também assim, o apartamento dos espectros de incidência é denunciado a partir de um exame topológico, o qual revela que, na quadra do Código, o art. 175 situa-se em apartado geral, direcionado à "Apuração das urnas" (Capítulo II), enquanto os arts. 222 e 237 encontram morada em um segmento particularmente voltado à regulação dos efeitos das "Nulidades da Votação" (Capítulo IV).

7. Em conjugação com os critérios mencionados, vem a lanço a relevância da interpretação sistemática no processo de decodificação do sentido das normas eleitorais. Por esse critério, cabe ao intérprete recordar que o ordenamento eleitoral é mais do que um mero agregado de normas, consubstanciando, pelo contrário, uma estrutura coerente, dentro da qual as regras componentes devem, sempre que possível, ser compreendidas como elementos que convivem em harmônica conexão.

8. Assim sendo, na solução de celeumas envolventes de regras eleitorais, cumpre privilegiar leituras que permitam interpretar duas ou mais normas supostamente em conflito de maneira tal que a incompatibilidade desapareça.

9. Ao lado desses argumentos, cabe observar que o § 4º do art. 175 do Código Eleitoral autoriza o aproveitamento do apoio eleitoral pelo partido do candidato excluído com esteio na ideia de que o simples descumprimento de requisito essencial para o exercício do direito à candidatura não enseja dúvidas nem suspeitas sobre a retidão da vontade externada pelo eleitorado.

10. Em contrapartida, a intervenção de práticas comprometedoras da liberdade de sufrágio ou da igualdade na disputa introduz, nessa equação, um sério elemento de incerteza que, na prática, impede que as autoridades judiciais possam presumir a existência de uma reta congruência entre a expressão matemática das urnas e a autêntica vontade do corpo político.

11. A fraude, a coação, o abuso de poder e os demais comportamentos proscritos pelos arts. 222 e 237 do Código Eleitoral constituem, em essência, circunstâncias que comprometem, em um nível micro, o elemento volitivo da escolha política e, em um nível macro, a validade jurídica do conjunto de manifestações apuradas em um certo sentido. Como decorrência, soa incongruente conceber a existência de votos que, inequivocamente viciados por uma determinada mirada, ressaiam imaculados e juridicamente válidos quando vistos por outro ângulo.

12. Embora a saída autorizada pelo art. 175, § 4º favoreça a lógica do aproveitamento do voto, na medida em que a manifestação cívica resulta prestigiada, minimamente, pela validação da componente partidária da escolha, interferências ilícitas nos trilhos do certame afetam a sua normalidade e, consequentemente, impossibilitam a descoberta da autêntica opinião dos votantes.

13. As decisões judiciais que reconhecem práticas comprometedoras da legitimidade eleitoral têm como efeito a quebra do paradigma da intangibilidade da vontade popular. A Constituição Federal assegura a prevalência da decisão majoritária apenas na quadra de mandatos obtidos sem abuso. Depreende-se da Carta constitucional que a legitimidade é um valor que se sobrepõe ao princípio da maioria. Precedentes.

14. Nesse panorama, em casos como o que se apresenta, a anulação do apoio obtido se revela aconselhável, como reflexo do princípio da proibição do falseamento da vontade popular.

15. Em vista do que antecede, em eleições regidas pelo sistema proporcional, a cassação de mandato ou diploma em ação autônoma decorrente de ilícitos deve ensejar a anulação da votação recebida, tanto para o candidato como para o respectivo partido, ficando afastada a aplicação da solução de utilidade parcial plasmada no art. 175, §§ 3º e 4º, do Código Eleitoral.

16. O não conhecimento do recurso interposto pelos assistentes simples determina, no particular, a manutenção da destinação dos votos, tal como determinada pelo acórdão regional, como consequência da inexistência de devolução da matéria específica.

[...]

(TSE, RO-El 0601423-80.2018.6.01.0000/AC, Relator Ministro Edson Fachin, j. 22.09.2020, DJe, tomo 253, 04.12.2020, p. 0).

– *Princípio da Lisura das Eleições*

O princípio da lisura das eleições encontra-se previsto no art. 23 da Lei das Inelegibilidades (Lei Complementar n. 64, de 18 de maio de 1990), segundo o qual "o Tribunal formará sua convicção pela livre apreciação dos fatos públicos e notórios, dos indícios e presunções e prova produzida, atentando para circunstâncias ou fatos, ainda que não indicados ou alegados pelas partes, mas que preservem o interesse público de lisura eleitoral". Desse modo, em todas as eleições os candidatos e candidatas são considerados iguais perante a lei, devendo ser combatido, pelas autoridades competentes durante todo o processo eleitoral, qualquer tipo de abuso, inclusive de poder político e econômico, além de toda e qualquer espécie de fraude e ataque à legitimidade das eleições.

Sobre o princípio da lisura das eleições:

> ELEIÇÕES 2016. RECURSO ESPECIAL. AÇÃO DE INVESTIGAÇÃO JUDICIAL ELEITORAL. ART. 30-A DA LEI N° 9.504/97. CAPTAÇÃO ILÍCITA DE RECURSOS. DOAÇÃO POR PESSOA FÍSICA SEM CAPACIDADE ECONÔMICA. GRAVIDADE E RELEVÂNCIA JURÍDICA. DESEQUILÍBRIO DO PLEITO. DESPROVIMENTO.
>
> [...]
>
> 15. "É assente neste Tribunal Superior que a doação eleitoral, realizada por pessoa física sem capacidade econômica, configura captação de recursos de origem não identificada, apta a caracterizar o ilícito inscrito no art. 30-A da Lei n° 9.504/97, desde que o fato consubstancie ilegalidade qualificada ou possua relevância jurídica suficiente densa para macular a lisura do pleito. Precedentes" (REspe 1795-50, rel. Min. Edson Fachin, DJE de 25.8.2020).
>
> [...]
>
> 17. O preconizado no art. 30-A da Lei 9.504/97 visa coibir práticas ilícitas relativas ao recebimento e ao uso de recursos financeiros em campanhas eleitorais que possam implicar comprometimento da lisura do pleito e causar o desequilíbrio da disputa.
>
> [...]
>
> 19. O simples aporte de recursos de origem não identificada na campanha eleitoral já demonstra gravidade suficiente para configurar o ilícito eleitoral previsto no art. 30-A da Lei 9.504/97.

20. Ainda de acordo com o Tribunal de origem, a irregularidade no valor de R$ 39.593,33 corresponde a 78,48% do total da receita auferida pela campanha do recorrente, circunstância que evidencia a gravidade da conduta, uma vez que parte significativa dos recursos recebidos foi proveniente de origem não comprovada, o que viola a igualdade entre os candidatos, a lisura e a transparência das eleições.

[...]

23. Diante da orientação firmada por esta Corte, é forçoso reconhecer que está presente a gravidade e a relevância jurídica a justificar a condenação, diante da quebra da paridade entre os candidatos, que gerou o desequilíbrio da disputa e atingiu a legitimidade do pleito.

[...]

CONCLUSÃO

Recurso especial eleitoral a que se nega provimento.

(TSE, REspEl 46423/SP, Relator Ministro Sergio Silveira Banhos, j. 16.05.2023, DJe-105, 29.05.2023).

RECURSO ESPECIAL. RECURSOS ORDINÁRIOS. ELEIÇÕES 2018. GOVERNADOR. SECRETÁRIOS ESTADUAIS. ASSESSORES. PREFEITO. AÇÃO DE INVESTIGAÇÃO JUDICIAL ELEITORAL (AIJE). ABUSO DE PODER POLÍTICO E ECONÔMICO. ART. 22 DA LC 64/90.

[...]

EXAME. RECURSOS ORDINÁRIOS. EXCESSO. GASTOS. PUBLICIDADE INSTITUCIONAL. DOAÇÃO. AMBULÂNCIAS. AUSÊNCIA. ILÍCITO ELEITORAL. DEMAIS CONDUTAS. INAUGURAÇÃO. LEITOS. UTI. CAMPANHA. DETRAN. *OUTDOORS*. ANEL VIÁRIO. RESTAURANTES POPULARES. INEXPRESSIVIDADE. GRAVIDADE. NÃO CONFIGURAÇÃO. PROVIMENTO.

3. O abuso de poder político configura-se quando agentes públicos, valendo-se de sua condição funcional, cometem desvio de finalidade em benefício de candidatos, ao passo que o abuso de poder econômico cinge-se ao uso desmedido de recursos capazes de viciar a vontade do eleitor, corrompendo-se a lisura do pleito em ambos os casos. Precedentes.

[...]

(TSE, Recurso Ordinário Eleitoral 060160890/RN, Relator Ministro Benedito Gonçalves, j. 15.03.2022, DJe-106, 09.06.2022).

RECURSO ORDINÁRIO. ELEIÇÕES 2018. DEPUTADO ESTADUAL. AÇÃO DE INVESTIGAÇÃO JUDICIAL ELEITORAL. UTILIZAÇÃO DA ADMINISTRAÇÃO PÚBLICA MUNICIPAL. IMPULSIONAMENTO ILÍCITO DA CANDIDATURA. FALSO CADASTRAMENTO DA POPULAÇÃO EM PROGRAMA HABITACIONAL. FINALIDADE ELEITORAL. ABUSO DE PODER POLÍTICO. CONFIGURAÇÃO. DOAÇÃO DE CAMPANHA. UTILIZAÇÃO DE VALORES DE ORIGEM NÃO IDENTIFICADA. UTILIZAÇÃO DE CONTAS DE PASSAGEM. ABUSO DE PODER ECONÔMICO. CONFIGURAÇÃO. RECURSO IMPROCEDENTE. CASSAÇÃO DE DEPUTADO ESTADUAL. INELEGIBILIDADE DE EX-PREFEITO. ART. 22 DA LC 64/90. ACÓRDÃO MANTIDO.

[...]

60. Assim, as condutas analisadas nos presentes autos comprometeram a lisura do pleito eleitoral, pois a segunda recorrente foi colocada em posição privilegiada, de maneira a ferir a isonomia do processo eleitoral e a igualdade entre os demais candidatos.

CONCLUSÃO

Recursos ordinários a que se nega provimento.

(TSE, Recurso Ordinário Eleitoral 060157647/SE, Relator Ministro Sergio Silveira Banhos, j. 21.09.2021, DJe-192, 19.10.2021).

– *Princípio da Anterioridade Eleitoral*

Segundo o art. 16 da Constituição Federal, "a Lei que alterar o processo eleitoral entrará em vigor na data de sua publicação, não se aplicando à eleição que ocorra até 1 (um) ano da data de sua vigência", o que significa que toda lei que elaborar alteração de cunho material no processo eleitoral, seja sobre alistamento, votação, direitos políticos, inelegibilidades, apuração de votos, diplomação de eleitos, deve ser publicada ao menos um ano antes das eleições, a fim de evitar afetação à segurança jurídica. O princípio determina que toda lei que alterar materialmente o processo eleitoral será publicada um ano antes da data da eleição – primeiro domingo de outubro (arts. 77 da Constituição

Federal e 1º da Lei n. 9.504/97). No caso de alterações meramente formais, é possível alterar regras eleitorais no ano de eleição, como foi o caso da edição da Lei n. 11.300/2006.

Foi o que se deu nos seguintes julgados, citados a título de exemplo:

> DIREITO CONSTITUCIONAL, FINANCEIRO E ORÇAMENTÁRIO. AÇÃO DIRETA DE INCONSTITUCIONALIDADE. LEI DE DIRETRIZES ORÇAMENTÁRIAS. FUNDO ESPECIAL DE FINANCIAMENTO DE CAMPANHA. RESERVA DE INICIATIVA. USURPAÇÃO DE COMPETÊNCIA. PODER DE EMENDA DO LEGISLATIVO. VÍCIO FORMAL. INOCORRÊNCIA. PLANO PLURIANUAL. COMPATIBILIDADE. AUMENTO DE DESPESAS. AUSÊNCIA. FÓRMULA DE CÁLCULO. ART. 16-C DA LEI N. 9.504/1997. VALOR AO MENOS EQUIVALENTE. BALIZAS DEFINIDAS POR LEI DE DIRETRIZES ORÇAMENTÁRIAS (LDO). POSSIBILIDADE. DESVIO DE FINALIDADE. INEXISTÊNCIA. LEI ORÇAMENTÁRIA ANUAL (LOA). PARAMETRICIDADE. INVASÃO DE COMPETÊNCIA PELA LDO. ANTECIPAÇÃO DE DESPESAS. INOCORRÊNCIA. OBSERVÂNCIA DA ANUALIDADE ELEITORAL. IMPERTINÊNCIA. PRUDÊNCIA FISCAL. DESPROPORCIONALIDADE E ABUSIVIDADE. INEXISTÊNCIA. ALOCAÇÃO DE RECURSOS. OPÇÃO POLÍTICA DO LEGISLATIVO. LEGITIMIDADE. SEPARAÇÃO DOS PODERES. CONTROLE JURISDICIONAL EXCEPCIONAL. 1. Embora seja do Poder Executivo a iniciativa de projetos de lei a disciplinarem o plano plurianual, as diretrizes orçamentárias e os orçamentos anuais, o poder de emenda do Legislativo é resguardado pela Constituição Federal. Precedentes. 2. O art. 12, XXVII, da Lei de Diretrizes Orçamentárias se limitou a especificar os critérios para apuração do valor a ser destinado ao Fundo Eleitoral instituído pelo art. 16-C da Lei n. 9.504/1997, que veio a ser fixado via Lei Orçamentária Anual. Inexistência de contrariedade à disciplina constitucional orçamentária ou às disposições estabelecidas no plano plurianual. 3. O art. 12, XXVII, da Lei n. 14.194/2021 não inaugura forma de financiamento das campanhas eleitorais nem altera o processo eleitoral, de modo que se mostra imprópria a observância do princípio da *anterioridade eleitoral* previsto no art. 16 da Carta Maior. 4. A opção alocativa voltada ao financiamento de campanhas eleitorais é

eminentemente política e não implica desvio de finalidade ou transgressão ao princípio da moralidade, tampouco contraria a segurança jurídica orçamentária e a prudência fiscal ou, ainda, revela desproporcionalidade ou falta de razoabilidade a justificar a atribuição da pecha de inconstitucional. 5. É competência do legislador, dentro de sua atribuição constitucional, estabelecer, quando da elaboração da Lei Orçamentária, o campo de prioridades a nortear a destinação dos recursos necessários ao financiamento público das campanhas eleitorais, de forma que eventual controle jurisdicional se dá em caráter excepcional, em homenagem ao princípio da separação dos poderes. Precedentes. 6. Medida cautelar indeferida.

(STF, Tribunal Pleno, ADI 7058 MC/DF, Relator Ministro André Mendonça, Redator do acórdão Ministro Nunes Marques, j. 03.03.2022, DJe-101, 26.05.2022).

CONSTITUCIONAL. ELEITORAL. MEDIDA CAUTELAR EM AÇÃO DIRETA. LEI 14.356/2022. ALTERAÇÃO DO ART. 73, VII, DA LEI DAS ELEIÇÕES. LIMITES AO GASTO PÚBLICO COM PROPAGANDA INSTITUCIONAL EM ANO ELEITORAL. MODIFICAÇÃO DOS CRITÉRIOS E EXCLUSÃO DESSES LIMITES DAS AÇÕES E PROGRAMAS RELACIONADOS AO ENFRENTAMENTO À PANDEMIA DO COVID-19. PRINCÍPIO DA ANUALIDADE ELEITORAL (ART. 16 DA CF). ALTERAÇÃO QUE PODE REPERCUTIR NAS CONDIÇÕES DE DISPUTA ELEITORAL. MEDIDA CAUTELAR PARCIALMENTE DEFERIDA. 1. A expansão do gasto público com publicidade institucional às vésperas do pleito eleitoral pode configurar desvio de finalidade no exercício de poder político, com reais possibilidades de influência no pleito eleitoral e perigoso ferimento a liberdade do voto (CF, art. 60, IV, b); ao pluralismo político (CF, art. 1º, V e parágrafo único), ao princípio da igualdade (CF, art. 5º, caput) e a moralidade pública (CF, art. 37, caput). 2. Medida cautelar parcialmente deferida para conferir interpretação conforme a Constituição à Lei 14.356/2022 no sentido de que, por força do princípio da *anterioridade eleitoral* (art. 16 da CF), a mesma não produz efeitos antes do pleito eleitoral de outubro de 2022.

(STF, Tribunal Pleno, ADI 7178 MC/DF, Relator Ministro Dias Toffoli, Redator do acórdão Ministro Alexandre de Moraes, j. 04.07.2022, DJe-166, 23.08.2022).

Ação direta de inconstitucionalidade. Direito eleitoral. Lei n. 14.356, de 31 de maio de 2022. Alteração do art. 73, inciso VII, da Lei n. 9.504/97. Critérios. Média de gastos com publicidade institucional. Violação dos princípios da anualidade eleitoral e da segurança jurídica (art. 16 da CF). Isonomia entre os candidatos. Paridade de armas. Moralidade administrativa (art. 37, caput, da CF). Procedência parcial. Interpretação conforme. 1. No tocante à disciplina das condutas vedadas, a jurisprudência do Tribunal Superior Eleitoral assenta que a normalidade e a legitimidade do pleito, previstas no art. 14, § 9º, da Constituição Federal, decorrem da ideia de igualdade de chances entre os candidatos, entendida assim como a necessária concorrência livre e equilibrada entre os partícipes da vida política, sem a qual se compromete a própria essência do processo democrático (REspe n. 695-41/GO, Rel. Min. Gilmar Mendes, DJe de 26/6/15). Precedentes. 2. O cerne da presente ação direta de inconstitucionalidade reside em saber se a alteração na forma de cálculo da média dos gastos com publicidade institucional nos três anos anteriores ao ano eleitoral, prevista no art. 73, inciso VII, da Lei n. 9.504/97, nos moldes das alterações promovidas pela Lei n. 14. 356, de 31 de maio de 2022, vulnera os princípios da anualidade (por implicar alteração do processo eleitoral há menos de um ano das eleições gerais de 2022, nos termos do art. 16 da CF); da isonomia ou da paridade de armas entre os candidatos; da normalidade e da legitimidade das eleições (art. 14, § 9º, da CF), bem como da moralidade administrativa (art. 37 da CF). 3. Conquanto as condutas vedadas sejam tipificadas como ilícitos eleitorais, espécies do gênero abuso do poder político ou de autoridade, elas são aptas, em tese, a interferir no processo eleitoral para fins da garantia insculpida no art. 16 da Carta Política. Ressalva do entendimento do Relator. 4. Ausente, na espécie, a alegada ofensa ao postulado da isonomia ou da igualdade de chances entre os candidatos, na medida em que as regras questionadas nesta ADI não traduzem um salvo conduto para o aumento de despesas, desvios de finalidade ou utilização da publicidade institucional em benefício de partidos e candidatos, limitando-se a alterar os critérios de aferição da média de gastos efetuados sob essa rubrica, além de prever índice de correção monetária e permitir a realização de propaganda direcionada à pandemia da Covid-19 sem prejudicar outras campanhas de interesse público. 5. Não se pode afirmar, de modo apriorístico, que a alteração da fórmula de apuração da média de gastos vá implicar, necessariamente, aumento desproporcional de recursos com publicidade institucional, revelando-se bastante plausíveis as justificativas que embasaram a alteração legislativa, quais sejam: a) a atualização da norma para o contexto atual repleto de consequências deixadas por dois anos de combate à pandemia da Covid-19; b) a concentração dos gastos pelos estados e municípios no primeiro semestre de cada ano, distorcendo a média de gastos; e c) o direcionamento das verbas de publicidade institucional nos últimos anos para o combate à pandemia, especialmente em campanhas educativas e de vacinação, o que reduziu e prejudicou a publicidade direcionada a outros temas de utilidade pública, igualmente relevantes para a sociedade. 6. Eventuais desvios de finalidade poderão ser examinados em casos concretos, na forma da legislação processual eleitoral, seja sob a ótica das condutas vedadas, seja na configuração de eventual abuso do poder político, econômico ou de autoridade. 7. Ação direta de inconstitucionalidade julgada parcialmente procedente para se dar interpretação conforme à Constituição no sentido de que os arts. 3º e 4º da Lei n. 14.356, de 31 de maio de 2022, que alteram os critérios previstos no art. 73, inciso VII, da Lei n. 9.504/97, não se apliquem ao pleito de 2022, em virtude do princípio da *anterioridade eleitoral*, previsto no art. 16 da Constituição Federal. (STF, Tribunal Pleno, ADI 7178/DF, Relator Ministro Dias Toffoli, j. 17.12.2022, DJe-s/n 24.02.2023).

ELEIÇÕES 2018. AGRAVO REGIMENTAL. RECURSO ESPECIAL ELEITORAL. IMPUGNAÇÃO AO RELATÓRIO FINAL. DEPUTADO FEDERAL. DISTRIBUIÇÃO DE SOBRAS. ART. 109, § 2º, DO CÓDIGO ELEITORAL. ALTERAÇÃO INTRODUZIDA PELA LEI Nº 13.488/2017. APLICABILIDADE. HARMONIA COM OS PRECEITOS DA REPRESENTAÇÃO PROPORCIONAL E DA ANTERIORIDADE ELEITORAL. DECISÃO MANTIDA. AGRAVO A QUE SE NEGA PROVIMENTO.

1. As cadeiras eventualmente não preenchidas com base nos cálculos dos quocientes eleitoral e partidário devem ser distribuídas segundo as regras relativas às sobras, insculpidas no art. 109 do Código Eleitoral.

2. A partir da alteração inserida pela Lei nº 13.488/2017 no § 2º do referido dispositivo, participam das sobras todos os partidos e

coligações que concorreram no pleito, observando-se a regra da melhor média.

3. A inovação legislativa amplia a possibilidade de representatividade, em deferência ao princípio fundamental do pluralismo político, e prestigia a racionalidade ínsita ao sistema proporcional, sobretudo porque favorece o acesso das minorias às instâncias de poder, materializando a vontade popular manifestada nas urnas.

4. A norma inserta no art. 109, § 2º, do CE é aplicável ao pleito de 2018, visto que, além de atender à regra da anualidade eleitoral, estimula o caráter representativo do sistema proporcional, previsto no art. 45 da Constituição Federal.

5. Agravo interno desprovido.

(TSE, Agravo Regimental em Recurso Especial Eleitoral 0601450-94.2018.6.25.0000/SE, Relator Ministro Edson Fachin, j. 26.03.2020, DJe, tomo 74, 17.04.2020).

ELEIÇÕES 2018. RECURSOS ESPECIAIS. REPRESENTAÇÃO. PROPAGANDA ELEITORAL IRREGULAR. GOOGLE ADS. QUESTÃO PRÉVIA. LEGITIMIDADE DA EMPRESA RESPONSÁVEL PELA OFERTA DO SERVIÇO UTILIZADO PELO CANDIDATO REPRESENTADO. PLATAFORMA CUJA LEGALIDADE SE EXAMINA PARA FINS ELEITORAIS. INTERESSE NO DESLINDE DA CONTROVÉRSIA SUFICIENTEMENTE EVIDENCIADO. RECONHECIMENTO. MÉRITO. ART. 57-C, § 3º, DA LEI N. 9.504/97. IMPULSIONAMENTO DE CONTEÚDO. *LINK* PATROCINADO. NOME DE CANDIDATO ADVERSÁRIO. PRIORIZAÇÃO PAGA COMO RESPOSTA A PALAVRA-CHAVE VIA FERRAMENTA GOOGLE ADS. ILEGALIDADE NO ÂMBITO DA PROPAGANDA ELEITORAL. NÃO CONFIGURAÇÃO. PÚBLICO-ALVO DOTADO DE SENSO CRÍTICO QUE NÃO DEVE SER SUBESTIMADO PARA FINS DE TUTELA DO ESTADO-JUIZ. INTERVENÇÃO MÍNIMA. AUSÊNCIA DE ESTRATÉGIA CAPAZ DE SUBVERTER OU MACULAR A VONTADE DO USUÁRIO-ELEITOR. IMPROCEDÊNCIA DA REPRESENTAÇÃO. *LEADING CASE*: RESPE N. 0605310-76/SP (SESSÃO DE 8.10.2020). PRECEDENTE FIRMADO NO MESMO PLEITO. SEGURANÇA JURÍDICA. PROVIMENTO DOS APELOS NOBRES.

[...]

MÉRITO DA REPRESENTAÇÃO: ART. 57-C, § 3º, DA LEI N. 9.504/97

[...]

5. Embora a mutabilidade seja própria do entendimento jurisprudencial (AgR-AI n. 71-47/MG, Rel. Min. Cezar Peluso, *DJ* de 1º.2.2008), dado, por exemplo, eventual alteração da composição do órgão julgador, o postulado constitucional da segurança jurídica exige que soluções lineares sejam adotadas para demandas advindas de um mesmo pleito (RPP n. 583-54/DF, Rel. Min. Tarcísio Vieira de Carvalho Neto, *DJe* de 27.3.2018).

6. Com efeito, nos termos de pronunciamento do Supremo Tribunal Federal, "*no âmbito eleitoral, a segurança jurídica assume a sua face de princípio da confiança para proteger a estabilização das expectativas de todos aqueles que de alguma forma participam dos prélios eleitorais. A importância fundamental do princípio da segurança jurídica para regular o transcurso dos processos eleitorais está plasmada no princípio da anterioridade eleitoral positivado no art. 16 da Constituição*" (RE n. 637.485/RJ, Rel. Min. Gilmar Mendes, *DJe* de 20.5.2013).

7. Em acréscimo aos fundamentos do *leading case* (REspe n. 0605310-76/SP), anota-se que a intervenção do Estado-Juiz, em matéria desse jaez, deve ser mínima, com vistas a não subestimar o senso crítico de que é naturalmente dotado o público-alvo da propaganda eleitoral. *In casu*, não se observa estratégia capaz de subverter a vontade do usuário-eleitor.

CONCLUSÃO

8. Recursos especiais providos. Representação julgada improcedente.

(TSE, REspEl 0605327-15.2018.6.26.0000/SP, Relator Ministro Mauro Campbell Marques, Relator designado Ministro Tarcísio Vieira De Carvalho Neto, j. 02.02.2021, DJe, tomo 49, 18.03.2021, p. 0).

– *Princípio da Celeridade*

De acordo com o art. 257, parágrafo único, do Código Eleitoral, "a execução de qualquer acórdão será feita imediatamente, através de comunicação por ofício, telegrama, ou, em casos especiais, a critério do presidente do Tribunal, através de cópia do acórdão", o que se justifica pelo próprio curso do processo de votação, que exige decisões imediatas. *Em atenção ao princípio da celeridade, os advogados dos candidatos, partidos políticos e coligações devem fornecer, de forma obrigatória, o número do fax, telefone e endereço, inclusive eletrônico, de seus escritórios ou do local de intimação, indicando o nome da pessoa responsável para recebê-la*[85].

A Lei n. 12.034/09 acrescentou o art. 97-A e seus §§ 1º e 2º na Lei n. 9.504/97, firmando a necessidade de se observar no devido processo legal eleitoral um período máximo de julgamento de 1(um) ano entre a propositura da ação e o resultado final nas instâncias eleitorais, inclusive sob pena de representação ao Conselho Nacional de Justiça, além de eventual responsabilidade administrativa funcional e renovação do pedido na via judicial com supressão de instância, objetivando a celeridade do julgado (art. 97, §§ 1º e 2º, da Lei das Eleições).

Diz o texto legal:

> Art. 97-A. Nos termos do inciso LXXVIII do art. 5º Da Constituição Federal, considera-se duração razoável do processo que possa resultar em perda de mandato eletivo o período máximo de 1 (um) ano, contado da sua apresentação à Justiça Eleitoral.
>
> § 1º A duração do processo de que trata o caput abrange a tramitação em todas as instâncias da Justiça Eleitoral.
>
> § 2º Vencido o prazo de que trata o caput, será aplicável o disposto no art. 97, sem prejuízo de representação ao Conselho Nacional de Justiça.

Nesse sentido, citam-se os julgados:

> Agravo regimental em recurso extraordinário com agravo. Direito Eleitoral. Acórdão não definitivo do Tribunal Superior Eleitoral. Discussão sobre a ilicitude da prova. Retorno dos autos às instâncias ordinárias. Investigação Judicial Eleitoral. Fundamentos

85. RAMAYANA, Marcos. **Resumo de Direito Eleitoral**. Niterói: Impetus, 2012, p. 15.

não infirmados. Não provimento. 1. Não se verifica, *in casu*, a impugnação objetiva e pormenorizada de todos os fundamentos do decisum agravado, inclusive quanto à incidência dos Enunciados Sumulares ns. 283 e 284/STF, suficientes a sua manutenção. Não há, portanto, como acolher o agravo interno. 2. É irretocável, ademais, o entendimento há muito consolidado na jurisprudência do STF de que, na seara eleitoral, somente as decisões definitivas ou que decidam o mérito da demanda são recorríveis, em homenagem aos *princípios da celeridade* e da duração razoável do processo, os quais ostentam especial relevo no âmbito da Justiça Eleitoral. 3. Agravo regimental ao qual se nega provimento.

(STF, Primeira Turma, ARE 1339645 AgR/RN, Relator Ministro Dias Toffoli, j. 28.03.2022, DJe-074, 20.04.2022).

Ação direta de inconstitucionalidade. Direito eleitoral. Representação por arrecadação e gastos ilícitos de campanha. Artigo 30-A da Lei n. 9.504/97. Redação dada pela Lei n. 12.034/09. Prazo de 15 dias após a diplomação. Exiguidade. Hipossuficiência do tradicional sistema de controle contábil das contas eleitorais na proteção da legitimidade democrática. Não ocorrência. Improcedência. 1. A fixação do prazo de 15 dias para o ajuizamento da representação prevista no art. 30-A da Lei n. 9.504/97, com a redação dada pela Lei n. 12.034/09, além de estar em harmonia com os *princípios da celeridade*, da duração razoável do processo (art. 5º, inciso LXXVIII, da CF e art. 97-A da Lei das Eleições) e da segurança jurídica, os quais informam o exercício da jurisdição eleitoral, não compromete os valores da isonomia entre os candidatos, da lisura e da legitimidade das eleições (art. 14, § 9º, da CF), bens jurídicos tutelados pela mencionada representação. 2. No campo processual, a minirreforma instituída pela Lei n. 11.300/06 incluiu o 30-A ao texto da Lei n. 9.504/97, prevendo mecanismo para apuração de irregularidades na arrecadação e nos gastos de campanha, com a consequência de negativa ou cassação do diploma, caso já outorgado, o que representou expressivo avanço na proteção da lisura do processo eleitoral. A norma veio a suprir importante lacuna procedimental decorrente da ausência de sanção imediata no âmbito das prestações de contas, cuja desaprovação jamais repercutiu diretamente nos diplomas ou mandatos dos candidatos eleitos. 3. Em sua redação original, o art. 30-A instituiu a representação sem prazo determinado para seu ajuizamento, o que daria, em tese, maior efetividade aos princípios da moralidade e da legitimidade das eleições. Todavia, em sua nova configuração, trazida pela Lei n. 12.034/09, foi estabelecido prazo decadencial compatível com outros pilares que regem a jurisdição eleitoral, notadamente a segurança jurídica, a celeridade, a duração razoável do processo e a estabilização do resultado das urnas, as quais refletem a vontade soberana do eleitor e impedem que os mandatos fiquem submetidos, indefinidamente, a condição resolutiva. 4. A consequência prevista no § 2º do art. 30-A da Lei n. 9.504/97 cinge-se à negativa do diploma ou à sua cassação, caso já expedido, o que não caracteriza sanção de natureza pessoal, porquanto o bem jurídico protegido pela norma abrange princípios da lisura do processo eleitoral e da isonomia entre os candidatos. 5. Diversa é a situação dos candidatos não eleitos, os quais são igualmente obrigados a prestar contas, sob pena de terem restringidos seus direitos políticos por meio da privação da certidão de quitação eleitoral (Lei n. 9.504-87, art. 11, § 7º) sofrendo, portanto, efeitos distintos daqueles previstos para os candidatos eleitos. Consoante a orientação da Súmula n. 42/TSE, "a decisão que julga não prestadas as contas de campanha impede o candidato de obter a certidão de quitação eleitoral durante o curso do mandato ao qual concorreu, persistindo esses efeitos, após esse período, até a efetiva apresentação das contas". 6. Na hipótese de desaprovação das contas de campanha, incide o disposto no art. 25 da Lei das Eleições, direcionado a candidatos e partidos nos seguintes termos: "o partido que descumprir as normas referentes à arrecadação e aplicação de recursos fixadas nesta Lei perderá o direito ao recebimento da quota do Fundo Partidário do ano seguinte, sem prejuízo de responderem os candidatos beneficiados por abuso do poder econômico", bem como, por exemplo, as sanções previstas no art. 18-B e no § 4º do art. 24 do mencionado diploma legal, razão pela qual não procede a alegação de que a exiguidade do prazo ora impugnado, por si só, deixaria a descoberto o sistema de proteção à lisura e à legitimidade das eleições, o qual abrange tanto candidatos eleitos quanto não eleitos. 7. Ação direta julgada improcedente.

(STF, Tribunal Pleno, ADI 4532/DF, Relator Ministro Dias Toffoli, j. 28.11.2022, DJe-s/n, 10.01.2023).

ELEIÇÕES 2020. AGRAVO INTERNO. RECURSO ESPECIAL ELEITORAL. AÇÃO DE INVESTIGAÇÃO JUDICIAL ELEITORAL. CAPTAÇÃO ILÍCITA DE SUFRÁGIO. PROVA EM VÍDEO. PEDIDO DE PERÍCIA À POLÍCIA FEDERAL.

INDEFERIDO. DECISÃO DE NATUREZA INTERLOCUTÓRIA. AUSÊNCIA DE IMPUGNAÇÃO AOS FUNDAMENTOS DA DECISÃO AGRAVADA. INCIDÊNCIA DA SÚMULA N. 26 DESTE TRIBUNAL. AGRAVO DESPROVIDO.

[...]

4. O art. 19 da Res.–TSE n. 23.478/2016 não opera a redução do campo de incidência do art. 265 do Código Eleitoral ao vedar o recurso contra decisões interlocutórias, mas, sim, retrata apenas o tempo e o modo do manejo desse específico tipo de irresignação. Para tanto, escora-se na jurisprudência já consolidada da Corte antes mesmo de edição da norma regulamentar, sendo adotada para interpretação do dispositivo legal referido, à luz do princípio da celeridade eleitoral.

[...]

6. Agravo interno a que se nega provimento.

(TSE, Agravo Regimental no Recurso Especial Eleitoral 0600608-57.2020.6.20.0009/RN, Relator Ministro Edson Fachin, j. 16.12.2021, DJe, tomo 13, 03.02.2022).

ELEIÇÕES 2022. PETIÇÃO. RRC. DEPUTADO ESTADUAL. AUSÊNCIA DE CONDIÇÃO DE ELEGIBILIDADE. INEXISTÊNCIA DE FILIAÇÃO PARTIDÁRIA. INDEFERIMENTO NA INSTÂNCIA ORDINÁRIA. RECURSO ESPECIAL A QUE SE NEGOU PROVIMENTO. PROCESSO TRANSITADO EM JULGADO. PETIÇÃO. REQUERIMENTO DE DESCONSIDERAÇÃO DA CERTIDÃO DE TRÂNSITO EM JULGADO. ART. 38, § 8º, DA RES.–TSE N. 23.609/2019. OS ACÓRDÃOS SERÃO PUBLICADOS EM SESSÃO, INICIANDO-SE A CONTAGEM DO PRAZO RECURSAL A PARTIR DESTA DATA. NECESSIDADE DE OBSERVÂNCIA DO PRINCÍPIO DA CELERIDADE. MEIOS INSTITUÍDOS REGULARMENTE PARA OBTENÇÃO DOS PRONUNCIAMENTOS. PRECEDENTES. PEDIDO INDEFERIDO.

1. Esta Corte Superior negou provimento ao recurso especial da pretensa candidata ao cargo de deputada estadual do Maranhão, mantendo o indeferimento do registro de candidatura.

2. Após o trânsito em julgado do referido acórdão a pretensa candidata apresentou petição requerendo a desconsideração da certidão

> de trânsito em julgado, haja vista que não havia sido disponibilizada a suscitada decisão nos autos.
>
> 3. O art. 38, § 8º, da Res.-TSE n. 23.609/2019, a qual dispõe sobre a escolha e o registro de candidatos para as eleições, preconiza que os acórdãos serão publicados em sessão, contando dessa data os prazos recursais.
>
> 4. Dada a urgência do processo eleitoral, o princípio da celeridade reclama que os prazos passem a correr independentemente da disponibilização das decisões.
>
> 5. Este Tribunal Superior já consignou que o inteiro teor poderá ser obtido na secretaria judiciária, no gabinete do relator ou por meio do áudio da sessão de julgamento disponível no sítio eletrônico deste Tribunal. Precedentes.
>
> 6. Requerimento indeferido.
>
> (TSE, REspEl 0600766-50.2022.6.10.0000/MA, Relator Ministro Raul Araújo Filho, j. 03.11.2022, PSESS - publicado em sessão, 03.11.2022).

Finalmente, sobre alguns outros princípios trazidos pela doutrina, de acordo com SALGADO[86], ainda podemos citar:

> Para Francisco de Assis Vieira Sanseverino, os princípios constitucionais autônomos do Direito Eleitoral são o sufrágio universal, o voto direto e secreto, a igualdade do voto, legitimidade e normalidade das eleições, a anterioridade da lei eleitoral e a liberdade de criação e funcionamento dos partidos políticos. Segundo Carlos Eduardo de Oliveira Lula, os princípios constitucionais setoriais atinentes ao Direito Eleitoral são: anualidade, lisura das eleições, aproveitamento do voto, vedação de restrição de direitos políticos, liberdade de propaganda política, liberdade partidária, periodicidade da investidura das funções eleitorais e celeridade. Guilherme de Salles Gonçalves aponta a proteção à fidedignidade e legitimidade do voto, a temporalidade certa, a dupla função típica da Justiça Eleitoral, a igualdade de oportunidades, a ampla

86. Cf. SALGADO, Eneida Desiree. **Princípios constitucionais estruturantes do direito eleitoral**. 2010. 345 f. Tese (Doutorado em Direito) - Universidade Federal do Paraná, Curitiba, 2010, p. 106.

liberdade de expressão das ideias políticas, a neutralidade estatal e a unicidade eleitoral.

Cabe ressaltar que alguns princípios constitucionais devem ser considerados em matéria de crimes eleitorais. Antonio Carlos da Ponte define em sua obra que seriam eles, além da dignidade humana (fundamento maior da nossa sociedade), os princípios: (i) da legalidade (ninguém pode ser obrigado a fazer ou deixar de fazer algo senão em virtude de lei); (ii) da anterioridade ou reserva legal (não há crime sem lei anterior que o defina); (iii) da culpabilidade (proibitivo da responsabilidade objetiva, primando pela segurança jurídica e proibição de arbitrariedade do Estado); (iv) da intervenção mínima ou necessidade (noção do Direito Penal como última *ratio*, para que as leis penais existam apenas quando estritamente necessárias); (v) da lesividade ou ofensividade (um fato somente pode ser considerado criminoso se ofensivo ou oferecedor de perigo concreto, efetivo e real a um bem jurídico protegido); (vi) da insignificância (noção de que não deve haver criminalização de condutas de irrelevante importância); (vii) da proporcionalidade (ideia de que a importância do bem jurídico violado será o fundamento para maior ou menor reprovação estatal); (viii) da adequação social (noção de que a tipicidade deve ser excluída caso a conduta seja considerada socialmente adequada ou reconhecida); (ix) da inderrogabilidade ou inevitabilidade (imposta uma sanção, ela deve ser necessariamente cumprida); e (x) da humanidade (vedação de sanções cruéis, que atentem contra a integridade física ou mental do condenado)[87].

1.7. SISTEMAS ELEITORAIS

Há três grandes grupos de sistemas eleitorais: o majoritário, o proporcional e o misto, que mescla os dois primeiros e corresponde ao modelo adotado no Brasil. Ambos são regulamentados tanto pela Constituição Federal quanto pelo Código Eleitoral e correspondem ao "conjunto de técnicas e procedimentos que se empregam na realização

87. Cf. PONTE, Antonio Carlos. **Crimes eleitorais**. 2ª ed. São Paulo: Saraiva, 2016, p. 79-99.

das eleições, destinados a organizar a representação do povo no território nacional" e conjugam "técnicas como a divisão do território em distritos ou circunscrições eleitorais, o método de emissão do voto, e os procedimentos de apresentação de candidatos e de designação dos eleitos de acordo com os votos emitidos"[88].

O sistema majoritário é aquele no qual o/a candidato/a que obtiver a maioria de votos é considerado/a eleito/a, independentemente da legenda partidária a que esteja filiado/a. A maioria de votos, nesse caso, pode ser computada de forma simples, na qual o/a candidato/a com maior número de votos apurados é o/a vencedor/a, e absoluta, em que é considerado eleito aquele que obtiver mais da metade dos votos válidos apurados, com exclusão dos votos nulos e em branco. É o sistema consagrado a) por maioria absoluta (com dois turnos, se preciso) para a eleição de Presidente/a e Vice-Presidente/a da República (art. 77), de Governador/a e Vice-Governador/a de Estado (art. 28) e de Prefeito/a e Vice-Prefeito/a Municipal (art. 29, II); b) por maioria relativa, para a eleição de Senadores Federais. O objetivo buscado pelas fórmulas eleitorais majoritárias, segundo Mônica CAGGIANO, "consubstancia-se na seleção de um programa de governo ou, ainda, na indicação de um homem [ou uma mulher] e uma equipe dispostos a executá-lo"[89].

Já o sistema proporcional, que "valoriza um número mais significativo de eleitores, denotando maior fidelidade ao standard do *one man, one vote*, e privilegia o aspecto representação-semelhança, ao autorizar a presença política de um leque mais abrangente de interesses e opiniões do aspecto social"[90], é utilizado para os demais cargos eletivos do Legislativo, quais sejam, de Deputados Federais, Deputados Estaduais e Vereadores, depende de uma fórmula matemática que leva ao quociente eleitoral e ao quociente partidário para se chegar à distribuição das sobras, ou seja, aos nomes eleitos. Por meio de tal sistema,

88. Cf. SILVA, José Afonso da. **Curso de Direito Constitucional Positivo**, 23ª edição, São Paulo, Malheiros, 2006, p. 371.

89. Cf. CAGGIANO, Mônica. **Oposição na política: propostas para uma rearquitetura da democracia**, São Paulo, Angelotti, 1995, p. 62.

90. Cf. CAGGIANO, Mônica. **Oposição na política: propostas para uma rearquitetura da democracia**, São Paulo, Angelotti, 1995, p. 62.

segundo José Afonso da SILVA, "pretende-se que a representação, em determinado território (circunscrição), se distribua em proporção às correntes ideológicas ou de interesse integrada nos partidos concorrentes"[91]. Começou a ser utilizado no Brasil em 1945, muito embora seu ideário de refletir o mais fielmente possível o perfil do eleitorado tenha surgido na Revolução Francesa, quando um dos líderes do Terceiro Estado defendeu sua implementação na Assembleia Constituinte de Provença[92] e, com exceção dos países de colonização britânica, na qual há o predomínio do sistema majoritário, passou a ser adotado na maior parte do mundo democrático para as eleições parlamentares, favorecendo, por exemplo, a representação de minorias, o fortalecimento dos partidos políticos e sua pluralidade, a maior efetividade do voto do eleitor, o aumento de força política de partidos menores na formação de coalizões, a sobreposição das vontades partidárias às vontades individuais, bem como a participação feminina na política[93].

A propósito do incremento na representação feminina em sistemas proporcionais, Luís Virgílio Afonso da Silva afirma que

> a lógica do sistema majoritário, que obriga os partidos a maximizar ao extremo suas chances de conseguir votos, faz com que os partidos tendam a indicar os candidatos mais seguros, isto é, aqueles que, potencialmente, tenham a menor chance de rejeição. Via de regra, e o preconceito corriqueiro que atinge as mulheres por si só dispensa maiores explicações, o perfil do candidato seguro tende a ser um perfil masculino. Já no caso dos sistemas proporcionais mais adotados, isto é, aqueles por listas bloqueadas, a lógica tende a ir na direção oposta, já que para maximizar suas chances eleitorais os partidos esforçam-se em construir uma lista que tente representar, de forma parecida, homens e mulheres, e isso por dois motivos: o primeiro, mais óbvio, é atrair o voto feminino ou daqueles que tendam a votar mais em mulheres; o segundo, menos alardeado,

---

91. Cf. SILVA, José Afonso da. **Curso de Direito Constitucional Positivo**, 23ª edição, São Paulo, Malheiros, 2006, p. 375.

92. Cf. DIRCEU, José; IANONI, Marcos. **Reforma política: instituições e democracia no Brasil atual**, 1ª edição, São Paulo, Perseu Abramo Editora, 1999, p. 22.

93. Cf. SILVA, Luís Virgílio da. **Sistemas eleitorais: tipos, efeitos jurídico-políticos e aplicação ao caso brasileiro**, São Paulo, Malheiros, 1999.

mas importante em alguns países, é uma precaução contra possíveis acusações de tratamento desigual, por parte dos partidos, entre homens e mulheres[94].

Divide-se, ademais, em sistema proporcional de lista aberta e sistema proporcional de lista fechada. No primeiro, o qual também se denomina sistema de listas não hierarquizadas, cabe ao/a eleitor/a a escolha dos/as candidatos/as estabelecidos nas diversas listas. Aqui, os/as candidatos/as concorrem de acordo com a lista de candidatura proposta pelos partidos políticos, mas cabe ao/a eleitor/a escolher individualmente cada um deles, oportunidade em que os votos são computados ao/a candidato/a, para definir sua posição na lista, e ao mesmo tempo computados para esta lista partidária. Com isso, define-se o número de vagas às quais cada partido terá direito no Parlamento e, subsequentemente, define-se, pela ordem, os/as candidatos/as mais votados, de acordo com o número de vagas. A lista aberta é adotada no Brasil, Finlândia, Polônia, Holanda e Chile[95]. Há uma segunda via para este sistema, que é o sistema proporcional com voto preferencial, adotado em países como França e Peru, consistente na disponibilização, pelos partidos políticos, de uma lista preferencial de candidatos/as, que poderá ser chancelada pelos eleitores através do voto na legenda partidária, mas sem retirar, deste/a mesmo/a eleitor/a, a via alternativa de escolha do/a candidato/a individualmente considerado/a[96].

No segundo, também denominado como sistema de listas bloqueadas, o/a eleitor/a vota em listas de candidatos/as previamente elaboradas pelos partidos políticos. Neste caso, são os partidos que escolhem, antes das eleições, a ordem dos/as candidatos/as que comporão a lista, cabendo ao/a eleitor/a o voto apenas na legenda, não podendo, assim, definir a ordem de preferência pessoal dos/as candidatos/as. É o sistema

---

94. Cf. SILVA, Luís Virgílio da. **Sistemas eleitorais: tipos, efeitos jurídico-políticos e aplicação ao caso brasileiro**, São Paulo, Malheiros, 1999, p. 139.

95. Cf. NICOLAU, Jairo. **Sistemas Eleitorais**, 5ª edição, Rio de Janeiro, FGV, 2004.

96. Sobre o assunto, Cf., NICOLAU, Jairo. "Cinco Opções, uma escolha", in MULHOLLAND, Timothy; RENNÓ, Lúcio R. (org.), **Reforma Política em questão**. Brasília, UNB, 2008, pp. 129-141.

adotado na Argentina, Bulgária, Portugal, Turquia, Uruguai, Espanha, Moçambique, Colômbia, Costa Rica, África do Sul e Paraguai[97].

1.7.1. A eleição no Constitucionalismo Brasileiro

Numa primeira fase do constitucionalismo brasileiro, a qual se reporta à Constituição monárquica de 1824, o direito eleitoral teve uma abordagem bastante restrita. Além de garantir a unidade territorial, a divisão do Governo em quatro poderes – aqui incluído o Poder Moderador, exercido pelo Imperador, lhe dando direito de intervir nos demais poderes, inclusive para dissolver a Assembleia Legislativa, nomear e depor senadores, ministros e magistrados e sancionar e vetar leis – também instituía o voto censitário, que se ligava à renda do cidadão.

Surgem, numa outra fase, as Constituições Republicanas, tendo a primeira delas, a de 1891, extinguido o voto censitário, instaurando-se um sufrágio com menos restrições, além de ratificar o sistema republicano presidencialista, com implantação do federalismo e separação entre Estado e Igreja. A de 1934, sob a presidência de Getúlio Vargas, com suas diretrizes sociais, amplia os poderes do governo federal e torna o voto obrigatório e secreto a partir dos 18 anos, com a consagração dos direitos políticos das mulheres e criação da Justiça Eleitoral. Já a de 1937, também da Era Vargas, mas agora sob inspiração fascista, extingue os partidos políticos e concentra poderes nas mãos do chefe do Executivo que, então, passa a ser eleito de forma indireta, suprimindo-se, com isso, o direito ao voto dos cidadãos. Retomando a linha democrática, a Constituição de 1946 restabelece os direitos individuais, a pluralidade partidária e o voto popular. Na sequência, sob o contexto do Regime Militar então vigente, advém a Constituição de 1967, adotando a eleição indireta do Presidente da República, por meio de Colégio eleitoral formado pelos membros do Congresso Nacional e delegados apontados pelas respectivas Assembleias Legislativas. Fica abolido, portanto, o direito ao voto pelos cidadãos. Dentre diversos Atos Institucionais expedidos durante sua vigência, destaca-se o AI-5, designadamente pela feição

97. Cf. NICOLAU, Jairo. **Sistemas Eleitorais**, 5ª edição, Rio de Janeiro, FGV, 2004.

autoritária decorrente das suspensões de reuniões de fundo político, censura aos meios de comunicação, suspensão do direito ao *habeas corpus* para crimes políticos, dentre outras situações.

Por fim, a Constituição Brasileira de 1988 surge após um longo período de ditadura militar e, por isso, decorre de um processo de redemocratização do país e, diferentemente de sua antecessora, a de 1967, outorgada após o Ato Institucional n. 4, com a finalidade de expandir os poderes do Executivo em relação ao Legislativo e Judiciário, advém de um amplo debate democrático, envolvendo diversas organizações e o engajamento popular. Foi, por isso, denominada como Constituição Cidadã e, voltada contra o autoritarismo militar, apresentou diversos avanços aos direitos dos cidadãos e a prevalência dos princípios democráticos. Aqui, a vontade política do povo, viabilizada pelas regras de democracia representativa, passou a ser respeitada e o direito eleitoral se tornou instrumento necessário para concretização da cidadania inaugurada na nova ordem constitucional, garantindo o livre exercício da democracia e do direito ao voto e, principalmente, que o voto efetivado pelo/a eleitor/a corresponda ao voto atribuído ao/à candidato/a ou partido escolhido, traduzindo uma verdade eleitoral. Por essa razão, a Constituição de 1988, expressamente, estabeleceu a soberania popular, o sufrágio universal e o voto direto e secreto, com valor igual para todos (art. 14), vedando-se a cassação dos direitos políticos e permitindo sua suspensão apenas nos casos expressamente previstos no art. 15, bem como algumas condições de elegibilidade (art. 14, §3°), autorizando a lei complementar a previsão dos demais casos de inelegibilidade e os prazos de sua cessação, a fim de proteger a probidade administrativa, a moralidade para exercício de mandato considerada vida pregressa do/a candidato/a, e a normalidade e legitimidade das eleições contra a influência do poder econômico ou o abuso do exercício de função, cargo ou emprego na administração direta ou indireta (art. 14, §9°).

A política, nas palavras de Rezek, "padece, inevitavelmente, de sua plasticidade, de suas astúcias, de seu jogo de interesses" e o que se tem buscado, em todas as épocas, é

> "conciliar as inevitáveis mazelas da atividade política com os rigores da Constituição, com aquilo que da lei fundamental se pode extrair

> como pauta de princípios que nunca deveriam ser descartados, nem nos embates da política parlamentar nem no consequente exercício da atividade legislativa"[98].

E nesta toada, destaca-se o importante papel da Justiça Eleitoral no cumprimento das normas e regras referentes ao processo eleitoral, resguardando o pleno exercício da cidadania e a legitimidade democrática. A propósito, Marcus Coelho afirma que o objeto do Direito Eleitoral consiste em:

> assegurar e implementar um processo que respeite as normas, destinado a garantir a soberana e livre manifestação da vontade popular, na escolha dos representantes que irão, em nome do povo, exercer o poder político nas esferas legislativas e executivas. Em outras palavras, visa ordenar um devido processo legal capaz de legitimar, através de eleições livres, a escolha das pessoas a quem o povo outorga mandatos, cumprindo o art. 1º da Constituição Federal que estabelece a democracia representativa no estado de direito como o regime político da nação[99].

1.8. A IMPORTÂNCIA DA PERSPECTIVA DE GÊNERO PARA O DIREITO ELEITORAL BRASILEIRO

Foi por meio das políticas de ações afirmativas previstas nas legislações eleitorais que o ingresso da mulher no espaço político incrementou-se. A cota, que hoje corresponde a 30% de cada sexo no preenchimento das listas de candidaturas para quaisquer eleições do Poder Legislativo é, invariavelmente, um forte estímulo à representação política feminina. Há, também, a Lei 12.034/09, que impõe a aplicação de, no mínimo, 5% dos recursos do Fundo Partidário na criação e manutenção de programas de promoção e difusão da participação

98. Cf. REZEK, Francisco. "Política e constituição", in MARTINS, Ives Gandra; REZEK, Francisco, **Constituição Federal: avanços, contribuições e modificações no processo democrático brasileiro**, São Paulo, Revista do Tribunais, 2008.
99. COÊLHO, Marcus Vinicius Furtado. **Direito eleitoral e processo eleitoral: direito penal eleitoral e direito político**, Rio de Janeiro, Renovar, 2008, p. 67.

política das mulheres e determina que, no mínimo, 10% do tempo de propaganda partidária gratuita no rádio e na televisão seja destinado à promoção e à difusão da participação política feminina.

No ano de 2022 foi elaborada a Emenda Constitucional n. 117, que constitucionalizou as ações afirmativas acima mencionadas, passando a impor aos partidos políticos a aplicação de recursos do fundo partidário na promoção e difusão da participação política das mulheres, bem como a aplicação de recursos desse fundo e do Fundo Especial de Financiamento de Campanha e a divisão do tempo de propaganda gratuita no rádio e na televisão no percentual mínimo de 30% (trinta por cento) para cada sexo, fazendo incluir os §§ 7º e 8º no art. 17 da Constituição Federal. Tais regras são de fundamental importância para incentivar a participação da mulher na política e, principalmente, para dar um recado para toda a sociedade de que o lugar da mulher também é na política.

Não obstante a relevância de tais ações, observa-se que, historicamente, os partidos políticos vêm reiteradamente descumprindo-as. Nas eleições municipais de 2024, somente três partidos (PCB, PSTU e UP) cumpriram integralmente a cota de candidaturas (30% e 70%) nos municípios os quais registraram candidaturas.[100]

Interessante observar que as federações apresentaram percentuais menores de desrespeito à cota de mulheres em comparação com os partidos individualmente.

> Por exemplo, a federação PT/PC do B/PV teve um desrespeito de apenas 1,02%, enquanto os partidos PT, PC do B e PV registraram 2,41%, 2,02% e 2,94%, respectivamente. Efeito Positivo da Colaboração Partidária: A união de partidos em federações parece contribuir para um melhor cumprimento da legislação eleitoral referente à participação feminina. Isso pode ser resultado da combinação de recursos e estratégias para incentivar e viabilizar mais candidaturas de mulheres. A federação PSDB/CIDADANIA

100. Secretaria da Mulher; Observatório Nacional da Mulher na Política. Estudo sobre o cumprimento da cota de participação feminina nas Eleições Municipais de 2024 por partidos e federações. P. 6. Disponível em: https://www2.camara.leg.br/a-camara/estruturaadm/secretarias/secretaria-da-mulher/nota-tecnica-6/view.

> teve um percentual de desrespeito de 1,62%, significativamente menor do que os percentuais individuais do PSDB (4,37%) e do CIDADANIA (6,49%). Isso indica que a federação conseguiu melhorar o cumprimento da cota em relação aos esforços isolados dos partidos. A federação PSOL/REDE manteve um percentual de desrespeito próximo ao do PSOL individualmente, que já era baixo (1,54% na PSOL e 1,43% na federação), enquanto a REDE reduziu de 3,99% para o percentual da federação, sugerindo que a parceria beneficiou especialmente este último.[101]

Verifica-se, ainda, que não só existem os descumprimentos das leis afirmativas. Tais descumprimentos têm sido, seguidamente, anistiados. Sobre o tema, convém lembrar que foi apresentada ao Congresso Nacional a Proposta de Emenda à Constituição (PEC) 9/23 (que deu origem à Emenda Constitucional nº 133, de 22/08/2024), de autoria do deputado Paulo Magalhães (PSD-BA), que visava alterar a Emenda Constitucional n. 117, de 5 de abril de 2022, para proibir a aplicação de sanções aos partidos que não preencheram a cota mínima de recursos; ou que não destinaram os valores mínimos em razão de sexo e raça até as eleições de 2022; ou pelas prestações de contas anteriores a 5 de abril de 2022. Segundo o autor da Proposta, o objetivo seria estabelecer um "marco inicial" para aplicação das sanções, pela Justiça Eleitoral.

Diversas organizações que trabalham pela defesa dos direitos das mulheres, em especial aqueles relacionados à participação política igualitária, posicionaram-se de forma veemente contra a denominada PEC da Anistia.

Cita-se, como exemplo, o documento assinado coletivamente, intitulado "A quem interessa o retrocesso em direitos duramente conquistados?". Nele, entidades conceituadas como Observatório de Violência Política contra a Mulher, Elas no Poder, Transparência Partidária, Conselho Estadual da Condição Feminina, Coalizão Negra

101. Secretaria da Mulher; Observatório Nacional da Mulher na Política. Estudo sobre o cumprimento da cota de participação feminina nas Eleições Municipais de 2024 por partidos e federações. P. 6. Disponível em: https://www2.camara.leg.br/a-camara/estruturaadm/secretarias/secretaria-da-mulher/nota-tecnica-6/view.

por Direitos, Transparência Eleitoral Brasil, Elas Pedem Vista, Manual Participativo - Mulheres e Política no Brasil, Coalizão Nacional de Mulheres, AMP - Associação Mulheres Progressistas, Instituto Vamos Juntas, ABMCJ – Associação Brasileira de Mulheres de Carreiras Jurídicas, Instituto Arueras, Instituto Vladimir Herzog, União Brasileira de Mulheres – UBM, VoteLGBT, Instituto AzMina, Grupo Mulheres do Brasil, Girl UP Brasil, dentre outras, rebatem os seguintes argumentos que sustentaram a referida PEC[102] (que deu origem à Emenda Constitucional nº 133, de 22/08/2024)[103]:

1) Argumento utilizado na PEC 09 de que a regra não está institucionalizada: as instituições rebatem tal argumento, lembrando que as cotas de financiamento proporcional de gênero e raça estão garantidas na Constituição, por meio da Emenda Constitucional 117, desde 2022, e por meio de decisão judicial, desde 2018;
2) Argumento de que há ofensa ao princípio da anualidade: de acordo com as entidades, a Emenda Constitucional 117/2022 não implicou nenhuma ofensa ao princípio da anualidade, já que não modificou a lei eleitoral, mas apenas constitucionalizou a obrigação de os partidos destinarem recursos para campanhas femininas, conhecida há pelo menos cinco anos, quando reconhecida pelo STF em outubro de 2018;
3) Partidos não teriam como saber se a regra teria abrangência nacional: como muito bem mencionado pelas instituições, a Resolução-TSE 23.665/2021 esclarece textualmente que a norma tem de ser observada levando em conta o total de candidaturas da legenda em âmbito nacional (art. 17, § 4º, III).

E o documento finaliza no seguinte sentido:

---

102. Cf. https://www.estadao.com.br/politica/legis-ativo/posicionamento-publico-sobre-a-pec-9-23-a-quem-interessa-o-retrocesso-em-direitos-duramente-conquistados/. Acesso em: 16 jul. 2023.

103. Consta na ementa da Emenda Constitucional 133: "Impõe aos partidos políticos a obrigatoriedade da aplicação de recursos financeiros para candidaturas de pessoas pretas e pardas; estabelece parâmetros e condições para regularização e refinanciamento de débitos de partidos políticos; e reforça a imunidade tributária dos partidos políticos conforme prevista na Constituição Federal."

> Para além disso, lembramos que estamos tratando de dinheiro público e que a eventual aprovação dessa PEC, que impede a fiscalização da prestação de contas de qualquer eventual irregularidade cometida pelos partidos políticos e que se soma a outras anistias já aprovadas com o mesmo fim é danosa para a sociedade como um todo, principalmente para a democracia, que será extremamente lesada caso seja aprovada uma anistia que deslegitima a Constituição Federal[104].

A Emenda Constitucional 133/2024, mencionada anteriormente e que teve algumas de suas partes já em vigor para as eleições municipais de 2024, inseriu o § 9º ao art. 17 da Constituição Federal, para estabelecer que "dos recursos oriundos do Fundo Especial de Financiamento de Campanha e do fundo partidário destinados às campanhas eleitorais, os partidos políticos devem, obrigatoriamente, aplicar 30% (trinta por cento) em candidaturas de pessoas pretas e pardas, nas circunscrições que melhor atendam aos interesses e às estratégias partidárias." Em seguida, entretanto, cria as seguintes regras de anistia:

> **Art. 3º** A aplicação de recursos de qualquer valor em candidaturas de pessoas pretas e pardas realizadas pelos partidos políticos nas eleições ocorridas até a promulgação desta Emenda Constitucional, com base em lei, em qualquer outro ato normativo ou em decisão judicial, deve ser considerada como cumprida.
>
> Parágrafo único. A eficácia do disposto no **caput** deste artigo está condicionada à aplicação, nas 4 (quatro) eleições subsequentes à promulgação desta Emenda Constitucional, a partir de 2026, do montante correspondente àquele que deixou de ser aplicado para fins de cumprimento da cota racial nas eleições anteriores, sem prejuízo do cumprimento da cota estabelecida nesta Emenda Constitucional.

Apesar das políticas legislativas de incentivo à participação da mulher na política brasileira, percebe-se que muitas são as burlas praticadas pelos partidos políticos no sentido de neutralizá-las ou amenizá-las.

---

104. Cf. https://docs.google.com/document/d/1hwyonc605oOAeMR48OIU7txNSZ_gi9GL47REJAkswOU/edit. Acesso em: 16 jul. 2023.

O resultado de tudo isso é espelhado em cada eleição: percentual de eleitas muito diminuto. Em 2023 as mulheres atingiram 17,93% de presença feminina na Câmara dos Deputados e 18,52% no Senado Federal, muito embora representem sete milhões a mais de votantes, em comparação com o eleitorado masculino.

O percentual de mulheres eleitas nas prefeituras e câmaras municipais é ainda menor. Nas eleições de 2024 tivemos 727 prefeitas e 10.654 vereadoras.

Ou seja, mesmo compondo a maior parte do público votante, as burlas e os reflexos da cultura patriarcal são muito fortes e presentes na baixa representação feminina no Parlamento, o que reforça a necessidade de avanços em diversas áreas, e em especial na legislação de direito eleitoral, que tem o grande papel de transformação desta realidade.

A implantação de cotas de candidaturas, por exemplo, vem sendo desvirtuada com a utilização frequente de candidatas "laranjas", cujo único objetivo é cumprir a exigência dos 30% de nomes femininos na lista de candidatura, o que não ocorreria, por certo, se houvesse reserva de cadeiras parlamentares neste mesmo percentual.

DADOS DA PARTICIPAÇÃO FEMININA NAS ELEIÇÕES[105]

ELEIÇÕES 2024
Eleitorado:

Eleitoras: 81.806.914 - 52%do eleitorado
Candidaturas:

Candidatas: 155.000– 33.97%% do total de candidaturas

Candidatas eleitas: 15%

ELEIÇÕES 2022
Eleitorado: 156.454.011

105. Disponível em: https://www.justicaeleitoral.jus.br/tse-mulheres/. Acesso em: 10 jul. 2023.

Eleitoras: 82.373.164 - 53% do eleitorado

Candidaturas: 29.262

Candidatas: 9.891 - 34% do total de candidaturas

Candidatas eleitas: 311 - 18,2%

ELEIÇÕES 2020

Eleitorado: 147.918.483

Eleitoras: 77.649.569 - 52% do eleitorado

Candidaturas: 557.678

Candidatas: 187.022 - 34% do total de candidaturas

Candidatas eleitas: 10.880 – 15,77%

Os resultados das eleições de 2022, apesar do ligeiro aumento na taxa de representação feminina, que antes era 15% e passa para 17,7% na Câmara dos Deputados, com 91 mulheres eleitas para o cargo de Deputada Federal[106], ainda revelam a desigualdade de gênero existente no Brasil, além da dificuldade de apoio partidário, cujos espaços são de predominância masculina, o que reforça a necessidade de reforma política e social que garanta um equilíbrio na democracia. Quando se analisa a situação nos estados e municípios, o cenário é ainda pior. A participação da mulher nos Poderes Executivos federal, estadual e municipal também é muito irrisória.

DADOS DA PARTICIPAÇÃO DA MULHER NO EXECUTIVO

Como resultado das eleições de 2024, observa-se que somente 13,09% das cidades elegeram mulheres (um total de 729 municípios). Nas capitais, tivemos apenas 2 mulheres prefeitas. Nas eleições de 2020, esse número era de 11,69% (651 municípios).[107]

106. Em junho de 2023, em exercício, são 92.

107. ARKO ADVICE. Cenários Políticos. Outubro de 2024. Produzido por Murillo de Aragão Cristiano Noronha, BRASIL 2024, n. 266. Brasília DF.

Nas eleições de 2022, por sua vez, foram eleitas apenas duas governadoras (nos estados de Pernambuco e Rio Grande do Norte) (7,4% do total de eleitos para esse cargo) e 6 vice-governadoras (22,2% do total de eleitos para esse cargo)[108].

Nas eleições de 2020, foram eleitas 663 prefeitas (12,1% do total de eleitos para esse cargo) e 911 vice-prefeitas (16,6% do total de eleitos para esse cargo)[109].

ELEIÇÕES 2024[110] – Municipais

Cargo selecionado: Prefeita

Total de Candidaturas: 2.381

Candidatas:

Candidatas: 15%

Total Eleitos: 724

Eleitas:

Eleitas: 13%

ELEIÇÕES 2024[111]

Cargo selecionado: Vice-Prefeita

Total de Candidaturas: 3.678

Candidatas:

Candidatas: 23%

Total Eleitos: 1.049

Eleitas:

Eleitas: 19%

108. Disponível em: https://www.justicaeleitoral.jus.br/tse-mulheres/. Acesso em: 12 jul. 2023.

109. Disponível em: https://www.justicaeleitoral.jus.br/tse-mulheres/. Acesso em: 12 jul. 2023.

110. Disponível em: https://sig.tse.jus.br/ords/dwapr/r/seai/sig-candidaturas/home?session=217353333470074. Acesso em: 04/11/2024.

111. Disponível em: https://sig.tse.jus.br/ords/dwapr/r/seai/sig-candidaturas/home?session=217353333470074. Acesso em: 04/11/2024.

ELEIÇÕES 2020[112] – Municipais

Cargo selecionado: Prefeita

Total de Candidaturas: 19.379

Candidatas: 2.602

% Candidatas: 13,4%

Total Eleitos: 5.498

Eleitas: 663

% Eleitas: 12,1%

ELEIÇÕES 2020[113]

Cargo selecionado: Vice-Prefeita

Total de Candidaturas: 19.814

Candidatas: 4.204

% Candidatas: 21,2%

Total Eleitos: 5.498

Eleitas: 911

% Eleitas: 16,6%

Para além dos obstáculos impostos às mulheres que refletem nossa sociedade ainda tão patriarcal e marcada pela assimetria dos papéis de gênero, como é o caso da tripla jornada de trabalho que abrange as tarefas domésticas, o exercício da maternidade e cuidado com filhos/idosos e o desafio do sustento da família; e o preconceito e a discriminação que recaem sobre mulheres que se afastam dos papéis tradicionais de gênero, uma das principais dificuldades para o aumento da representação feminina na arena política está, conforme já citado, no lançamento de candidaturas "laranjas" pelos partidos políticos, com o objetivo de fraude do percentual de gênero exigido no §3º do art. 10 da Lei n. 9.504/97.

112. Disponível em: https://www.justicaeleitoral.jus.br/tse-mulheres/. Acesso em: 12 jul. 2023.

113. Disponível em: https://www.justicaeleitoral.jus.br/tse-mulheres/. Acesso em: 12 jul. 2023.

A existência de cotas, portanto, não tem sido fator relevante para alteração deste cenário na política. Em 2016, por exemplo, apurou-se que 16.131 candidatos/as terminaram as eleições sem obter um único voto. Deste número, 14.417 eram mulheres, o que levou o Tribunal Superior Eleitoral a entender que o não cumprimento das cotas no preenchimento das vagas deve ser punido com a cassação de mandatos, lembrando o Ministro Henrique Neves, no julgamento do Recurso Especial Eleitoral n. 243-42.2012.6.18.0024, que a situação revela "o conservadorismo da política brasileira, em total descompasso com uma população majoritariamente feminina, o que demanda rigorosa apuração de fraude"[114].

Nesse aspecto, convém ser ressaltado o especial papel do Poder Judiciário na boa aplicação de normas do Direito Eleitoral, garantindo a verdadeira efetividade das ações afirmativas e o combate a fraudes:

> E quanto à Justiça Eleitoral, órgão especializado do Poder Judiciário, de que modo esta instituição exercerá seu papel no tocante à efetivação das políticas públicas? Consoante desenvolvido no tópico a respeito das funções da Justiça Eleitoral, esta, diversamente de todos os demais órgãos do Poder Judiciário, assume dupla função típica, pois, a um só tempo, exerce intensamente as competências administrativa e jurisdicional, peculiaridade que interferirá na atuação frente à garantia de execução das políticas públicas. No que se refere à competência jurisdicional, assim como atua todo o Poder Judiciário, a Justiça Eleitoral controla a execução das políticas públicas por meio de decisões judiciais que, ao aplicarem devidamente o regramento da política pública definida pelo legislador ordinário, influenciam na maior efetividade de tal política pública e lhes confere legitimidade. Exemplo disso são as decisões da Justiça Eleitoral, em especial do Tribunal Superior Eleitoral, que em atenção à legislação que assegura cota de gênero para as candidaturas e no exercício do controle e fiscalização dessa política pública, nega registro de candidatura em razão da inobservância da regra prevista no artigo 10, § 3º, da Lei n. 9.504/1997 (...) Neste ponto, convém atentar para o fato de que essa atuação expressiva – e bem mais ampla, se comparada com a

114. Cf. https://www.tse.jus.br/comunicacao/noticias/2018/Marco/mulheres-representam-52-do-eleitorado-brasileiro.

> reservada aos demais ramos do Judiciário em relação às políticas públicas - no campo da competência administrativa da Justiça Eleitoral, não incide em ativismo judicial, justamente em face de que se considera essa sua competência como típica na atividade de administração/execução da democracia representativa brasileira. E aqui reside a essência do que, inquestionavelmente, entende-se como elemento central do que se propõe: sem embargo da sua atuação jurisdicional, pode – deve? – a Justiça Eleitoral agir no sentido da efetivação de políticas públicas de fomento da participação feminina, tanto quantitativa como qualitativamente[115]

Conforme identifica Vera Taberti, cujo trabalho nos últimos anos tem se direcionado à fiscalização dessa modalidade de fraude, os partidos lançam mão desse tipo de candidatura somente para preencher numericamente a cota de gênero, já que sem isso, estariam impossibilitados de disputarem a eleição. A candidata 'laranja' apenas empresta seu nome ao partido político para que ele consiga atingir o percentual mínimo de 30% de integrantes femininas em suas chapas, mas essas candidatas não possuem sequer interesse em disputar as eleições, tanto que, não raramente, logo após o deferimento do registro, elas renunciam à sua candidatura. Trata-se de estratégia criminosa que ao mesmo tempo em que impedem que as mulheres aumentem sua representatividade na política, possibilita o desvio dos recursos financeiros que deveriam ser destinados para as campanhas eleitorais femininas. Dessa forma, o registro de candidaturas femininas fraudulentas possibilita um número mais elevado de homens na disputa, cuja soma de votos acaba influindo diretamente no quociente partidário, eis que referido ardil gera a possibilidade de um número maior de registro de candidaturas masculinas e consequentemente um número maior de candidatos eleitos.[116]

115. CLEVE, Ana Carolina. Política pública de incentivo à participação feminina na política: a Justiça Eleitoral como partícipe do processo de inclusão. **Revista Ballot**, Rio de Janeiro, v. 1 n. 2, setembro/dezembro 2015, p. 91. Disponível em: Ballot-v1-n2-2015-artigo6.indd (tse.jus.br).

116. Cf. TABERTI, Vera Lúcia de Camargo Braga. Da necessidade da Fiscalização das Candidaturas Femininas no Enfrentamento da Violência Política de Gênero. In: SARRUBO, Mario Luiz; ROMANO, Michel Betenjane; LEITÃO, Patrícia de Carvalho; CHAKIAN, Silvia (coord.). **Ministério Público Estratégico: Violência de Gênero.** Indaiatuba: Editora Foco, 2022, p. 216-217.

Não bastasse, a especialista identifica que a partir das Eleições Gerais de 2018, surgiu uma nova modalidade de fraude às cotas de gênero[117], não mais relacionada às candidatas que não possuem interesse em se eleger, mas sim àquelas enganadas pelos partidos políticos. Com a obrigatoriedade de repasse de recursos financeiros para as candidaturas femininas, alguns partidos políticos passaram a atrair candidatas fazendo-as acreditar que receberiam suporte e incentivo financeiro para suas campanhas eleitorais. Não obstante, após o registro de suas candidaturas, os partidos políticos deixam de cumprir as promessas e de prestar qualquer tipo de suporte e investimento financeiro a elas.[118]

Fernanda Wolski[119] informa que:

> Nas últimas eleições, o Tribunal Superior Eleitoral (TSE) aprovou uma resolução obrigando os partidos a repassarem os recursos para mulheres e negros até o 13 de setembro, 19 dias antes da votação. Apenas nesse momento, muitas candidatas descobriram que o valor que receberiam seria muito menor que o acordado no momento do convite para a candidatura. Nesse momento, elas encontram-se endividadas, ou então, cortam gastos de forma consciente, sabendo que isso vai diminuir muito as chances de serem eleitas.

E conclui a autora[120]:

---

117. Vide também o acréscimo feito pela EC 133/2024:
Art. 17. (...)
(...)
§ 9º Dos recursos oriundos do Fundo Especial de Financiamento de Campanha e do fundo partidário destinados às campanhas eleitorais, os partidos políticos devem, obrigatoriamente, aplicar 30% (trinta por cento) em candidaturas de pessoas pretas e pardas, nas circunscrições que melhor atendam aos interesses e às estratégias partidárias. (Incluído pela Emenda Constitucional nº 133, de 2024).

118. Cf. TABERTI, Vera Lúcia de Camargo Braga. Da necessidade da Fiscalização das Candidaturas Femininas no Enfrentamento da Violência Política de Gênero. In: SARRUBO, Mario Luiz; ROMANO, Michel Betenjane; LEITÃO, Patrícia de Carvalho; CHAKIAN, Silvia (coord.). **Ministério Público Estratégico: Violência de Gênero**. Indaiatuba: Editora Foco, 2022, p. 217.

119. Cf. WOLSKI, Fernanda. **Violência econômica na política: partidos, dinheiro e mulheres**. Disponível em: https://exame.com/bussola/violencia-economica-na-politica-partidos-dinheiro-e-mulheres/. Acesso em: 09 jul. 2023.

120. Cf. WOLSKI, Fernanda. **Violência econômica na política: partidos, dinheiro e mulheres**. Disponível em: https://exame.com/bussola/violencia-economica-na-politica-partidos-dinheiro-e-mulheres/. Acesso em: 09 jul. 2023.

Este texto tem o objetivo de contar aos eleitores um pouco da dinâmica de uma campanha de mulher. Porém, como demonstrado, essa não é uma dinâmica nova. Como acontece na linguística, o processo de investigação de um sujeito, que resulta na tomada de consciência sobre um objeto investigado, acompanha também a criação de um conceito na linguagem para defini-lo. Mais recentemente, toda essa dinâmica aqui narrada foi resumida no conceito "violência econômica".

A fim de reconhecer e tomar providências acerca da existência de candidaturas laranja, a Procuradoria-Geral Eleitoral elaborou a Orientação Geral n. 4, de 10 de outubro de 2024, nos seguintes termos:

> ORIENTA a atuação dos membros do Ministério Público Eleitoral em todo o país para:
>
> 1. Verificar a observância do percentual legalmente estabelecido pelo artigo 10, §3º da Lei nº 9.504/97, com as regras estabelecidas na Resolução-TSE nº 23.609/2019, e também com enfoque nos elementos trazidos pela Resolução-TSE nº 23.735/2024 e sob a perspectiva da Súmula TSE nº 73, tendo como objetivo a adoção das medidas necessárias ao sancionamento pelo descumprimento da lei pelos partidos/federações (no caso das federações, com atenção à dupla verificação);
>
> 2. Analisar se o eventual descumprimento ocorreu em até 20 dias antes do pleito, momento em que era possível a substituição de candidaturas e lançamento de vagas remanescentes, ou após este período, quando não havia mais possibilidade de alterações das candidaturas apresentadas;
>
> 3. Identificar o lançamento de candidaturas juridicamente inviáveis, com ausência de documentações acessíveis e básicas relacionadas ao registro, com eventual comportamento omisso do partido no saneamento de irregularidades, indicando o descumprimento da cota legal;
>
> 4. Diligenciar para identificar, com relação às candidaturas supostamente fictícias, a quantidade de votos recebidos pela candidata em questão; se a pessoa votou na eleição ou se foi ausente/justificou (informação a ser buscada junto à Justiça Eleitoral); se recebeu valores para sua campanha e efetivou gastos relacionados para esse período; se declarou rede social em seu requerimento de candidatura e usou

esse espaço para sua campanha (ou campanha de terceiros); além de, a partir do caso concreto, realizar diligências complementares, como analisar vínculos com outros candidatos ou dirigentes partidários, verificar o local indicado como comitê de campanha (se existe de fato e se há algum indício de que foi utilizado em benefício da candidatura), entre outras situações que se verificarem possíveis;

5. Identificar o cumprimento, pelos partidos/federações, na circunscrição do pleito, sobre o percentual de financiamento dispensado para campanhas eleitorais a partir dos recursos públicos do diretório local, tanto sob a perspectiva de gênero, quanto sob a perspectiva de raça, nos termos do artigo 17 e parágrafos da Constituição Federal;

6. Adotar as medidas judiciais necessárias, dentro do prazo estabelecido pela legislação, com especial atenção para a data da diplomação como marcador para propositura de ações, seja como termo final, como ocorre com a AIJE, seja como termo inicial, para o caso da AIME e da Representação por arrecadação e gastos ilícitos de recursos na campanha eleitoral.

Conforme já citado, uma forma de superar definitivamente essas fraudes seria a modificação da legislação atual, a exemplo do que ocorre no Direito Comparado, vez que, em alguns países a cota de gênero se impõe não para candidaturas, mas para a conhecida ação afirmativa referente efetivamente às cadeiras ocupadas:

> Leis e normas para impulsionar a participação feminina na política estão presentes na maioria dos países do mundo, de acordo com a base de dados do Instituto para a Democracia e Assistência Eleitoral (International IDEA), uma organização intergovernamental composta por vários países. Numa lista de 124 nações analisadas pela entidade, 28 (22,6%) reservam cadeiras no parlamento para mulheres, se consideradas apenas as Casas Baixas - o equivalente à Câmara dos Deputados brasileira - e os parlamentos unicamerais - ou seja, que não possuem um Senado. Outros 57 países (46%), incluindo o Brasil, adotam cotas para as candidaturas, ou seja, do total de postulantes aos cargos, as mulheres devem representar parcela mínima. Apenas 39 países (31,5%) não preveem cotas femininas nem em sua constituição e nem em leis eleitorais. Apesar de algumas nações implantarem ações afirmativas apenas para as candidaturas, isso pode se traduzir em reserva de vagas femininas,

na prática, quando o sistema eleitoral é o voto em lista fechada, e o eleitor não escolhe um candidato específico, mas a lista preestabelecida do partido. São eleitos os primeiros colocados de acordo com o número de vagas que o partido conquista na eleição. Ao menos cinco países da América Latina - Argentina, Nicarágua, Costa Rica, Guiana e El Salvador - preveem apenas cotas de candidaturas femininas. Mas, como as mulheres constam nas listas, intercaladas entre os homens, isso garante a presença feminina nos parlamentos. Algumas nações, como Argentina e Bélgica, proíbem explicitamente que as mulheres sejam concentradas no pé da lista, com poucas chances de eleição. Considerando apenas as câmaras altas de sistemas bicamerais - ou seja, os Senados -, os países que adotam cotas passam a ser minoritários. Há mais oito plenários com cadeiras reservadas para mulheres. Em outros 15 países, incluindo o Brasil, só há cotas para candidaturas femininas ao senado. E 31 não têm nenhum tipo de previsão.[121]

As cotas instituídas podem ser administradas da seguinte forma: Reserva de vagas nas listas partidárias por mandamento legal: Sistema no qual uma parte das vagas nas listas é definida em lei. Exemplos de países que adotam esse sistema: Brasil, Argentina, Bolívia, Equador, França, Irlanda e México. Note-se que nem sempre a reserva de vagas na lista garante que as mulheres ocuparão as posições de elegibilidade. A relação é favorável à participação das mulheres de modo incontestável apenas quando os países definem na lei eleitoral a alternância de gênero, o que só é possível em listas préordenadas ou fechadas. • Reserva de cadeiras nas Casas legislativas: As vagas são preenchidas por meio de uma lista eleitoral à parte, composta apenas de mulheres, e os assentos são distribuídos de acordo com a votação que cada partido obtém em relação à lista. Adotam essa modalidade Afeganistão, Bangladesh, China, Eritreia, Jordânia e Quênia. Também é possível reservar as vagas e estabelecer cotas de ocupação, independentemente da forma de apuração. Não seria possível no chamado sistema distrital, praticado nos Estados Unidos, mas, nos demais sistemas, seria viável uma cota desse tipo. • Reserva voluntária de vagas em lista partidária: corresponde

121. Disponível em: https://www.correiobraziliense.com.br/politica/2021/05/4922994-maioria-dos-paises-adota-cota-para-mulheres-na-politica-226--reservam-cadeiras.html. Acesso em: 15 jun. 2023.

> a uma prática disseminada nas mais diversas democracias, sendo predominante naquelas mais consolidadas do mundo. Atualmente, 54 países adotam cotas legais sobre seus processos eleitorais para as Câmaras Baixas ou Únicas de seus parlamentos, expandindo-se o número para 60 quando se consideram os países que também adotam esse tipo de cota para a Câmara Alta e/ou para o nível subnacional.[122]

> Conforme se mencionou anteriormente, o sistema de cotas com reserva de vagas é um modo audaz e, ao mesmo tempo, temeroso de promoção da igualdade entre homens e mulheres, quando no exercício de funções políticas, já que ao se reservar vagas no Parlamento se restringe a possibilidade de o eleitor escolher de forma diferente, representando uma interferência direta no pleito. Diante disso, poucos são os países que tiveram a iniciativa de adotar esse tipo de ação afirmativa como forma de promover a participação política das mulheres no Parlamento, podendo citar Bangladesh, Nepal, Paquistão, Tanzânia[123].

No Brasil, encontra-se aprovado no Senado o projeto de lei n. 1951, de 2021, que "altera o § 3º do art. 10 da Lei n. 9.504, de 30 de setembro de 1997, que prevê percentual de preenchimento mínimo de vagas para candidaturas de cada sexo, acrescenta o art. 16-E, para dar destinação proporcional aos gastos de campanha com recursos do Fundo Eleitoral, e o art. 16-F, para obrigar o preenchimento mínimo de 15% das cadeiras às mulheres nas eleições proporcionais." Da justificativa do PL, extrai-se:

> As cotas para mulheres nas eleições foram incluídas na Legislação Eleitoral pela Lei n. 12.034, de 29 de setembro de 2009. O objetivo era o de fomentar e aumentar a participação das mulheres

122. Cf. SOUSA, Raquel de. **Paridade de Gênero no Poder Legislativo brasileiro e comparado**. Disponível em: https://www.puc-rio.br/ensinopesq/ccpg/pibic/relatorio_resumo2016/relatorios_pdf/ccs/DIR/DIR-Raquel_Martins.pdf.

123. Cf. LOPES, Ana Maria D'Ávila e NÓBREGA, Luciana Nogueira. As ações afirmativas adotadas no Brasil e no direito comparado para fomentar a participação política das mulheres. **Revista do Programa de Pós-Graduação em Direito da UFC**, p. 27. Disponível em: https://repositorio.ufc.br/bitstream/riufc/12200/1/2011_art_amdlopes.pdf. Acesso em: 21 ago. 2023.

na política por meio da obrigatoriedade. Em 2018, o Supremo Tribunal Federal definiu que o Fundo Especial de Financiamento de Campanha deveria também obedecer tal proporcionalidade, ou seja, 30% dos recursos do Fundo destinado aos partidos nas campanhas eleitorais deveria ser destinado exclusivamente para a candidaturas femininas. Passados mais de 35 anos de redemocratização, a força representada pelo eleitorado feminino não passa despercebida pelos partidos. Nas eleições majoritárias, nas quais não se aplica a política de cotas, mulheres são lançadas como candidatas, justamente pela identificação do eleitorado com a presença da mulher na política, já tendo inclusive chegado à Presidência da República. É preciso afastar, então, a ideia de que somente as cotas assegurarão a participação feminina nas eleições. Essa participação vem se consolidando por aspectos diversos que extrapolam a questão das cotas. É uma questão social. O que é preciso combater é o uso de candidaturas femininas como instrumento de indivíduos que, se valendo da necessidade de preenchimento das cotas, cooptam candidatas que não tem efetivo interesse em concorrer, mas que recebem verba do fundo eleitoral para, em seguida, fazerem repasses a outros candidatos. Até mesmo mulheres têm usado esse expediente indevido. Figuras políticas de longa data incentivam a candidatura de outras mulheres, mas acabam ficando com montante expressivo, quase integral, dos recursos do fundo eleitoral, anulando as chances das outras candidatas concorrerem em pé de igualdade, não exatamente com os homens, mas com as próprias mulheres. O presente projeto de lei visa evitar, portanto, a chamada candidatura "laranja", termo empregado para definir alguém que assume uma função ou responsabilidade no papel, mas não na prática. Isso significa dizer que a candidata cede seu nome, com ou sem consentimento, para uso de outra pessoa. O termo, nesses casos, aparece geralmente em investigações policiais sobre fraudes. Por isso, evita-se a candidatura de fachada e estabelece parâmetros para o registro de candidaturas viáveis e competitivas, aquelas em que realmente estão aptas para enfrentar o processo eleitoral de forma genuína, sem máculas e com o legítimo apoio da agremiação. Não se pode mais conceber o ingresso em uma eleição, com o uso de recursos públicos, sem a intenção de concorrer de fato, com objetivos que podem ser irregulares, como desviar dinheiro do fundo eleitoral. Por outro lado, se os partidos não atingem a "cota mínima", também sofrem a sanção de ver todas as candidaturas da agremiação ou coligação serem indeferidas. E nesse caso, mesmo uma mulher teria sua candidatura indeferida. O cenário real não evidencia má fé ou preconceito das lideranças partidárias, mas sim o ainda baixo interesse de mulheres pela vida pública. O PL não culpa ou responsabiliza as mulheres, mas tenta sanar a situação enfrentada pelos partidos a fim de garantir o atendimento da regra eleitoral. Esse quadro se mostra concomitante com as mudanças promovidas na lei eleitoral em 2009 e a instituição da cota mínima por sexo. O que propomos aqui é que os recursos do Fundo Eleitoral sejam distribuídos somente para as candidaturas efetivamente registradas, e que tenham viabilidade eleitoral, para que não haja uma derrama de dinheiro público apenas para o cumprimento de uma regra formal que pode facilitar a fraude. Da mesma forma, o projeto incentiva uma equalização na distribuição destes valores para que as candidatas do partido tenham um tratamento isonômico por sua legenda e para o fim que se evite gasto demasiado de recursos públicos em relação às demais candidaturas. De igual forma, a proposta também prevê que os recursos que extrapolem os limites de doação, consideradas aquelas efetivamente registradas, sejam devolvidos ao erário quando não preenchidas as vagas. Desta forma, inibe-se o uso em candidaturas que muitas vezes são apresentadas apenas para cumprir a cota, garantir o Fundo Eleitoral e não incorrer no risco de cassação da chapa. Por fim, o texto deixa claro o fomento para às candidaturas proporcionais, para que não seja desviado o real propósito do financiamento eleitoral das candidaturas femininas, isto é, para que haja uma ação efetiva para o engajamento das mulheres na política, e não sejam elas utilizadas como "coringa" para o preenchimento de chapas majoritárias com o único propósito de se aproveitar dos recursos a que elas têm disponível em razão do seu gênero. Além disso, é importante salientar que a Emenda Constitucional n. 97 criou a cláusula de desempenho e vedou coligações partidárias nas eleições proporcionais, estabelecendo normas sobre o acesso dos partidos políticos para a obtenção de recursos do fundo partidário e tempo de propaganda gratuito no rádio e na televisão. A aludida mudança constitucional almejou a redução na participação no fundo partidário e o acesso ao tempo de propaganda política de agremiações partidárias com baixo desempenho eleitoral e pouco índice de representatividade. Neste diapasão, o projeto também define de forma clara que a responsabilidade sobre a manipulação

> e controle sobre estes recursos recai sobre a esfera partidária que escolhe, lança e remete tais recursos públicos às candidaturas, não sendo solidárias as demais esferas partidárias que sequer sabem ou têm conhecimento sobre a viabilidade eleitoral de tais candidaturas apenas por repassarem as verbas às instâncias inferiores. No que tange à reserva do percentual mínimo de 15% (quinze por cento) no Poder Legislativo para mulheres foram pensadas como um instrumento para aumentar o número de eleitas, o que nasce com o compromisso de promoção da igualdade de gênero firmado na Conferência de Beijing de 1995 (IV Conferência Mundial sobre a Mulher) e podemos pensar nas cotas de gênero na política como medidas afirmativas de reserva de espaços ou recursos para a promoção da eleição de mulheres. O histórico da atuação política das mulheres brasileiras, apesar da proeminência de líderes políticas importantes há décadas, sempre foi deficitário. Nunca houve grandes possibilidades de que os interesses das mulheres, por mais diversos que fossem, tivessem importância central no projeto de país. Isso é resultado de uma desigualdade na condução da vida política, nas barreiras que impedem que mulheres tenham importância na tomada de decisões. Os espaços que organizam as possibilidades, os recursos e as decisões políticas. Diante disso, o Projeto visa promover mudanças na política institucional. Mais mulheres precisam incidir sobre candidaturas, e, assim, fazer valer seus interesses nos espaços decisórios do país. Garantir candidaturas femininas e que os recursos do Fundo Eleitoral sejam usados de maneira eficaz, evitar fraudes, zelar pela lisura do processo eleitoral e o fortalecimento dos partidos políticos são os principais objetivos da proposição. Nesse caminho, o Legislativo cumpre seu papel e firma entendimento, já exposto em decisão do Judiciário, indicando um percentual proporcional de destinação do Fundo Eleitoral de Financiamento de Campanha para candidaturas de cada sexo. O presente Projeto de Lei busca afastar entendimentos equivocados, garantindo que os partidos mantenham a busca por candidaturas de cada sexo, mas que não sejam penalizados pelo quadro político que se apresentar em cada pleito. Com isso, a autonomia partidária e a busca por igualdade ficam asseguradas

No mesmo sentido, foi proposto também no Senado Federal, o Projeto de Lei n. 763/2021 com alteração na Lei n. 4.737/65 (Código Eleitoral) para "reserva de, ao menos, trinta por cento das cadeiras de

Deputado Federal, Deputado Estadual, Deputado Distrital e Vereador para as mulheres e reservar, quando da renovação de dois terços do Senado Federal, uma vaga para candidaturas femininas."

Feitas essas observações, conclui-se que as leis eleitorais (ainda que precisem de aprimoramentos), assim como a todo o ordenamento jurídico, cumprem, nomeadamente, a importante função de equalizar esta crônica disfunção referente à participação da mulher em toda a política brasileira, reduzindo a extrema distância existente entre homens e mulheres neste cenário, a começar pelo combate da violência estrutural existente nos espaços políticos, ainda que de forma sutil, que tendencialmente inibe o progresso neste sentido.

2

ASPECTOS CÍVEIS DO DIREITO ELEITORAL COM PERSPECTIVA DE GÊNERO

2.1. DIREITOS POLÍTICOS

Os direitos políticos são um conjunto de regras previstas na Constituição e que dizem respeito ao processo de formação da vontade popular, concretizada por meio do direito ao sufrágio, em suas variadas formas, ou seja, por meio do voto, do plebiscito, do referendo e da iniciativa popular. Trata-se, portanto, do conjunto de direitos que o cidadão tem em participar da vida política de seu país, sendo variável de acordo com o regime político e sistema eleitoral vigente.

No ordenamento jurídico brasileiro, os direitos políticos encontram fundamento no art. 1°, parágrafo único, da Constituição de 1988, segundo o qual "Todo o poder emana do povo, que o exerce por meio de representantes eleitos ou diretamente, nos termos desta Constituição", com especificações subsequentes nos artigos 14 (que estabelece, como princípio da participação na vida política nacional, o sufrágio universal e traz disposições sobre a capacidade eleitoral, a ação de impugnação de mandato eletivo e a respeito de consultas populares concomitantes às eleições municipais, estas últimas acrescentadas pela Emenda Constitucional n. 111/2021), 15 (trata dos casos de suspensão dos direitos políticos) e 16 (dispõe sobre a anterioridade de lei que altere o processo eleitoral). Destaque-se, ademais, que o voto direto, secreto, universal e periódico não pode ser objeto de deliberação à proposta de emenda objetivando sua abolição, constituindo-se, assim, em cláusula pétrea (art. 60, § 4º, II, da Constituição Federal).

No âmbito infraconstitucional, as Leis n. 4.737/65 (Código Eleitoral brasileiro), n. 9.096/95 (dispõe sobre partidos políticos), n. 9.504/97 (Lei das Eleições), n. 9.709/98 (regulamenta a execução de plebiscitos, referendos e iniciativa popular) e Leis Complementares n. 64/90 (Lei das Inelegibilidades) e n. 135/2010 (Lei da Ficha Limpa) trazem diversas disposições sobre os direitos políticos.

2.2. CAPACIDADE ELEITORAL

Trata-se de um conceito que engloba a garantia do cidadão ao direito de votar em eleições e consultas populares, bem como propor ação popular (capacidade eleitoral ativa) e o direito público subjetivo de ser votado para cargos eletivos, o que é avaliado no momento do registro da candidatura (capacidade eleitoral passiva). Os direitos políticos, como se verificou, foram uma conquista tardia para as mulheres, se perfectibilizando no Brasil apenas em 1932, muito embora somente com a Constituição de 1988 ele tenha se tornado um direito universal, já que até então muitas mulheres eram impedidas de votar pela via reflexa do analfabetismo. Já o direito das mulheres de serem eleitas, apesar de assegurado legal e constitucionalmente, encontra barreiras de diversas ordens no sistema eleitoral brasileiro.

O Tribunal Superior Eleitoral conceitua elegibilidade como sendo "a capacidade de ser eleito, a qualidade de uma pessoa que é elegível nas condições permitidas pela legislação". Considera, assim, a elegibilidade como "o direito do cidadão de ser escolhido mediante votação direta ou indireta para representante do povo ou da comunidade, segundo as condições estabelecidas pela Constituição e pela legislação eleitoral"[1]. Dessa forma, as condições de elegibilidade são fixadas na

1. Cf. http://www.tse.jus.br/eleitor/glossario/termos-iniciados-com-a-letra-e. Acesso em: 12 jun. 2023.

Constituição ou em leis autorizadoras da candidatura, como é o caso da nacionalidade brasileira, do pleno exercício dos direitos políticos, do alistamento eleitoral, do domicílio eleitoral na circunscrição, da filiação partidária e da idade mínima para o cargo.

Por outro lado, além de preencher os requisitos de elegibilidade, o/a candidato/a, para ter seu registro de candidatura deferido, não pode incorrer em nenhuma das causas de inelegibilidade, que dizem respeito aos impedimentos que restringem a capacidade eleitoral passiva e podem ser relativas, quando referentes a cargos específicos, decorrendo de razões funcionais e de parentesco, ou absolutas, para quaisquer cargos. Podem ter natureza Constitucional (art. 14, §§ 4º ao 7º) ou infraconstitucional (LC n. 64/90).

Neste ponto, a Constituição Federal considera inelegíveis os inalistáveis e os analfabetos; para os mesmos cargos, no período subsequente, o/a Presidente/a da República, os/as Governadores/as de Estado e do Distrito Federal, os/as Prefeitos/as e quem os houver sucedido, ou substituído nos seis meses anteriores ao pleito; o/a Presidente/a da República, os/as Governadores de Estado e do Distrito Federal, os/as Prefeitos/as e quem os houver sucedido, ou substituído no curso dos mandatos poderão ser reeleitos para um único período subsequente; e no território de jurisdição do titular, o cônjuge e os parentes consanguíneos ou afins, até o segundo grau ou por adoção, do/a Presidente/a da República, de Governador/a de Estado ou Território, do Distrito Federal, de Prefeito/a ou de quem os haja substituído dentro dos seis meses anteriores ao pleito, salvo se já titular de mandato eletivo e candidato/a à reeleição.

No âmbito infraconstitucional, a LC n. 64/90, com as alterações trazidas pela LC n. 135/2021, estabelece diversos casos de inelegibilidade, que serão estudados de forma específica em item seguinte, podendo ter origem em fatos pessoais, em motivos funcionais e por força da prática de determinadas condutas, e têm como finalidade a proteção da probidade administrativa e a moralidade para desempenho do mandato eletivo e a lisura do processo eleitoral, que deve ser realizado de forma a evitar abuso do poder econômico, corrupção ou fraude. Por muitos anos, como se observou, o gênero esteve incluído neste rol de inelegibilidades, realidade esta que foi modificada após um forte contexto de movimentos sociais e feministas em prol da igualdade e que hoje encontram na Constituição Federal uma fonte de garantia contra a desigualdade, ao menos sob sua dimensão formal.

Ademais, além de preencher as condições de elegibilidade, não incorrer em causas de inelegibilidade, os candidatos e candidatas devem proceder à desincompatibilização, que é o ato de se afastar de um determinado cargo ou função cujo desempenho dentro do prazo previsto em lei possa gerar inelegibilidade[2].

A rigor, as condições de elegibilidade, as causas de inelegibilidade e a desincompatibilização devem ser consideradas na ocasião da formalização do registro de candidatura, tendo o Tribunal Superior Eleitoral evoluído sua jurisprudência para o fim de considerar que "as alterações fáticas ou jurídicas supervenientes ao registro que beneficiem o/a candidato/a, nos termos da parte final do art. 11, § 10, da Lei nº 9.504/97, também devem ser admitidas para as condições de elegibilidade" (Súmula 43).

2.3. CÓDIGO ELEITORAL

O Código Eleitoral, que é a Lei Ordinária n. 4.737/65, contém normas destinadas a assegurar a organização e o exercício de direitos políticos precipuamente os de votar e ser votado. Está dividido em cinco partes, nas quais trata dos órgãos da Justiça Eleitoral, do alistamento, das eleições e de disposições várias, tais como garantias eleitorais, propaganda partidária, recursos e disposições penais, relativas aos crimes eleitorais. Esta lei autoriza, no parágrafo único do art. 1º e no inciso IX, do art. 23, "o Tribunal Superior Eleitoral a expedir instruções para a sua fiel execução"[3].

Apesar de ser sob seu enfoque criminal as mais recentes e relevantes atualizações do Código Eleitoral, sobretudo por força do recém-incluído

---

2. Cf. https://www.tse.jus.br/servicos-eleitorais/glossario/termos-iniciados-com-a-letra-d. Acesso em: 12 jun. 2023.
3. Disponível em: https://www.tse.jus.br/servicos-eleitorais/glossario/termos-iniciados-com-a-letra-c. Acesso em: 12 jun. 2023.

art. 326-B, que trata do crime de violência política de gênero, o que será tratado na terceira parte desta obra, há que ser ressaltada a importância dessa legislação, principalmente pelo fato de ter sido através do Código Eleitoral de 1932, editado pelo Decreto 21.076, que os direitos políticos femininos foram introduzidos no ordenamento jurídico brasileiro. Foi por meio do seu art. 2º que se estabeleceu ser "eleitor o cidadão maior de 21 anos, sem distinção de sexo, alistado na forma deste Código", muito embora a participação efetiva das mulheres como eleitoras e como candidatas na política tenha ocorrido apenas no ano seguinte, em 1933, na eleição da Assembleia Nacional Constituinte. Na segunda Constituição da República, em 1934, os direitos políticos das mulheres foram elevados ao nível constitucional, embora somente em 1965 que a concretização da igualdade de fato foi realizada com a edição do novo Código Eleitoral (Lei 4.737/65)[4].

Atualmente, há o Projeto de Lei n. 5.250/2019, apensado ao PL 7.539/2014, que visa acrescentar parágrafo ao art. 83 do Código Eleitoral para determinar, assegurada a paridade de gênero, a disputa por candidatos do mesmo sexo a cada uma das vagas nas eleições para o Senado Federal, quando de sua renovação por dois terços e pendente de análise pela Comissão de Constituição e Justiça e de Cidadania (CCJC) da Câmara dos Deputados.

Apesar dos diversos regramentos encontrados no Código Eleitoral em vigência, é na Lei das Eleições (Lei n. 9.504/97) e na Lei dos Partidos Políticos (Lei n. 9.096/95), a serem analisadas na sequência, que se encontram a maior parte das normas de natureza cível que atualmente impactam na perspectiva de gênero das eleições.

2.4. LEI DAS ELEIÇÕES

A Lei n. 9.504/97, também denominada Lei das Eleições, estabelece algumas regras para regular o registro de candidatura dos/as candidatos/as, as campanhas e propagandas eleitorais, bem como as

4. Disponível em: https://www.tre-pr.jus.br/comunicacao/noticias/2023/Fevereiro/aniversario-do-codigo-eleitoral-de-1932-e-dia-da-conquista-do-voto-feminino. Acesso em: 12 jun. 2023.

coligações partidárias e outros regramentos, tendo aspectos de grande relevância para a perspectiva de gênero, como é o caso do art. 10, §3°, no qual "do número de vagas resultante das regras previstas neste artigo, cada partido ou coligação preencherá o mínimo de 30% (trinta por cento) e o máximo de 70% (setenta por cento) para candidaturas de cada sexo". A propósito, a expressão "sexo" da lei "refere-se ao gênero e não ao sexo biológico", consoante decisão do Tribunal Superior Eleitoral. Com isso, candidatos/as transexuais e transgêneros podem concorrer às eleições ocupando a vaga reservada ao gênero com o qual se identificam e utilizando o nome social (nome pelo qual a pessoa deseja ser chamada) tanto nas eleições proporcionais quanto nas majoritárias[5]. Esta obrigatoriedade, todavia, foi introduzida apenas em 2009, por meio da Lei n. 12.034, já que a redação original utilizava o verbo "deverá reservar" ao invés do "preencherá", atualmente empregado. Apesar de ressalvar um percentual mínimo para "cada sexo" e aplicar-se de forma indistinta a cada um eles, a norma acaba por beneficiar as candidatas mulheres, devido a expressiva discrepância entre o número de homens e mulheres eleitas.

A propósito do tema, para Vera Taberti, o percentual de vaga por sexo deve observar as candidaturas efetivamente lançadas, e não o número total de vagas cujo registro é assegurado por lei. Em relação à reserva de vagas, "qualquer fração resultante será igualada a um cálculo do percentual mínimo estabelecido para um dos gêneros e desprezada no cálculo das vagas resultantes para o outro" (art. 17, §3º, da Res.-TSE n. 23.609/19). E o percentual de vagas por sexo deve ser igualmente observado no caso de vagas remanescentes ou de candidatos substitutos (art. 17, §4º, da Res.-TSE n. 23.609/19). A propósito, cumpre aqui salientar que foram acrescentados o § 3º-A, no referido art. 17, da Res. TSE n. 23.609/19 (por meio da Res. TSE n. 23.729/24), estabelecendo que "O partido ou a federação que disputar eleição proporcional deverá apresentar lista com ao menos uma candidatura feminina e uma masculina para cumprimento da obrigação legal do

5. Cf. CONSULTA N. 0604054-58.2017.6.00.0000 – DISTRITO FEDERAL, Rel. Tarcísio Vieira de Carvalho Neto, Disponível em: https://www.conjur.com.br/dl/voto-tarcisio-transgeneros.pdf. Acesso em: 21 ago. 2023.

percentual mínimo de candidatura por gênero" e o § 4º-A, "No caso de federação, o disposto nos §§ 2º, 3º e 4º deste artigo aplica-se à lista de candidaturas globalmente considerada e às indicações feitas por partido para compor a lista".

Ainda, lembra novamente a autora que a expressão "sexo", contida no §3º do art. 10 da Lei das Eleições se refere ao gênero (e não ao sexo biológico), o que possibilita que tanto os homens quanto mulheres transexuais, travestis etc., possam ser contabilizados nas candidaturas masculinas e femininas (TSE- Consulta n. 60405458/DF-j. 01.03.2018-DJe 03.04.2018). Deverá será considerado o gênero declarado no registro de candidatura, ainda que dissonante do Cadastro Eleitoral (Resolução TSE n. 23.609/19, art. 17, §5º). Por fim, menciona que, em decisão tomada pelo Plenário do Tribunal Superior Eleitoral - TSE, durante a Consulta n. 0600251-91, formulada pelos Partido Comunista do Brasil (PC do B), Partido Trabalhista (PT) e Partido Verde (PV), foi decidido que o percentual mínimo de candidaturas para cada gênero deverá ser observado tanto pela federação quanto pelos partidos federados que indicarem nome para compor a lista de candidaturas às eleições proporcionais[6].

A despeito da regulamentação, todavia, conforme já repisado na presente obra em quase todos os capítulos, a realidade prática vem apresentando uma séria distorção aos fins da lei, consistente no registro de candidatura por diversos partidos e coligações de "candidatas laranjas", cuja única finalidade é cumprir o percentual previsto em lei. E tal fato tem despertado um olhar criterioso da jurisprudência, que tem se consolidado pelo reconhecimento da fraude com a consequente cassação de todos os diplomas expedidos pelo respectivo partido político, conforme se verifica do seguinte julgado:

> RECURSO. ELEIÇÕES 2020. AÇÃO DE IMPUGNAÇÃO DE MANDATO ELETIVO - AIME. COTA DE GÊNERO. LEIS N. 9.504/97 E N. 12.034/09. CANDIDATURA FEMININA FICTA.

---

6. Cf. TABERTI, Vera Lúcia de Camargo Braga. Da necessidade da Fiscalização das Candidaturas Femininas no Enfrentamento da Violência Política de Gênero. In: SARRUBO, Mario Luiz; ROMANO, Michel Betenjane; LEITÃO, Patrícia de Carvalho; CHAKIAN, Silvia (coord.). **Ministério Público Estratégico: Violência de Gênero**. Indaiatuba: Editora Foco, 2022, p. 212.

JULGAMENTO PARADIGMÁTICO DO TSE. ESTABELECIMENTO DE PARÂMETROS. ZERO VOTO. INEXISTÊNCIA DE GASTOS ELEITORAIS. AUSÊNCIA DE PROPAGANDA. APOIO A OUTRO CANDIDATO QUE DISPUTA O MESMO CARGO. CONJUNTO DE PROVAS ROBUSTAS. CANDIDATA INERTE DURANTE DISPUTA ELEITORAL. FRAUDE CONFIGURADA. NULIDADE DOS VOTOS. CASSAÇÃO DOS DIPLOMAS EXPEDIDOS. RECONTAGEM DO QUOCIENTE ELEITORAL E PARTIDÁRIO. PROVIMENTO DO RECURSO.

1. Recurso contra sentença que julgou improcedente Ação de Impugnação de Mandato Eletivo – AIME, por considerar não haver provas suficientes de que a candidatura do gênero feminino tenha sido ficta (art. 10, § 3º, da Lei n. 9.504/97), com relação ao cargo de vereador, nas eleições 2020.

2. Por meio de imposição legal, buscou-se ampliar a participação feminina no processo político-eleitoral, estabelecendo percentual mínimo de registro de candidaturas femininas em cada pleito. Assim, o § 3º do art. 10 da Lei n. 9.504/97 dispõe que cada partido político preencherá o mínimo de 30% e o máximo de 70% para candidaturas de cada gênero. Porém, foi somente a partir da redação dada pela Lei n. 12.034/09 – "minirreforma eleitoral" – que essa disposição passa a ser aplicada tendo em vista o número de candidaturas "efetivamente" requeridas pelo partido, a fim de garantir ao gênero minoritário a participação na vida política do país.

3. O TSE, em 2019, apreciou caso paradigmático sobre o tema, no qual foram definidos alguns parâmetros à caracterização da fraude: a) pedir votos para outro candidato que dispute o mesmo cargo pelo qual a candidata concorra; b) ausência da realização de gastos eleitorais; c) votação ínfima (geralmente a candidata não possui sequer o próprio voto), nulidade que contamina todos os votos obtidos pela coligação ou partido.

4. Conjunto probatório contundente a indicar a ocorrência da candidatura ficta, pois aos elementos indiciários (votação zerada e inexistência de atos de campanha) somam-se circunstâncias qualificadoras do cenário da fraude (apoio deliberado a outro candidato ao mesmo cargo), formando um acervo robusto de provas a demonstrar que a candidata se manteve inerte durante todo o processo eleitoral, comportando-se como se não disputasse a eleição.

5. Havendo prova suficiente de candidatura feminina fraudulenta no DRAP do partido, é possível afirmar, como consequência, que foi o registro da candidatura feminina que permitiu à agremiação concorrer ao pleito com os seus dois candidatos do sexo masculino, sendo um eleito vereador e o outro primeiro suplente nas eleições de 2020. **Reconhecida a prática fraudulenta à cota de gênero nas eleições proporcionais no município, contaminando a chapa proporcional como um todo. Nulidade dos votos conferidos às candidatas e aos candidatos da legenda partidária. Cassação dos diplomas expedidos (titulares e suplentes), devendo ser realizado o recálculo dos quocientes eleitoral e partidário,** por ser inaplicável à espécie o disposto no art. 175, § 4º, do Código Eleitoral, por força do disposto no art. 198, inc. II, al. "b", da Resolução TSE n. 23.610/19.

6. Provimento.

(Recurso Eleitoral n 060102871, ACÓRDÃO de 10/12/2021, Relator ROGERIO FAVRETO, Publicação: PJE - Processo Judicial Eletrônico-PJE).

Ação direta de inconstitucionalidade. Art. 10, § 3º, da Lei 9.504/1997 c/c art. 22, XIV, da Lei Complementar 64/1990. Consequências pela fraude à cota de gênero. Inelegibilidade dos envolvidos e cassação do registro ou do diploma dos diretamente beneficiados. Pedido de atribuição de interpretação conforme à Constituição. Improcedência do pedido. 1. Rejeição da preliminar arguida pelo Procurador-Geral da República. Se constatada a existência de mais de uma interpretação possível da segunda parte do art. 22, XIV, da LC 64/1990, mostra-se viável, em tese, o emprego das técnicas hermenêuticas em conformidade com a Constituição e da declaração parcial de nulidade sem redução de texto. 2. Segundo os dados disponibilizados pela Inter-Parlamentary Union, em dezembro de 2022, o Brasil ocupava a 129ª (centésima vigésima nona) posição no ranking de mulheres no parlamento do total de 187 (cento e oitenta e sete) países avaliados. 2.1. Na América do Sul, o Brasil, nos termos do relatório divulgado pela Inter-Parlamentary Union, só fica à frente do Paraguai (131º). Se considerarmos a América Central e a América do Norte, só ficamos à frente de Belize (156º), de Antígua e Barbuda (160º) e de Santa Lúcia (160º). 2.2. Os números assustam e revelam que, apesar de uma pequena e gradual evolução nos últimos anos, a participação feminina na política ainda se mostra aquém do desejável, sendo necessário uma atuação mais energética do Estado para atingir melhores níveis de paridade entre os gêneros. 3. A atuação recente deste Supremo Tribunal Federal e do Tribunal Superior Eleitoral consubstanciada em julgamentos proferidos por ambas as Cortes tem sido bastante enfática na necessidade de afastar estigmas históricos, culturais, sociais, profissionais e jurídicos no que diz respeito aos direitos das mulheres. 4. A transposição das disposições constitucionais e legais para o mundo factual não prescinde, na atual conjuntura social, de um arcabouço sancionatório adequado e eficiente que possibilite, ainda que por meio da coerção estatal, a transformação de condutas, em ordem a proporcionar no domínio fenomenológico a igualdade entre homens e mulheres. 5. Em 1997, aprovada a Lei 9.504/1997, que dispunha, no art. 10, § 3º, em sua redação original, sobre a reserva mínima de 30% (trinta por cento) de candidaturas para cada gênero. A prática, contudo, evidenciou a absoluta inefetividade da norma referida. 5.1. À época vigia o caput do art. 10 em sua redação original, que fixava um limite de candidaturas a serem registradas por partido até 150% (cento e cinquenta por cento) do número de vagas em disputa. Havia, assim, um quantitativo absoluto de candidatos por agremiação partidária. Nessa ordem de ideias, aplicando a literalidade do § 3º do art. 10, o Tribunal Superior Eleitoral entendia que, a partir do máximo de postulantes estipulados por lei, 30% (trinta por cento) das vagas potencialmente registradas por cada partido deveriam ser reservadas para determinado gênero, sendo, no entanto, completamente desnecessário o seu preenchimento efetivo. 5.2. Assim, o não preenchimento do número mínimo de candidaturas por gênero trazia consequência nenhuma, desde que houvesse a reserva estabelecida em lei. A inexistência de sanção pelo descumprimento da reserva legal de vagas por gênero tornou a prescrição normativa rigorosamente ineficaz e irrelevante do ponto de vista prático. 6. O art. 10, § 3º, da Lei 9.504/1997 foi alterado pela Lei 12.034/2009, passando a prescrever, em caráter imperativo, que, em eleições proporcionais, cada partido e coligação deve preencher o mínimo de 30% (trinta por cento) e o máximo de 70% (setenta por cento) para candidaturas de cada sexo. Os percentuais fixados em lei passaram a ser cogentes e aferidos de acordo e em conformidade com o número de candidatos efetivamente lançados e registrados por cada partido. 7. Fraudar a cota de gênero – consubstanciada no lançamento fictício de candidaturas femininas, ou seja, são incluídos, na lista de candidatos dos partidos, nomes de mulheres tão somente para preencher o mínimo de 30% (trinta por cento), sem o empreendimento de atos de campanhas, arrecadação de recursos, dentre outros – materializa conduta transgressora da cidadania (CF, art. 1º, II), do pluralismo político (CF, art. 1º, V), da isonomia (CF, art. 5º, I). 8. A perpetração da fraude às cotas permite às agremiações o lançamento de maior número de candidatos, sem o efetivo adimplemento do percentual mínimo estipulado em lei, violando os valores constitucionais acima mencionados e tem efeito drástico e perverso na legitimidade, na normalidade e na lisura das eleições e na formação da vontade do eleitorado (CF, art. 1º, parágrafo único e art. 14, caput, § 9º). 9. O Direito, como instrumento de pacificação social e de transformação de condutas, em absoluto prescinde do uso da força em determinadas circunstâncias previamente estipuladas e por agentes devidamente legitimados. Na verdade, a expectativa de real e efetiva punição se mostra como elemento indispensável para atingir a conduta socialmente desejável. 10. O abrandamento das consequências que advém da fraude à cota de gênero acarretaria um incentivo, por meio de decisão vinculante do Supremo Tribunal Federal, ao descumprimento, sub-reptício, das disposições legais aplicáveis. 11. A interpretação conforme à Constituição postulada, no caso, conflita com a literalidade do dispositivo normativo e subverte a lógica da intenção legislativa, motivo pelo qual também se mostra inadequada, na espécie, ante a necessidade de manutenção da vontade do legislador. 12. Não há falar em violação do princípio da proporcionalidade. Isso porque a interpretação do art. 10, § 3º, da Lei 9.504/1997 c/c art. 22, XIV, da Lei Complementar 64/1990 é: (i) adequada, porquanto apta punir todos os envolvidos nas práticas fraudulentas, bem como extirpar do ordenamento jurídico os efeitos decorrentes dos atos abusivos, mediante a cassação do registro ou do diploma de todos que deles se beneficiaram; (ii) necessária para evitar a contumaz recalcitrância das agremiações partidárias no adimplemento da ação afirmativa (cota de gênero) instituída pelo legislador, de modo a transformar as condutas eleitorais, incentivando, efetivamente, a participação feminina na política; (iii) proporcional em sentido estrito, tendo em vista que, ao contrário do sustentado, não acarreta desestímulo para participação do pleito e incentiva os partidos a fomentarem, a desenvolverem e a integrarem a participação feminina na política. 13. Ação direta de inconstitucionalidade conhecida. Pedido julgado improcedente.

(STF, Tribunal Pleno, ADI 6338/DF, Relatora Ministra Rosa Weber, j. 03.04.2023, DJe-s/n 07.06.2023).

AGRAVO. CONVERSÃO. RECURSO ESPECIAL. ELEIÇÕES 2020. VEREADOR. AÇÃO DE INVESTIGAÇÃO JUDICIAL ELEITORAL (AIJE). AÇÃO DE IMPUGNAÇÃO DE MANDATO ELETIVO (AIME). FRAUDE. COTA DE GÊNERO. ART. 10, § 3º, DA LEI 9.504/97. CANDIDATURA FICTÍCIA. PROVAS ROBUSTAS. VOTAÇÃO ÍNFIMA. MOVIMENTAÇÃO FINANCEIRA INEXPRESSIVA. INEXISTÊNCIA DE ATOS EFETIVOS DE CAMPANHA. NEGATIVA DE PROVIMENTO.

1. Recursos especiais interpostos contra aresto unânime do TRE/RJ, que, em julgamento conjunto, manteve a procedência dos pedidos em Ação de Investigação Judicial Eleitoral (AIJE) e em Ação de Impugnação de Mandato Eletivo (AIME) por prática de fraude no lançamento de uma candidatura feminina do Partido Liberal (PL) de Silva Jardim/RJ nas Eleições 2020, declarando a nulidade dos votos atribuídos a todos os candidatos registrados pela legenda, a inelegibilidade da candidata fictícia e a cassação dos mandatos dos eleitos, ora recorrentes.

2. Não se vislumbra ofensa ao art. 1.022 do CPC/2015, pois o TRE/RJ se manifestou sobre todas as teses defensivas, concluindo que, ao contrário do que se alega, há provas robustas da prática de fraude à cota de gênero.

3. De acordo com o entendimento desta Corte, a fraude à cota de gênero deve ser aferida caso a caso, a partir das circunstâncias fáticas de cada hipótese, sobretudo levando-se em conta aspectos como falta de votos ou votação ínfima, inexistência de atos efetivos de campanha, prestações de contas zeradas ou notoriamente padronizadas entre as candidatas, entre outros, de modo a transparecer o objetivo de burlar o mínimo de isonomia entre homens e mulheres que o legislador pretendeu assegurar no art. 10, § 3º, da Lei 9.504/97.

4. Na espécie, a somatória dos elementos contidos no aresto *a quo* permite concluir que a candidatura teve como único fim burlar

a regra do art. 10, § 3º, da Lei 9.504/97: (a) votação ínfima, pois a candidata obteve apenas quatro votos; (b) movimentação inexpressiva de recursos, consistente em doação de verbas estimáveis no valor de R$ 28,50; (c) ausência de atos efetivos de campanha; (d) realização de propaganda em favor de outro candidato.

5. A modificação dessas premissas demandaria reexame de fatos e provas, providência inviável em sede extraordinária, conforme a Súmula 24/TSE.

6. Recursos especiais a que se nega provimento.

(TSE, AREspEl 0600035-44.2021.6.19.0063/RJ, Relator Ministro Benedito Gonçalves, j. 25.04.2023, DJe, tomo 85, 09.05.2023).

ELEIÇÕES 2020. RECURSO ESPECIAL. AÇÃO DE IMPUGNAÇÃO DE MANDATO ELETIVO. FRAUDE À COTA DE GÊNERO. ART. 10, § 3º, DA LEI 9.504/97. CANDIDATURA FICTÍCIA. CARACTERIZAÇÃO.

[...]

6. Constam do voto condutor do aresto regional as seguintes premissas fáticas: i) a candidata não realizou gastos eleitorais; ii) não constam postagens mencionando a sua candidatura nas redes sociais; iii) embora tenha obtido três votos, em três seções eleitorais distintas, nenhum voto foi computado para ela na sessão eleitoral em que votou, demonstrando não ter a candidata votado em si mesma.

7. A partir do *leading case* de Jacobina/BA (Agravo Regimental no Agravo em Recurso Especial 0600651–94, red. para o acórdão Min. Alexandre de Moraes, DJE de 30.6.2022), a jurisprudência deste Tribunal tem reiteradamente assentado que "a obtenção de votação zerada ou pífia das candidatas, a prestação de contas com idêntica movimentação financeira e a ausência de atos efetivos de campanha são suficientes para evidenciar o propósito de burlar o cumprimento da norma que estabelece a cota de gênero, quando ausentes elementos que indiquem se tratar de desistência tácita da competição" (REspEl 0600001–24, rel. Min. Carlos Horbach, DJE de 13.9.2022). Na mesma linha: REspEl 0600239–73, rel. Min. Alexandre de Moraes, DJE de 25.8.2022; AgR–REspEl 0600446–51, rel. Min. Benedito Gonçalves, DJE de 15.8.2022.

8. Verifica-se que a conclusão do Tribunal Regional Eleitoral do Maranhão, ao julgar improcedente a ação de impugnação de

mandato eletivo, está em desacordo com a jurisprudência desta Corte Superior, haja vista a presença na espécie de elementos que permitem concluir pela fraude no lançamento de candidatura feminina, de modo a caracterizar a arguida ofensa ao art. 10, § 3º, da Lei 9.504/97.

9. Na linha de julgados do Tribunal Superior Eleitoral, uma vez verificada a fraude ao art. 10, § 3º, da Lei 9.504/97, devem ser desconstituídos o DRAP da coligação ou do partido e os mandatos a ele vinculados, declarada a nulidade dos votos recebidos pelas candidaturas, determinado o recálculo dos quocientes eleitoral e partidário e observados os limites processuais, eventualmente declarada a inelegibilidade do autor e de todos aqueles que tenham contribuído para a prática do ilícito.

10. Na espécie, por se tratar de ação de impugnação de mandato eletivo, é inviável a declaração da inelegibilidade, sem prejuízo de futuro exame em sede de registro de candidatura. Precedente.

CONCLUSÃO

Agravo interno a que se nega provimento.

Recurso especial eleitoral a que se dá provimento, com determinação.

(TSE, REspEl 0600580-39.2020.6.10.0051/MA, Relator Ministro Sergio Silveira Banhos, j. 20.04.2023, DJe, tomo 83, 05.05.2023).

ELEIÇÕES 2020. AGRAVO REGIMENTAL. AGRAVO. RECURSO ESPECIAL. AÇÃO DE IMPUGNAÇÃO DE MANDATO ELETIVO (AIME). FRAUDE À COTA DE GÊNERO. ART. 10, § 3º, DA LEI N. 9.504/97. CANDIDATURA FEMININA FICTÍCIA. DECISÃO AGRAVADA. SÚMULAS N. 28, 24 E 30/TSE. FUNDAMENTOS NÃO INFIRMADOS. SÚMULA N. 26/TSE. DESPROVIMENTO.

1. [...]

2. Ainda que fosse possível superar o óbice processual, as circunstâncias fáticas delineadas no acórdão recorrido - i) quantidade inexpressiva de votos, visto que uma das candidatas teve votação zerada; ii) pífia movimentação financeira de campanha; iii) ausência de atos de campanha e de comparecimento em eventos político-partidários; iv) empenho dos respectivos cônjuges na campanha de

outros candidatos; e v) contradição entre os depoimentos pessoais das candidatas e das testemunhas - são indícios bastantes para a constatação da fraude à cota de gênero, na linha da orientação firmada pelo TSE no AgRREspEl n. 0600651-94/BA. Incidência da Súmula n. 30/TSE.

3. O agravo interno fundado essencialmente na inexistência de prova robusta da fraude ostenta notória pretensão de revolvimento do caderno fático-probatório dos autos, providência vedada nas instâncias extraordinárias, a teor da Súmula n. 24/TSE.

4. Agravo regimental desprovido.

(TSE, ARESPE 0600531-64.2020.6.16.0169/PR, Relator Ministro Carlos Horbach, j. 20.04.2023, DJe, tomo 99, 22.05.2023, página 470-471).

ELEIÇÕES 2020. RECURSO ESPECIAL ELEITORAL. AÇÃO DE INVESTIGAÇÃO JUDICIAL ELEITORAL – AIJE. FRAUDE À COTA DE GÊNERO. § 3º DO ART. 10 DA LEI N. 9.504/1997. IMPROCEDÊNCIA NA ORIGEM. DESCONFORMIDADE DA DECISÃO RECORRIDA COM A JURISPRUDÊNCIA DO TRIBUNAL SUPERIOR ELEITORAL. ELEMENTOS PROBATÓRIOS SUFICIENTES PARA CARACTERIZAÇÃO DA FRAUDE. POSSIBILIDADE DE REVALORAÇÃO. RECURSO ESPECIAL PROVIDO.

[...]

3. *Pela jurisprudência do Tribunal Superior Eleitoral, a comprovação da concomitância de a) votação zerada ou inexpressiva, b) não realização de atos de campanha em benefício próprio, c) ausência de movimentação financeira relevante ou prestação de contas zerada e d) divulgação ou promoção da candidatura de terceiros é suficiente para a caracterização de fraude à cota de gênero.*

4. Recurso especial provido para julgar procedente o pedido formulado na Ação de Investigação Judicial Eleitoral – AIJE determinando: a) a cassação dos candidatos vinculados ao Demonstrativo de Regularidade de Atos Partidários – DRAP do Diretório Municipal do Partido Cidadania de Indiaroba/Sergipe; b) a declaração de inelegibilidade de Leilane Ramos Messias e Silvia Larissa Santos da Silva; c) nulidade dos votos obtidos pelas chapas proporcionais, com o recálculo dos votos dos quocientes eleitoral e partidário, como estabelece o art. 222 do Código

Eleitoral; d) cumprimento imediato da decisão, independentemente de publicação do acórdão.

(TSE, REspEl 0600617-97.2020.6.25.0035/SE, Relatora Ministra Cármen Lúcia, j. 22.06.2023, DJe, tomo 136, 30.06.2023).

ELEIÇÕES 2020. AGRAVO INTERNO EM AGRAVO EM RECURSO ESPECIAL. AIJE. VEREADOR. FRAUDE NA COTA DE GÊNERO. ART. 10, § 3º, DA LEI N. 9.504/1997. PROCEDÊNCIA NAS INSTÂNCIAS ORDINÁRIAS. FRAUDE COMPROVADA. PERDA DO MANDATO DOS ELEITOS. INCIDÊNCIA DO ENUNCIADO SUMULAR N. 30 DO TSE. AGRAVO INTERNO QUE NÃO APRESENTA ARGUMENTOS APTOS A COMBATER OS FUNDAMENTOS DA DECISÃO AGRAVADA. NEGADO PROVIMENTO AO AGRAVO INTERNO.

1. Este Tribunal, ao julgar diversos casos de fraude na cota de gênero, vem reafirmando o entendimento de que são elementos caracterizadores da candidatura fictícia, entre outros, a votação zerada, a ausência de gastos e a realização de atos de campanha para outro candidato. No caso, além desses elementos estarem presentes, consta do acórdão transcrição de diálogos entre a candidata e o dirigente partidário que revelam claramente que a candidatura em questão foi lançada apenas para que o partido cumprisse a determinação do art. 10, § 3º, da Lei n. 9.504/1997.

2. É entendimento desta Corte que, comprovada a fraude, compromete-se a disputa e, por isso, todos os candidatos a cargo proporcional vinculados ao DRAP, eleitos ou não, ainda que não comprovada sua participação ou anuência com a conduta, devem ser cassados, bem como devem ser anulados todos os votos recebidos pelos candidatos e pelo partido. Isso porque decisão em sentido contrário não teria efeito prático apto a coibir a fraude. Precedente.

3. Alicerçada a decisão combatida em fundamentos idôneos, não merece ser provido o agravo interno, tendo em vista a ausência de argumentos hábeis a modificá-la.

4. Negado provimento ao agravo interno.

(TSE, AREspEl 0600785-30.2020.6.19.0112/RJ, Relator Ministro Raul Araújo Filho, j. 01.06.2023, DJe, tomo 120, 13.06.2023).

> ELEIÇÕES 2020. AGRAVO INTERNO EM RECURSO ESPECIAL. AIME. VEREADOR. COTA DE GÊNERO. FRAUDE. ART. 10, § 3º, DA LEI N. 9.504/1997. ELEMENTOS EVIDENCIADOS DAS PREMISSAS FÁTICAS DO ACÓRDÃO REGIONAL. REVALORAÇÃO DA PROVA. POSSIBILIDADE. CONFIGURAÇÃO DO ILÍCITO. NEGADO PROVIMENTO AO AGRAVO INTERNO.
>
> 1. Na decisão agravada, deu-se provimento ao recurso especial interposto pelo MPE, reformando-se o acórdão regional, para: (a) declarar a nulidade dos votos recebidos pelo partido político; (b) cassar o DRAP, com a recontagem do cálculo dos quocientes eleitoral e partidário (art. 222 do CE); e (c) cassar o diploma dos candidatos vinculados à legenda e o mandato dos que foram eleitos.
>
> 2. Nos termos da jurisprudência deste Tribunal, é possível que seja feito o reenquadramento jurídico dos fatos, tal como ocorrido na espécie, em que foram considerados todos os elementos que constam da moldura fática delimitada pela Corte local nos arestos regionais. Precedente.
>
> 3. O elemento subjetivo consistente no conluio entre as candidatas laranjas e o partido político não integra os requisitos essenciais à configuração da fraude na cota de gênero.
>
> 4. Da moldura fática do acórdão regional, extraem-se as seguintes circunstâncias que, por si sós, bastam para que se revele a prática de fraude na cota de gênero, consoante sinalizado por este Tribunal Superior. São elas: (a) votação zerada; (b) ausência de movimentação financeira; (c) ausência de atos de campanha a seu favor. Precedentes.
>
> 5. Mantém-se a decisão combatida por seus próprios fundamentos, porquanto se baseou nos recentes precedentes desta Corte Superior acerca da matéria, em que foram fixadas novas balizas quanto à caracterização da fraude na cota de gênero.
>
> 6. Negado provimento ao agravo interno.
>
> (TSE, REspEl 0600564-34.2020.6.12.0050/MS, Relator Ministro Raul Araújo Filho, j. 14.02.2023, DJe, tomo 24, 24.02.2023).

A configuração da fraude, entretanto, depende de provas robustas e uma análise criteriosa da conduta partidária, a fim de não se restringir, de forma indevida, o exercício dos direitos políticos. Por isso, meras presunções não são consideradas para tal finalidade, devendo-se levar em conta uma série de fatores que demonstrem, de forma categórica, a prática fraudulenta, na qual se pode incluir a existência de votação zerada ou inexpressiva, ausência de movimentação de recursos na campanha, não prestação de contas ou prestação de contas "zerada" (ou "maquiagem contábil"), ausência de participação da candidata em atos de campanha, comunicação de desistência de candidatura feminina em tempo hábil para substituição seguida de inércia do partido, parentesco com outros/as candidatos/as para o mesmo cargo, impossibilidade de efetiva participação na campanha, desinteresse da candidata na corrida eleitoral[7].

O conteúdo teleológico da referida norma entabulada no art. 10, §3°, é estabelecer um equilíbrio mínimo entre o número de candidaturas masculinas e femininas. Trata-se da implementação de ação afirmativa com o fim claro de fomentar a participação política das mulheres, sendo firme o entendimento do Tribunal Superior Eleitoral no sentido da obrigatoriedade da norma, restando configurada a fraude pela indiferença do partido político aos seus fins. Apesar disso, os Tribunais têm exigido uma comprovação robusta desta burla à lei, preservando-se o direito ao sufrágio em caso de dúvidas sobre a fraude, conforme se extrai das seguintes decisões:

> RECURSO. ELEIÇÕES 2020. AÇÃO DE INVESTIGAÇÃO JUDICIAL ELEITORAL. AIJE. IMPROCEDENTE. TEMPESTIVIDADE DO APELO. COTAS DE GÊNERO. CANDIDATURA FEMININA FICTÍCIA. NÃO COMPROVADA. EXIGÊNCIA DE PROVA ROBUSTA DA FRAUDE ELEITORAL. PRÁTICA DE ATOS DE CAMPANHA. A INEFICIÊNCIA ELEITORAL NÃO DENOTA ARTIFICIALIDADE DA CANDIDATURA. DESPROVIMENTO.
>
> (...)
>
> 5. Na hipótese, demonstrado pelo acervo probatório que a candidata verdadeiramente buscou votos, ainda que de forma incipiente e não exitosa, não servindo seu registro exclusivamente como simulacro

7. Conforme sugere o Ministério Público Federal em: https://www.mpf.mp.br/prees/noticias/cota-de-genero-na-politica-saiba-como-identificar-possiveis-fraudes-e-denuncie.

de candidatura. Prática de atos de campanha, inclusive comprovada pelos próprios recorrentes, os quais trouxeram diversos prints de propagandas veiculadas pela candidata nas redes sociais (Facebook), nos quais apresenta programas que pretendia realizar caso fosse eleita, bem como seus "santinhos", pedindo expressamente voto para o cargo de vereadora. O fato de a candidata haver obtido apenas um voto não denota a artificialidade da candidatura, diante das peculiaridades do caso concreto. A ineficiência eleitoral relatada não é destoante da incipiente carreira política da candidata.

6. A jurisprudência deste Regional é consolidada no sentido de que circunstâncias como as candidatas alcançarem pequena quantidade de votos, não realizarem propaganda eleitoral, ou, ainda, oferecerem renúncia no curso das campanhas, por si sós, não são suficientes para caracterizar burla ou fraude à norma, sob pena de restringir-se o exercício de direitos políticos com base em mera presunção. Para o severo juízo de cassação da votação de todo o partido em um determinado município, é necessária prova robusta e inconteste da prática da fraude eleitoral, sob pena de afronta ao princípio *in dubio pro suffragium.*

7. Provimento negado.

(Recurso Eleitoral n 060031773, ACÓRDÃO de 09/12/2021, Relator AMADEO HENRIQUE RAMELLA BUTTELLI, Publicação: PJE - Processo Judicial Eletrônico-PJE).

RECURSO. ELEIÇÕES 2020. AÇÃO DE INVESTIGAÇÃO JUDICIAL ELEITORAL - AIJE. QUOTA DE GÊNERO. SUPOSTA CANDIDATURA FRAUDULENTA. IMPROCEDÊNCIA. CONHECIDA PROVA NOVA ACOSTADA EM SEGUNDA INSTÂNCIA. INACESSÍVEL NO TEMPO PRÓPRIO. POSSIBILIDADE. OPORTUNIZADO O CONTRADITÓRIO. FALTA DE DEDICAÇÃO À CAMPANHA. JUSTIFICATIVA. INTERNAÇÃO HOSPITALAR DA GENITORA. ATESTADO MÉDICO. PROVAS DA REALIZAÇÃO DE CAMPANHA ELEITORAL. MODESTO EMPREGO DE RECURSOS NÃO CONFIGURA CANDIDATURA FRAUDULENTA. APRESENTAÇÃO DE PRESTAÇÃO DE CONTAS. MANUTENÇÃO DA SENTENÇA. DESPROVIMENTO.

(...)

5. A Corte Superior consolidou a sua orientação no sentido de que, apesar do importante papel da Justiça Eleitoral na apuração de condutas que objetivam burlar o sistema previsto no art. 10, § 3º, da Lei n. 9.504/97, a prova da fraude à cota de gênero deve ser robusta e levar em conta a soma das circunstâncias do caso a denotar o inequívoco fim de mitigar a isonomia entre homens e mulheres que o legislador pretendeu garantir (AgR-REspe n. 799–14/SP, Rel. Min. Jorge Mussi, DJe de 27.6.2019; e RESPE 060203374/PI, Rel. Min. Tarcísio Vieira de Carvalho Neto, DJE de 02.12.2020). No mesmo sentido, jurisprudência desta Corte.

6. O contexto e o conjunto de circunstâncias concretas verificados nos autos afastam a conclusão de ter havido verdadeira candidatura simulada, pois os entraves ao melhor desempenho da concorrente decorreram de razões posteriores ao registro de candidaturas e externas ao querer da candidata e de seu partido político. O modesto emprego de recursos financeiros na campanha eleitoral não constitui elemento que venha a reforçar a tese de candidatura fraudulenta, sobretudo, tomando-se em conta a interrupção da busca de votos nas cruciais duas semanas anteriores ao pleito. Já o áudio juntado nesta fase recursal corrobora a tese de que a candidata se lançou à disputa de forma séria e autêntica. Contudo, problemas pessoais e familiares obstaram-lhe a continuidade do engajamento à campanha. Ausência de quaisquer outros fatores aptos a corroborar as alegações dos recorrentes. Manutenção da sentença.

7. Desprovimento.

(Recurso Eleitoral n 060048892, ACÓRDÃO de 13/07/2021, Relator DES. ELEITORAL SILVIO RONALDO SANTOS DE MORAES, Publicação: DJE - Diário de Justiça Eletrônico, Data 15/07/2021).

ELEIÇÕES 2020. AGRAVO EM RECURSO ESPECIAL. AIJE. VEREADOR. FRAUDE À COTA DE GÊNERO. ART. 10, § 3º, DA LEI N. 9.504/1997. 1. O PARTIDO POLÍTICO NÃO DETÉM A CONDIÇÃO DE LITISCONSORTE PASSIVO NECESSÁRIO. PRECEDENTES. 2. EXISTÊNCIA DE PROVAS ROBUSTAS. CONCLUSÃO EM SENTIDO CONTRÁRIO. REEXAME DE FATOS E PROVAS. INCIDÊNCIA DOS ENUNCIADOS N.S 24 E 30 DA SÚMULA DO TSE. 3. DISSÍDIO JURISPRUDENCIAL. AUSÊNCIA DE SIMILITU-

DE FÁTICA. ÓBICE DO ENUNCIADO SUMULAR N. 28 DO TSE. 4. NEGADO SEGUIMENTO AO AGRAVO. 5. TUTELA CAUTELAR ANTECEDENTE. EFEITO SUSPENSIVO. PERDA SUPERVENIENTE DE OBJETO. NEGADO PROVIMENTO AO AGRAVO INTERNO E TUTELA CAUTELAR ANTECEDENTE JULGADA PREJUDICADA.

1. O TRE/SC julgou procedente a AIJE ajuizada em desfavor dos candidatos ao cargo de vereador lançados pelo MDB nas eleições de 2020 no Município de Santa Terezinha do Progresso/SC, ante a prática de fraude relativamente ao cumprimento dos percentuais de gênero exigidos no art. 10, § 3º, da Lei n. 9.504/1997.

2. [...]

3. No caso, a análise empreendida pelo TRE/SC levou em consideração a soma das seguintes circunstâncias fáticas para reconhecer a fraude à cota de gênero: (a) dúvida quanto à efetiva realização de campanha pela candidata; (b) dois áudios enviados pela candidata para um ex-vereador, três dias após o pleito, em que declara que "não [se largou] para vereadora para [se] eleger [risos], que [...] sabia que não ia [se] eleger mesmo, e daí só para ajudar o partido [,] nem sabia que eu ainda estava filiada lá no PMDB"; (c) desconhecimento total sobre o funcionamento e a movimentação efetivamente ocorrida em sua conta bancária de campanha; (d) votação inexpressiva (3 votos) para uma candidata que era conhecida por toda a cidade; (e) mudança de domicílio antes do registro de candidatura; (f) ausência de apoio e de incentivo por parte do partido, a quem caberia a efetiva promoção das candidaturas femininas; e (g) não foi realizada qualquer publicação nas redes sociais da candidata fazendo campanha para si.

4. A moldura fática do acórdão recorrido evidencia a efetiva e inequívoca ocorrência da alegada fraude, de modo que alterar a conclusão do acórdão recorrido, a fim de adotar o entendimento pretendido pelos agravantes no sentido da não ocorrência de fraude na apresentação da referida candidatura feminina, demandaria o reexame do acervo probatório dos autos, providência inviável em âmbito extraordinário, nos termos do Enunciado n. 24 da Súmula do TSE.

5. O posicionamento adotado pelo Tribunal *a quo* está em conformidade com a jurisprudência desta Corte Superior, na linha de que, para se assentar a configuração do referido ilícito, as provas devem ser robustas e a soma das circunstâncias fáticas do caso deve ser conside-

> rada, conforme ocorrido na espécie. Precedente: AgR–AI n. 750–20/RJ, rel. Min. Luís Roberto Barroso, julgado em 26.8.2021, *DJe* de 3.9.2021. Incidência do Enunciado n. 30 da Súmula do TSE.
>
> 6. [...]
>
> 7. Negado provimento ao agravo interno. TutCautAnt n. 0600756–19.2021.6.00.0000/SC julgada prejudicada.
>
> (TSE, TutCautAnt 0600756-19.2021.6.00.0000/SC, Relator Ministro Mauro Campbell Marques, j. 02.09.2022, DJe, tomo 178, 14.09.2022).

A investigação de fraudes à cota de gênero exige estratégias que a especialista Vera Taberti elenca no seguinte rol:

1) Inicialmente, é necessário verificar se o percentual de gênero foi observado no Demonstrativo de Regularidade de Atos Partidários (DRAP) e durante todo o processo eleitoral. Não basta que essa exigência tenha sido cumprida apenas até o deferimento do DRAP. Esse percentual deve estar presente mesmo após as substituições ocorridas durante o processo eleitoral, em virtude das renúncias e das impugnações operadas. Para tanto, a análise dos históricos de julgamentos dos partidos políticos deve ser verificada;
2) Mapeamento para a identificação do perfil de todas as candidatas. De preferência, deve conter nome das candidatas, partido, profissão, etnia, idade, grau de instrução, se já participou de outras eleições, quantos votos teve, recurso recebido do FEFC (Fundo Especial de Financiamento de Campanha), recurso recebido do Fundo Partidário, recurso recebido através de doação de pessoa física, recurso advindo de doação própria, recurso advindo de financiamento coletivo, despesa efetuada, despesa paga, se fez campanha eleitoral nas redes sociais, número de votos que obteve (maioria dos dados pode ser obtido do site do TSE chamado *'divulgacand'*). Caso, não seja possível fazer um mapeamento de todas as candidaturas femininas, pode ser feito apenas, o das agremiações com suspeita de fraude;
3) Análise da percepção da fragilidade desses dados e formação da convicção de existência de possíveis fraudes;

4) Instauração de Procedimento Preparatório Eleitoral – PPE – formalização das investigações (um dos instrumentos à disposição do Ministério Público, enquanto órgão de fiscalização);

5) Notificação para oitiva das candidatas que: a) Renunciaram: embora a renúncia seja legítima e esteja prevista na legislação eleitoral, é preciso verificar se ela não ocorreu justamente por se tratar de uma candidatura fictícia, despretensiosa. Normalmente, quando isso acontece, as renúncias ocorrem no mesmo dia, ou, há apenas alguns dias após o deferimento do registro de candidatura da candidata; b) Foram impugnadas: dependendo da causa de impugnação, a candidatura era totalmente inviável, o que demonstra que a agremiação só lançou a candidata para concorrer às eleições para preencher o percentual de gênero exigido pela legislação eleitoral (como exemplos, podemos citar a ausência de idade mínima, de desincompatibilização dentro do prazo legal, de filiação partidária, de domicílio eleitoral etc.); c) Não obtiveram votos ou com votação inexpressiva: a ausência de votos pode revelar que a candidata sequer sabia que era candidata ou que mesmo sabendo, não tinha a menor pretensão em disputar as eleições, tanto que nem votou em si própria. Nas duas hipóteses, houve lançamento de candidatura fraudulenta. O baixo número de votos é um forte indicativo de que a candidatura pode ser fictícia e precisa ser investigado. É necessário saber as razões que levaram a candidata a não obter um bom desempenho nas urnas. Deve-se questionar a candidata a respeito das estratégias utilizadas por ela durante a campanha eleitoral, para se verificar as reais intenções da candidata; d) Não receberam nenhum tipo de recurso para a sua campanha: a falta de repasses de recursos financeiros do partido político para a campanha da candidata causa grande estranheza, pois sabemos que sem recursos financeiros é impossível realizar uma campanha eleitoral. A falta de investimento do partido político na candidata revela que, para o partido, aquela pessoa nada mais é do que um mero número e que o objetivo do lançamento da candidatura foi apenas preencher numericamente o percentual de gênero necessário para a agremiação poder disputar as eleições; e) Não realizaram nenhuma movimentação financeira du-

rante a campanha eleitoral: como acima mencionado, não existe campanha eleitoral sem despesas. A falta de movimentação financeira na campanha da candidata demonstra que ela não realizou campanha eleitoral, e as razões devem ser apuradas, já que é um forte indício de candidatura laranja; f) Receberam grande aporte financeiro, mas obtiveram uma quantidade inexpressiva de votos: normalmente, um grande aporte financeiro se traduz em uma quantidade expressiva de votos. Quando isso não ocorre, é preciso verificar o que aconteceu. É *necessário* investigar se as despesas declaradas na prestação de contas da candidata foram mesmo realizadas por ela, ou se foram desviadas para outras candidaturas (masculinas), ou mesmo para outras finalidades ilícitas; g) Possuem parentes disputando o mesmo cargo político na mesma agremiação: muitas vezes, as candidatas ingressam na chapa do partido político apenas para que seus parentes masculinos, maridos ou companheiros, possam disputar as eleições. Nesses casos, não raramente, apenas fazem campanhas para o parente, marido ou companheiro e sequer chegam a fazer menção em suas redes sociais que são candidatas. Por isso, é sempre bom checar o parentesco e a semelhança de sobrenomes entre candidatos e candidatas; h) Funcionárias, coordenadoras de campanhas: que apenas emprestaram seu nome para o partido preencher a cota de gênero. Não é incomum que funcionárias, responsáveis pela manutenção dos diretórios dos partidos ou dos comitês dos candidatos, pela documentação para o registro de candidaturas ou para a prestação de contas e até mesmo que coordenam as campanhas, acabem sendo inscritas como candidatas, apenas para preencher a cota de gênero. Normalmente se descobre essa circunstância conversando com outras candidatas da mesma agremiação, durante as oitivas. Por isso, é sempre importante perguntar os nomes das responsáveis pela manutenção dos diretórios e dos comitês e pela documentação e coordenação das campanhas e conferir *se elas* não estão entre as candidatas.[8]

8. Cf. TABERTI, Vera Lúcia de Camargo Braga. **Da necessidade da Fiscalização das Candidaturas Femininas no Enfrentamento da Violência Política de Gênero**. In: SARRUBO, Mario

Dentre as consequências para o descumprimento do percentual de gênero devido à fraude ao sistema de cotas, segundo a especialista, as possibilidades são:

1) Ação de Impugnação do Registro do DRAP pode ocasionar seu indeferimento (art. 17, §6º, da Resolução – TSE n. 23.675/2021), seguido de intimação do partido para, no prazo de 03 (três) dias, corrigir a irregularidade. Não havendo cumprimento, o partido político pode ficar fora da disputa eleitoral naquele pleito, impugnação que atinge candidatos a vereadores, deputados estaduais e federais, não atingindo o Prefeito e o seu Vice;

2) Desde a realização das convenções até a data da diplomação, através de Ação de Investigação Judicial Eleitoral – AIJE, pode haver a perda do registro ou do diploma; inelegibilidade por 08 (oito) anos a partir da data da eleição em que os atos foram realizados; e aplicação de multa. O Tribunal Superior Eleitoral – TSE, por maioria de votos no julgamento de AIJE, já reconheceu a ocorrência de fraude à cota de gênero e cassou o diploma de todos os candidatos eleitos da coligação (*A decisão está no Recurso Especial Eleitoral n.19392-Valença do Piauí – PI. Acórdão de 17/09/2019. Rel. Min. Jorge Mussi, Publicação DJe -04/10/2019, página 105/107);*

3) Ação de Impugnação de Mandato Eletivo-AIME – até 15 (quinze) dias após a diplomação, com previsão no art. 14, §§10 e 11, da Constituição Federal. O Plenário do Tribunal Superior Eleitoral, por unanimidade, já assentou que se enquadra no conceito de fraude, para fins de cabimento de ação de impugnação de mandato eletivo (art. 14, §10, da Constituição Federal), a violação do percentual de gênero, exigido no §3º do art. 10, da Lei n. 9.504/1997, do mínimo de 30% (trinta por cento) e o máximo de 70% (setenta por cento) para candidatu-

Luiz; ROMANO, Michel Betenjane; LEITÃO, Patrícia de Carvalho; CHAKIAN, Silvia (coord.). **Ministério Público Estratégico: Violência de Gênero**. Indaiatuba: Editora Foco, 2022, p. 218-221.

ras de cada gênero (Recurso Especial Eleitoral n. 149, José de Freitas/PI, Rel. Min. Henrique Neves, em 4.8.2015);

4) Há, ainda, a necessidade de fiscalização da prestação de contas para a verificação da regularidade dos repasses do Fundo Especial de Campanha (FEFC) para as campanhas das candidaturas femininas e negras. Segundo a Resolução TSE n. 23.607, de 17 de dezembro de 2019, alterada pela Resolução TSE n. 23.665/2021, que dispõe sobre a arrecadação e os gastos de recursos por partidos políticos e candidatos e sobre a prestação de contas, no § 4º do art. 17:

> para financiamento de candidaturas femininas e de pessoas negras os partidos devem destinar os seguintes percentuais de montantes recebidos do Fundo Especial de Financiamento de Campanha (FEFC) (STF:ADI n. 5.617/DF, Dje de 3.10.2018 e ADPF-MC n. 738/DF, Dje de 29.10.2020 e TSE: Consulta n. 0600252-18, Dje 15.08.2018 e Consulta n. 0600306-47, Dje 5.10.2020): I - para as candidaturas femininas o percentual corresponderá a proporção dessas candidaturas em relação a soma das candidaturas masculinas e femininas do partido, não podendo ser inferior a 30% (trinta por cento); II - para as candidaturas de pessoas negras o percentual corresponderá à proporção de: a) mulheres negras e não negras do gênero feminino do partido; e b) homens negros e não negros do gênero masculino do partido; e III - os percentuais de candidaturas femininas e de pessoas negras será obtido pela razão dessas candidaturas em relação ao total de candidaturas do partido em âmbito nacional.

Neste ponto, a Res. TSE n. 23.729/24, acrescentou ao art. 17 o § 4º-A, dispondo que "No caso de federação, o disposto nos §§ 2º, 3º e 4º deste artigo aplica-se à lista de candidaturas globalmente considerada e às indicações feitas por partido para compor a lista".

5) Ainda, há necessidade de fiscalização da prestação de contas para análise dos repasses dos recursos do Fundo Partidário às candidaturas femininas e negras[9].

9. Cf. TABERTI, Vera Lúcia de Camargo Braga. Da necessidade da Fiscalização das Candidaturas Femininas no Enfrentamento da Violência Política de Gênero. In: SARRUBO, Mario

Sobre a temática da fraude à cota de gênero, para orientar partidos políticos, federações, candidatas, candidatos e julgamentos da própria Justiça Eleitoral, o Tribunal Superior Eleitoral, em maio de 2024 aprovou, a Súmula 73, sobre fraude à cota de gênero, com a finalidade de, na linha da orientação jurisprudencial que já havia adotando, estabelecer requisitos para sua configuração, a fim de ser adotado pela Justiça Eleitoral para as Eleições Municipais 2024.

Desta maneira, foi estabelecido que a fraude à cota de gênero, consistente no que diz respeito ao percentual mínimo de 30% de candidaturas femininas, nos termos do art. 10, § 3º, da Lei 9.504/1997, configura-se com a presença de um ou alguns dos seguintes elementos, quando os fatos e as circunstâncias do caso concreto assim permitirem concluir:

a) votação zerada ou inexpressiva;
b) prestação de contas zerada, padronizada ou ausência de movimentação financeira relevante;
c) ausência de atos efetivos de campanha, divulgação ou promoção da candidatura de terceiros.

Ademais, definiu as consequências do reconhecimento deste ilícito, como sendo:

a) cassação do Demonstrativo de Regularidade de Atos Partidários (DRAP) da legenda e dos diplomas dos candidatos a ele vinculados, independentemente de prova de participação, ciência ou anuência deles;
b) inelegibilidade daqueles que praticaram ou anuíram com a conduta, nas hipóteses de Ação de Investigação Judicial Eleitoral (AIJE);
c) nulidade dos votos obtidos pelo partido, com a recontagem dos quocientes eleitoral e partidário (artigo 222 do Código Eleitoral), inclusive para fins de aplicação do artigo 224 do Código Eleitoral, se for o caso.

Luiz; ROMANO, Michel Betenjane; LEITÃO, Patrícia de Carvalho; CHAKIAN, Silvia (coord.). **Ministério Público Estratégico: Violência de Gênero**. Indaiatuba: Editora Foco, 2022, p. 221-225.

A demanda em torno desta prática fraudatória é bastante recorrente na Corte Superior Eleitoral, que, apenas no ano de 2023 confirmou, nas sessões ordinárias presenciais, 61 práticas de fraude à cota de gênero, sendo que em 2024, esse número já passou dos 20. Verificou-se, em quase todos estes casos, a utilização das candidaturas para atingir o mínimo exigido por lei para ser ocupado por candidaturas de cada gênero e, com isso, obter deferimento do Demonstrativo de Regularidade de Atos Partidários, para então concorrer ao pleito eleitoral.

Ainda, dentro desta linha de entendimentos, houve discussão acerca das implicações da Cassação do Demonstrativo de Regularidade de Atos Partidários (DRAP) por fraude à cota de gênero às mulheres eleitas, sem qualquer participação comprovada na fraude.

Neste ponto, entendemos que a política de ação afirmativa para incentivo e promoção à efetiva participação de mulheres na política não pode apresentar um caráter dúplice contraditório, a ponto de invalidar completamente o DRAP, anular votos e cassar mandatos de mulheres eleitas, por fraude praticada por outrem, até porque a ação afirmativa não é um fim em si mesmo. Ela é um meio para estimular e promover a representação política feminina. Não pode, mesmo ponderando os riscos desta relativização, servir de fundamento para invalidação de candidaturas femininas bem-sucedidas quando não haja comprovada fraude por parte desta mulher.

A propósito, no ano de 2024, o Tribunal Superior Eleitoral iniciou uma discussão em torno da temática, a fim de avaliar a possibilidade de ser mantida a eleição de mulheres para cargos proporcionais mesmo quando a chapa composta por elas tiver candidaturas femininas fictícias. A proposta, feita pelo ministro Floriano de Azevedo Marques, em voto-vista em sede de julgamento do Respe 0600003-05.2021.6.06.0062, foi no sentido de que, não havendo indícios de que a candidata eleita tenha se envolvido na fraude à cota de gênero, a cassação de seu registro de candidatura vai contra o objetivo da cota de gênero e, consequentemente, incrementa o desequilíbrio na representação feminina, já que, em grande parte dos casos, esta mulher eleita vai acabar sendo substituída por um homem posteriormente. Assim, a proposta do ministro Floriano é de modular os efeitos da jurisprudência já consolidada pelo Tribunal Superior Eleitoral, de forma a anular apenas parcialmente os votos da legenda e, com isso, recalcular o quociente eleitoral. Em contrapartida, durante os debates do julgamento, o Ministro Alexandre de Moraes pontuou que a relativização do entendimento consolidado e, sumulado no ano de 2024 (Súmula 73), acaba deturpando e prejudicando o entendimento global que existe sobre cota de gênero. Por maioria de votos, entretanto, o Plenário acompanhou o voto do relator, ministro André Ramos Tavares, para reformar a decisão do Tribunal Regional Eleitoral do Ceará (TRE-CE) e decretar a nulidade dos votos recebidos pela legenda para o cargo na localidade, além de cassar todo o Demonstrativo de Regularidade de Atos Partidários (Drap), bem como os diplomas e os registros de candidatas e candidatos a ele vinculados, determinando o recálculo dos quocientes eleitoral e partidário[10].

A Lei das Eleições também estabelece normas sobre os debates para os cargos do sistema proporcional (deputados e vereadores), que deverá respeitar a proporção de homens e mulheres, como é o caso do art. 46, II, além de normatizar a reserva de espaço em rádio e televisão com a finalidade de incentivar a participação feminina, em seu art. 93-A:

> Art. 46. Independentemente da veiculação de propaganda eleitoral gratuita no horário definido nesta Lei, é facultada a transmissão por emissora de rádio ou televisão de debates sobre as eleições majoritária ou proporcional, assegurada a participação de candidatos dos partidos com representação no Congresso Nacional, de, no mínimo, cinco parlamentares, e facultada a dos demais, observado o seguinte:
>
> II – nas eleições proporcionais, os debates deverão ser organizados de modo que assegurem a presença de número equivalente de candidatos de todos os partidos a um mesmo cargo eletivo e poderão desdobrar-se em mais de um dia, respeitada a proporção de homens e mulheres estabelecida no § 3º do art. 10 desta Lei (Redação dada pela Lei n. 14.211, de 2021).

> Art. 93-A. O Tribunal Superior Eleitoral, no período compreendido entre 1º de abril e 30 de julho dos anos eleitorais, promoverá, em até cinco minutos diários, contínuos ou não, requisitados às

10. Cfr. https://www.tse.jus.br/comunicacao/noticias/2024/Agosto/tse-reconhece-fraude-a-cota-de-genero-pelo-republicanos-em-granjeiro-ce, acesso em 12 de setembro de 2024.

> emissoras de rádio e televisão, propaganda institucional, em rádio e televisão, destinada a incentivar a participação feminina, dos jovens e da comunidade negra na política, bem como a esclarecer os cidadãos sobre as regras e o funcionamento do sistema eleitoral brasileiro (Redação dada pela Lei n. 13.488, de 2017).

Ademais, a Lei ainda dispõe que o painel da urna eletrônica deverá trazer o nome do cargo disputado no feminino quando for uma candidata:

> Art. 59, § 1º A votação eletrônica será feita no número do candidato ou da legenda partidária, devendo o nome e fotografia do candidato e o nome do partido ou a legenda partidária aparecer no painel da urna eletrônica, com a expressão designadora do cargo disputado no masculino ou feminino, conforme o caso.

Com isso, a Lei das Eleições demonstra sua efetiva preocupação com a promoção da igualdade de gênero na política, mas depende, entretanto, de um engajamento multinível para que surta os efeitos almejados, até mesmo porque, diversamente dos poderes do Estado, engessados por força de sua institucionalização, os poderes advindos da sociedade civil são mais pulverizáveis, favorecendo as mudanças sociais efetivas.

2.5. LEI DAS INELEGIBILIDADES

A inelegibilidade consiste na ausência de capacidade eleitoral passiva, considerada o direito de pleitear, mediante eleição, certos mandatos políticos. De acordo com sua natureza, podem ser classificadas como inelegibilidades absolutas ou relativas.

As **inelegibilidades absolutas** dizem respeito a características pessoais, atingindo todos os cargos eletivos, e não podem ser afastadas por meio da desincompatibilização e, devido ao seu caráter excepcional, possuem previsão estritamente constitucional, a exemplo do art. 14, §4º, que considera inelegíveis os inalistáveis (estrangeiros e conscritos) e os analfabetos. Todavia, menos de um século atrás, a mulher brasileira estava incluída neste grupo, uma vez que conquistou o direito de votar e ser votada pela primeira vez, em âmbito nacional, em 3 de maio de 1933, na eleição para a Assembleia Nacional Constituinte.

As **inelegibilidades relativas**, por outro lado, como dizem respeito ao cargo ou em razão do parentesco, relacionando-se à chefia do Poder Executivo, podem ser afastadas por meio da desincompatibilização (art. 14, §6º a §8º). Além do regramento constitucional, é também passível de regulamentação por lei complementar, com a finalidade de proteger a probidade administrativa, a moralidade para exercício de mandato considerada vida pregressa do/a candidato/a, e a normalidade e legitimidade das eleições contra a influência do poder econômico ou o abuso do exercício de função, cargo ou emprego na administração direta ou indireta (art. 14, §9º).

Com este intuito, foi criada a Lei Complementar n. 64, de 18 de maio de 1990, estabelecendo os casos de inelegibilidade em seu art. 1º:

> I – para qualquer cargo:
> *a) os inalistáveis e os analfabetos:*

Neste tópico, o Tribunal Superior Eleitoral já decidiu que a aferição da alfabetização deve ser feita com o menor rigor possível, não podendo ser considerado analfabeto o candidato que possuir capacidade mínima de escrita e leitura (RO n. 060247518, de 18.9.2018); que "a realidade multifacetada da sociedade brasileira desaconselha que o analfabetismo seja avaliado a partir de critérios rígidos, abstratos e estanques. Do contrário, em redutos onde o analfabetismo seja a regra, o domínio político se perpetuaria como um monopólio das elites" (PA n. 51371, de 12.4.2018); que o exame da causa de inelegibilidade referida nesta alínea deve ocorrer em conjunto com os valores constitucionais da cidadania, da dignidade da pessoa humana e da isonomia, levando a concluir que analfabetismo de natureza educacional não pode nem deve significar analfabetismo para a vida política (REspe n. 8941, de 27.9.2016); e que a inelegibilidade dos analfabetos é de legalidade estrita, vedada a interpretação extensiva, devendo ser exigido apenas que o candidato saiba ler e escrever minimamente, de modo que se possa evidenciar eventual incapacidade absoluta de compreensão e de expressão da língua (AgR-REspe n. 42483, de 21.8.2012).

Duas súmulas foram editadas com referência ao tema: a 15/2016, afirmando que "o exercício de mandato eletivo não é circunstância capaz, por si só, de comprovar a condição de alfabetizado do candidato" e a 55/2016, no sentido de que "a Carteira Nacional de Habilitação gera a presunção da escolaridade necessária ao deferimento do registro de candidatura".

> *b) os membros do Congresso Nacional, das assembleias legislativas, da Câmara Legislativa e das câmaras municipais, que hajam perdido os respectivos mandatos por infringência do disposto nos incisos I e II do art. 55 da Constituição Federal, dos dispositivos equivalentes sobre perda de mandato das constituições estaduais e leis orgânicas dos municípios e do Distrito Federal, para as eleições que se realizarem durante o período remanescente do mandato para o qual foram eleitos e nos oito anos subsequentes ao término da legislatura;*

Sobre o tópico, já se julgou que ante a inexistência de evidências de nulidade no ato legislativo, a revogação de ato próprio, por critérios políticos de oportunidade e conveniência, não configura fato superveniente capaz de afastar a inelegibilidade (TSE, AgR-REspEl n. 060029974, de 16.9.2021).

> *c) o governador e o vice-governador de estado e do Distrito Federal e o prefeito e o vice-prefeito que perderem seus cargos eletivos por infringência a dispositivo da Constituição estadual, da Lei Orgânica do Distrito Federal ou da Lei Orgânica do Município, para as eleições que se realizarem durante o período remanescente e nos 8 (oito) anos subsequentes ao término do mandato para o qual tenham sido eleitos;*

Aqui, há dois importantes julgados do Tribunal Superior Eleitoral: RO-El n. 06030074, de 27.9.2022, que entendeu pela incidência de inelegibilidade se a cassação do mandato tiver decorrido de violação das disposições previstas na Lei n. 1.079/1950 ou no DL n. 201/1967, em temas de crimes de responsabilidade que não podem ser objeto de lei de iniciativa dos entes federativos; e o RO n. 060238825, de 4.10.2018, no qual considerou-se que o *impeachment* de Presidente da República não se enquadra na inelegibilidade desta alínea, porque possui regramento próprio no art. 52, inc. I e parágrafo único, da Constituição Federal, nem na alínea e deste inciso porquanto, dada sua natureza, a condenação por crime de responsabilidade não se equipara a uma "decisão transitada em julgado ou proferida por órgão judicial colegiado".

d) os que tenham contra sua pessoa representação julgada procedente pela Justiça Eleitoral, em decisão transitada em julgado ou proferida por órgão colegiado, em processo de apuração de abuso do poder econômico ou político, para a eleição na qual concorrem ou tenham sido diplomados, bem como para as que se realizarem nos 8 (oito) anos seguintes;

Aqui, o vocábulo representação constante da redação desta alínea corresponde à própria ação de investigação judicial eleitoral, prevista pelo art. 22 desta lei (Acórdão do TSE, de 17.12.2014, no REspe n. 15105) e as condenações por prática de conduta vedada que não resultam na cassação do mandato não caracterizam a inelegibilidade prevista nesta alínea (Acórdão do TSE, no REspEl n. 060013361, de 7.12.2020). Ainda, já entendeu-se que as inelegibilidades previstas nesta alínea e na h incidem sobre aqueles que não tenham concorrido ou tenham sido diplomados na eleição em que ocorra o abuso (Acórdão do TSE, no REspe n. 14589, de 22.5.2018), que as causas de inelegibilidade dispostas nesta alínea e na h não se aplicam somente a quem praticou o abuso de poder na eleição à qual concorreu, mas também a quem cometeu o ilícito na eleição na qual não se lançou candidato, no afã de favorecer a candidatura de terceiro (Acórdão do TSE, de 19.12.2016, no REspe n. 28341) e que são enquadráveis nesta alínea os condenados por abuso tanto em ação de investigação judicial eleitoral quanto em ação de impugnação de mandato eletivo (Acórdão do TSE, de 3.3.2016, no RO n. 29659). Ademais, segundo a Súmula 19/2016, do TSE, "o prazo de inelegibilidade decorrente da condenação por abuso do poder econômico ou político tem início no dia da eleição em que este se verificou e finda no dia de igual número no oitavo ano seguinte (art. 22, XIV, da LC n. 64/1990)".

e) os que forem condenados, em decisão transitada em julgado ou proferida por órgão judicial colegiado, desde a condenação até o transcurso do prazo de 8 (oito) anos após o cumprimento da pena, pelos crimes:

A propósito, o STF já entendeu que "carece de fundamento legal a pretensão a subtrair do prazo de 8 (oito) anos de inelegibilidade posterior ao cumprimento da pena o tempo em que a capacidade eleitoral passiva do agente foi obstaculizada pela inelegibilidade anterior ao trânsito em julgado e pelos efeitos penais da condenação [...]" (ADI n. 6.630, 9.3.2022). E o TSE que "[...] o exame das causas de inelegibilidade por prática de crime deve levar em conta o bem jurídico protegido, independentemente do diploma legal em que o tipo se encontra previsto [...]" (Ac.-TSE, de 1º.8.2022, no REspEl n. 060013696); que é inadmissível a detração da pena para fins da causa de inelegibilidade prevista nesta alínea (Ac.-TSE, de 31.3.2022, nos ED-AgR-REspEl n. 060028872); "a conversão da pena privativa de liberdade em restritiva de direitos não afasta a incidência da inelegibilidade prevista nesta alínea" (Ac.-TSE, de 13.11.2018, no AgR-RO n. 060031968); "não incide a inelegibilidade de que trata esta alínea se pendentes de julgamento embargos infringentes e de nulidade, dada sua natureza recursal dotada de eficácia suspensiva" (Ac.-TSE, de 30.10.2018, no AgR-RO n. 060132806); "a prescrição da pretensão executória do Estado não extingue os efeitos secundários da condenação, aí inserida a inelegibilidade, que subsiste até o exaurimento do prazo de sua duração" (Ac.-TSE, de 28.6.2016, na Pet n. 27751); "o indulto presidencial não equivale à reabilitação para afastar a inelegibilidade decorrente de condenação criminal, sendo mantidos os efeitos secundários da condenação" (Ac.-TSE, de 4.11.2014, no RMS n. 15090); "inelegibilidade que exige a condenação criminal colegiada ou transitada em julgado, sendo inadmissível sua incidência por mera presunção" (Ac.-TSE, de 4.12.2012, no REspe n. 9664).

Ainda sobre este tópico, é entendimento sumulado no TSE que "não cabe à Justiça Eleitoral decidir sobre o acerto ou desacerto das decisões proferidas por outros órgãos do Judiciário ou dos tribunais de contas que configurem causa de inelegibilidade" (Súm. 41/2016), "não compete à Justiça Eleitoral, em processo de registro de candidatura, verificar a prescrição da pretensão punitiva ou executória do candidato e declarar a extinção da pena imposta pela Justiça Comum" (Súm. 58/2016), "o reconhecimento da prescrição da pretensão executória pela Justiça Comum não afasta a inelegibilidade prevista no art. 1º, I, e, da LC n. 64/1990, porquanto não extingue os efeitos secundários da condenação" (Súm. 59/2016), "o prazo da causa de inelegibilidade prevista no art. 1º, I, e, da LC n. 64/1990 deve ser contado a partir da data em que ocorrida a prescrição da pretensão executória e não do momento da sua declaração judicial" (Súm. 60/2016) e "o prazo concernente à hipótese de inelegibilidade prevista no art. 1º, I, e, da LC n. 64/1990 projeta-se por oito anos após o cumprimento da pena, seja ela privativa de liberdade, restritiva de direito ou multa" (Súm. 61/2016).

1. contra a economia popular, a fé pública, a administração pública e o patrimônio público;

A propósito, o TSE já decidiu que "crimes contra as relações de consumo configuram espécie de crime contra a economia popular e são aptos a atrair a inelegibilidade prevista neste item" (Ac.-TSE, de 25.6.2020, no AgR-REspe n. 060003493); "os crimes contra a administração e o patrimônio públicos abrangem os previstos na Lei de Licitações" (Ac.-TSE, de 4.10.2012, no REspe n. 12922); "o delito de incêndio cometido no fórum da cidade – edifício público – deve ser incluído entre os crimes contra o patrimônio público" (Ac.-TSE, de 12.11.2008, no REspe n. 30252); "os crimes contra a administração da Justiça previstos no Código Penal constituem espécie de crime contra a administração pública, enquadrando-se na inelegibilidade prevista nesta alínea" (Ac.-TSE, de 24.8.2021, no RCED n. 060200947); "o pagamento integral do débito tributário após o trânsito em julgado extingue o efeito secundário extrapenal da inelegibilidade" (Ac.-TSE, de 17.2.2020, no REspEl n. 060009819); "crimes contra a ordem tributária enquadram-se nos crimes contra a administração pública, previstos neste item" (Ac.-TSE, de 19.12.2016, no AgR-REspe n. 40650); "a regra desta alínea alcança não apenas os tipos penais disciplinados no Código Penal como também os previstos na legislação esparsa" (Ac.-TSE, de 15.10.2013, no REspe n. 7679).

2. contra o patrimônio privado, o sistema financeiro, o mercado de capitais e os previstos na lei que regula a falência;

Aqui, o TSE já entendeu que "a condenação por crime de violação a direito autoral ofende o patrimônio privado e pode ensejar a inelegibilidade prevista neste item" (Ac.-TSE, de 5.4.2017, no REspe n. 14594).

3. contra o meio ambiente e a saúde pública;

4. eleitorais, para os quais a lei comine pena privativa de liberdade;

5. de abuso de autoridade, nos casos em que houver condenação à perda do cargo ou à inabilitação para o exercício de função pública;

6. de lavagem ou ocultação de bens, direitos e valores;

7. de tráfico de entorpecentes e drogas afins, racismo, tortura, terrorismo e hediondos;

8. de redução à condição análoga à de escravo;

9. contra a vida e a dignidade sexual;

Neste tópico, há decisão do TSE no sentido de que "a inelegibilidade prevista neste item incide nas hipóteses de condenação criminal emanada do Tribunal do Júri, órgão colegiado soberano, integrante do Poder Judiciário" (Ac.-TSE, de 11.11.2014, no RO n. 263449 e, de 21.5.2013, no REspe n. 61103).

10. praticados por organização criminosa, quadrilha ou bando;

f) os que forem declarados indignos do oficialato, ou com ele incompatíveis, pelo prazo de 8 (oito) anos;

g) os que tiverem suas contas relativas ao exercício de cargos ou funções públicas rejeitadas por irregularidade insanável que configure ato doloso de improbidade administrativa, e por decisão irrecorrível do órgão competente, salvo se esta houver sido suspensa ou anulada pelo Poder Judiciário, para as eleições que se realizarem nos 8 (oito) anos seguintes, contados a partir da data da decisão, aplicando-se o disposto no inciso II do art. 71 da Constituição Federal, a todos os ordenadores de despesa, sem exclusão de mandatários que houverem agido nessa condição;

Sobre esta alínea, há diversas decisões do TSE no sentido de que a caracterização de irregularidade insanável é que configura ato doloso de improbidade administrativa[11] e atrai a inelegibilidade prevista nesta

11. Vide também a a decisão no AREsp 1.479.463: "Nova Lei de Improbidade não afasta atos ímprobos previstos na Lei das Eleições, define Primeira Turma: Para a Primeira Turma do Superior Tribunal de Justiça (STJ), a Lei 14.230/2021 – que reformou a Lei de Improbidade Administrativa (LIA) – não afastou a caracterização, como ato ímprobo, das condutas descritas no artigo 73 da Lei das Eleições (Lei 9.504/1997). Segundo o colegiado, a lista de condutas da lei eleitoral – proibidas por afetar a igualdade de oportunidades entre os candidatos – se agrega ao rol taxativo previsto no artigo 11 da LIA."

Fonte: https://www.stj.jus.br/sites/portalp/Paginas/Comunicacao/Noticias/2024/06122024-Nova-Lei-de-Improbidade-nao-afasta-atos-improbos-previstos-na-Lei-das-Eleicoes--define-Primeira-Turma.aspx.

alínea: Ac.-TSE, de 13.9.2022, no REspEl n. 060094019 (desobediência a preceitos basilares de gestão pública, como o previsto no art. 1º, § 1º, da Lei de Responsabilidade Fiscal, falta de quitação de precatórios, não recolhimento de contribuições previdenciárias e inércia do gestor público em reduzir o déficit público, apesar de emitido alerta pelo Tribunal de Contas); Ac.-TSE, de 28.4.2022, no REspEl n. 060030464 (direcionamento da licitação e ausência de pesquisa de preços); Ac.-TSE, de 17.2.2022, no AgR-REspEl n. 060056432 (fraude em licitação e superfaturamento de preços); Ac.-TSE, de 23.10.2018, no AgR-RO n. 060473131 (ausência ou dispensa indevida de licitação); Ac.-TSE, de 1º.10.2014, no AgR-RO n. 34478 (aplicação de verbas federais repassadas ao município em desacordo com convênio); Ac.-TSE, de 3.9.2013, no REspe n. 49345 (imputação de débito ao administrador pelo TCU); Ac.-TSE, de 2.4.2013, no AgR-REspe n. 25454 (contratação de pessoal sem a realização de concurso público e não recolhimento ou repasse a menor de verbas previdenciárias); Ac.-TSE, de 21.2.2013, no AgR-REspe n. 8975 (falta de repasse integral de valores relativos ao ISS e ao IRPF); Ac.-TSE, de 14.2.2013, no AgR-REspe n. 45520 (violação ao disposto no art. 37, XIII, da CF/1988); Ac.-TSE, de 5.2.2013, no AgR-REspe n. 44144 (não aplicação de percentual mínimo de receita resultante de impostos nas ações e nos serviços públicos de saúde); Ac.-TSE, de 22.10.2013, no REspe n. 19662; de 14.2.2013, no AgR-REspe n. 17652 e, de 17.12.2012, no REspe n. 32574 (descumprimento da Lei de Responsabilidade Fiscal ou da Constituição Federal quanto à aplicação do piso fixado para o ensino); Ac.-TSE, de 4.12.2014, no AgR-REspe n. 30344 e, de 18.12.2012, no REspe n. 9307 (desrespeito aos limites previstos no art. 29, VI, da CF/1988); Ac.-TSE, de 18.12.2012, no AgR-REspe n. 23722 (pagamento indevido de diárias); e Ac.-TSE, de 9.10.2012, no REspe n. 11543 (violação ao art. 29-A, I, da CF/1988).

Já entendeu-se, também, ser exigível dolo específico para caracterização de ato de improbidade administrativa de modo que as ações eivadas de dolo genérico não mais consubstanciam atos de improbidade, nos termos da Lei n. 14.230/2021, deixando de ensejar a incidência da Lei de Inelegibilidade (Ac.-TSE, de 10.11.2022, no RO-El n. 060104626); que o termo inicial do período de oito anos de inelegibilidade é a data da publicação da decisão que rejeitou as contas (Ac.-TSE, de 21.3.2013, no REspe n. 5163); e que para contagem desse prazo, deve ser desconsiderado o período no qual ficaram suspensos os efeitos da decisão de rejeição das contas, em eventual pedido de anulação julgado improcedente (Ac.-TSE, de 2.5.2017, no AgR-REspe n. 56046).

Podemos, ademais, mencionar diversos outros julgados com relação ao tópico, dentre eles que: "a ausência de pronunciamento da Corte de Contas a respeito de as condutas constituírem ou não ato doloso que configure improbidade administrativa não afasta a inelegibilidade em questão, pois cabe à Justiça Eleitoral fazer essa análise" (Ac.-TSE, de 28.4.2022, no REspEl n. 060030464); "nem toda desaprovação de contas por descumprimento da Lei de Licitações (Lei n. 8.666/1993) gera automática configuração de ato doloso de improbidade administrativa" (Ac.-TSE, de 2.9.2021, no AgR-REspEl n. 060008225; de 27.11.2018, no AgR-RO n. 060054653 e, de 6.4.2017, no AgR-REspe n. 31463); "rejeição de contas de gestor de entidades privadas não se subsume à hipótese de inelegibilidade prevista nesta alínea" (Ac.-TSE, de 22.11.2018, no AgR-RO n. 060074857); "irregularidade no repasse de recursos para ente privado, sem fins lucrativos, atrai para o gestor público a inelegibilidade prevista nesta alínea" (Ac.-TSE, de 25.11.2014, no AgR-REspe n. 43594); "omissão do dever de prestar contas ou sua apresentação extemporânea não configura ato doloso de improbidade administrativa que faça incidir a inelegibilidade desta alínea, quando demonstrada a regular aplicação dos recursos e falta de prejuízo ao Erário" (Ac.-TSE, de 30.10.2018, no AgR-RO n. 060027464 e, de 5.12.2013, no AgR-REspe n. 52980).

Ainda, já se decidiu que afasta a inelegibilidade prevista nesta alínea: recurso de revisão recebido com efeito suspensivo (Ac.-TSE, de 23.10.2018, no AgR-RO n. 060089125); decisão judicial da Justiça Comum, posterior à interposição do REspe, mas anterior ao pleito, declarando a nulidade do decreto legislativo de rejeição de contas (Ac.-TSE, de 6.5.2014, no REspe n. 15705); provimento de recurso de revisão pelo Tribunal de Contas e consequente aprovação das contas (Ac.-TSE, de 17.9.2013, no REspe n. 31003). E que "a existência de lei autorizando o pagamento de subsídios em descumprimento ao preceito constitucional não afasta a incidência da inelegibilidade prevista nesta alínea" (Ac.-TSE, de 16.10.2018, no AgR-RO n. 060200839 e, de 4.11.2014, no AgR-RO n. 70918); "a contratação direta de serviços contábeis desacompanhada de processo administrativo formal que justifique a dispensa da licitação, caracteriza o ato doloso de improbidade administrativa apto a atrair a inelegibilidade prevista nesta alínea" (Ac.-TSE, de 7.12.2017, no REspe n. 9365); "descabe a inelegibilidade quando a rejeição de contas ignora parecer prévio da Corte de Contas pela aprovação do ajuste contábil" (Ac.-TSE, de 23.11.2017, no AgR-REspe n. 3908); "a extrapolação do limite estabelecido pelo art. 29-A da CF/1988 caracteriza irregularidade insanável que constitui ato doloso de improbidade administrativa" (Ac.-TSE, de 1º.6.2017, no AgR-REspe n. 44196 e, de 2.4.2013, no AgR-REspe n. 32679); "quando o agente atua com respaldo em lei municipal, é afastada a tipificação de ato doloso de improbidade administrativa" (Ac.-TSE, de 8.3.2017, no AgR-REspe n. 8251); "a apreciação das contas dos prefeitos, tanto as de governo quanto as de gestão, será feita pelas câmaras municipais com o auxílio dos tribunais de contas competentes, cujo parecer prévio somente deixará de prevalecer por decisão de dois terços dos vereadores" (V. Ac.-TSE, de 29.9.2016, no REspe n. 4682: entendimento não extensível aos casos de convênio entre municípios e União); a "infração às normas e aos regulamentos contábeis, financeiros, orçamentários, operacionais ou patrimoniais não é suficiente, por si, para se concluir pela prática de ato doloso de improbidade administrativa, cuja equiparação é essencial para a caracterização da inelegibilidade prevista nesta alínea" (Ac.-TSE, de 19.12.2016, no REspe n. 11567); a "apresentação extemporânea de contas somente constitui ato de improbidade administrativa quando evidenciados dolo genérico e malversação de recursos públicos" (Ac.-TSE, de 29.9.2016, no REspe n. 4682); "o pronunciamento do Tribunal de Contas alcança, também, a glosa parcial" (Ac.-TSE, de 17.12.2015, no RO n. 100003 e, de 14.6.2011, no RO n. 252356); "não cabe à Justiça Eleitoral transmudar a natureza atribuída ao julgamento a que procedeu o Tribunal de Contas" (Ac.-TSE, de 17.12.2015, no RO n. 100003 e, de 19.12.2014, no RO n. 97587); "invade a competência da Justiça Eleitoral a decisão da Justiça Federal que mantém válido o acórdão do TCU que rejeita as contas e afasta potencial inelegibilidade da conduta" (Ac.-TSE, de 22.10.2014, no REspe n. 25725); "o saneamento das irregularidades pelo TCE, em razão da quitação do débito, não tem o condão de assentar a boa-fé e a ausência de dolo" (Ac.-TSE, de 19.8.2014, no REspe n. 4366); "compete à Justiça Eleitoral a qualificação jurídica da irregularidade apontada pelo órgão competente no julgamento das contas e não a aferição da existência de vício" (Ac.-TSE, de 5.8.2014, no AgR-REspe n. 16813 e, de 28.6.2011, no REspe n. 42050); "excetuado o chefe do Poder Executivo, as contas de gestão dos ocupantes de cargos e funções públicas são examinadas pelo Tribunal de Contas" (Ac.-TSE, de 6.2.2014, no REspe n. 10715; e, de 30.9.1996, no REspe n. 13174); "o decurso do prazo conferido à Câmara Municipal para apreciar o parecer do Tribunal de Contas não atrai a inelegibilidade cominada neste dispositivo" (Ac.-TSE, de 10.12.2013, no REspe n. 182098; de 10.11.2009, no REspe n. 35791 e de 26.11.2008, no REspe n. 33280); "impossibilidade de conclusão pela inelegibilidade de candidato, se pendente recurso no Tribunal de Contas" (Ac.-TSE, de 8.8.2013, no REspe n. 41160); "irrelevância da natureza do procedimento utilizado pelo órgão competente para aferir irregularidades em convênio com a União; necessidade tão somente da confirmação da irregularidade insanável por decisão irrecorrível do órgão competente que não tenha sido suspensa por decisão judicial" (Ac.-TSE, de 25.4.2013, nos ED-REspe n. 10378 e, de 16.12.2010, no AgR-RO n. 452298); "em simetria de igualdade, irrelevância da natureza do procedimento do Tribunal de Contas para suspender os efeitos de seu acórdão" (Ac.-TSE, de 19.12.2016, no AgR-REspe n. 6436); "inaplicabilidade do disposto no § 2º do art. 26-C da LC nº 64/1990 aos casos de rejeição de contas previstos nesta alínea, no processo de registro de candidatura" (Ac.-TSE, de 18.12.2012, no REspe n. 29474); "a ausência de disponibilização pública das contas da Câmara, sem a comprovação de dolo, má-fé ou prejuízo à administração pública, não configura ato doloso de improbidade administrativa" (Ac.-TSE, de 12.12.2012, no AgR-REspe n. 10807); "a ausência de intimação da decisão do TCE que rejeitou as contas do candidato configura cerceamento de defesa e justifica a propositura de pedido de reconsideração e obtenção de provimento liminar após o pedido de registro de candidatura" (Ac.-TSE, de 17.11.2009, no REspe n. 36637); "a mera propositura da ação anulatória, sem a obtenção de provimento liminar ou tutela antecipada, não suspende a inelegibilidade" (Ac.-TSE, de 18.12.2008, no AgR-REspe n. 32937; Ac.-TSE, de 29.9.2006, no AgR-REspe n. 26942 e, de 13.9.2006, no RO n. 963); "a revogação de tutela antecipada que suspendeu os efeitos de decisão de rejeição de contas, ocorrida após a realização do pleito, à [sic] proclamação dos eleitos e às vésperas da diplomação, não tem o condão de alterar a situação do candidato que concorreu na eleição já respaldado pela referida tutela" (Ac.-TSE, de 8.3.2007, no RO n. 1239); a "não incidência da cláusula de inelegibilidade na hipótese de rejeição de contas superveniente ao registro de candidatura, pois o dispositivo aplica-se às eleições que vierem a se realizar, e não às já realizadas, ainda que se trate de reeleição" (Ac.-TSE, de 1º.8.2006, no AgR-AI n. 6316; de 27.4.1999, no REspe n. 15208 e, de 2.6.1998, no REspe n. 15209).

> *h) os detentores de cargo na administração pública direta, indireta ou fundacional, que beneficiarem a si ou a terceiros, pelo abuso do poder econômico ou político, que forem condenados em decisão transitada em julgado ou proferida por órgão judicial colegiado, para a eleição na qual concorrem ou tenham sido diplomados, bem como para as que se realizarem nos 8 (oito) anos seguintes;*

A Súmula 69/2016, do TSE, estabelece que os prazos de inelegibilidade previstos nas alíneas "j" e "h" do inciso I do art. 1º da LC n. 64/1990 têm termo inicial no dia do primeiro turno da eleição e termo final no dia de igual número no oitavo ano seguinte. E seu entendimento jurisprudencial é de que "as inelegibilidades previstas nesta alínea e na d incidem sobre aqueles que não tenham concorrido ou tenham sido diplomados na eleição em que ocorra o abuso" (Ac.-TSE, de 22.5.2018, no REspe n. 14589 e, de 19.12.2016, no REspe n. 28341); pela "incidência desta alínea em quem praticou o abuso de poder em benefício próprio ou de terceiros na hipótese de condenação tanto pela Justiça Comum quanto pela Justiça Eleitoral" (Ac.-TSE, de 1º.12.2016, no REspe n. 6440 e, de 17.12.2014, no REspe n. 15105), que " a inelegibilidade prevista nesta alínea requer que o benefício auferido pela prática de abuso de poder econômico ou político esteja necessariamente relacionado ao exercício do cargo na administração" (Ac.-TSE, de 16.12.2014, no RO n. 90718), "a inelegibilidade prevista nesta alínea não incide sem a ocorrência de condenação pela prática de abuso do poder econômico ou político em decisão transitada em julgado ou proferida por órgão colegiado" (Ac.-TSE, de 19.3.2013, no AgR-REspe n. 21204), e que a "imposição de multa por propaganda eleitoral antecipada reconhecida em publicidade institucional não implica inelegibilidade desta alínea" (Ac.-TSE, de 1º.10.2010, no AgR-RO n. 303704).

> *i) os que, em estabelecimento de crédito, financiamento ou seguro, que tenham sido ou estejam sendo objeto de processo de liquidação judicial ou extrajudicial, hajam exercido, nos 12 (doze) meses anteriores à respectiva decretação, cargo ou função de direção, administração ou representação, enquanto não forem exonerados de qualquer responsabilidade;*

Aqui, o TSE já julgou que se "enquadra na inelegibilidade prevista nesta alínea o sócio-administrador de empresa atuante em operações com criptomoedas que pratique atos que guardem correspondência com o procedimento de liquidação extrajudicial" (Ac.-TSE, de 11.10.2022, no RO-El n. 060304472) e que "a inelegibilidade prevista nesta alínea se configura com a responsabilidade do sócio causador do estado falimentar do estabelecimento de crédito, financiamento ou seguro pelo exercício de cargo ou função de direção, administração ou representação".

> *j) os que forem condenados, em decisão transitada em julgado ou proferida por órgão colegiado da Justiça Eleitoral, por corrupção eleitoral, por captação ilícita de sufrágio, por doação, captação ou gastos ilícitos de recursos de campanha ou por conduta vedada aos agentes públicos em campanhas eleitorais que impliquem cassação do registro ou do diploma, pelo prazo de 8 (oito) anos a contar da eleição;*

A propósito, a Súmula 70/2016 do TSE afirma que "o encerramento do prazo de inelegibilidade antes do dia da eleição constitui fato superveniente que afasta a inelegibilidade, nos termos do art. 11, § 10, da Lei n. 9.504/1997", sendo entendimento desta Corte a "não incidência da inelegibilidade prevista nas alíneas *d* e *j* se o candidato teve o mandato cassado apenas por força da unicidade e da indivisibilidade da chapa" (Ac.-TSE, de 30.5.2017, no REspe n. 18627); "a simples aplicação de multa por conduta vedada não gera a inelegibilidade prevista nesta alínea; no entanto, quanto à captação ilícita de sufrágio, a inelegibilidade se estabelece mesmo se foi imposta apenas sanção pecuniária" (Ac.-TSE, de 27.10.2016, no REspe n. 40487); "o comparecimento de candidato a inauguração de obra pública constitui conduta vedada aos agentes públicos apta a atrair a inelegibilidade prevista nesta alínea" (Ac.-TSE, de 21.11.2012, no REspe n. 11661).

> *k) o presidente da República, o governador de estado e do Distrito Federal, o prefeito, os membros do Congresso Nacional, das assembleias*

> *legislativas, da Câmara Legislativa, das câmaras municipais, que renunciarem a seus mandatos desde o oferecimento de representação ou petição capaz de autorizar a abertura de processo por infringência a dispositivo da Constituição Federal, da Constituição estadual, da Lei Orgânica do Distrito Federal ou da Lei Orgânica do Município, para as eleições que se realizarem durante o período remanescente do mandato para o qual foram eleitos e nos 8 (oito) anos subsequentes ao término da legislatura;*

Neste ponto, para o TSE, a "representação por quebra de decoro parlamentar apreciada e arquivada, sobre os mesmos fundamentos de representação anterior, na qual o candidato havia renunciado, afasta a incidência da inelegibilidade" (Ac.-TSE, de 2.10.2014, no RO n. 73294), "compete à Justiça Eleitoral tão somente verificar se houve a renúncia nos termos deste dispositivo legal" (Ac.-TSE, de 20.3.2013, no AgR-REspe n. 46017 e de 1º.9.2010, no RO n. 64580) e ser possível à Justiça Eleitoral " examinar se candidato que renuncia ao Senado Federal está sujeito aos efeitos da inelegibilidade prevista nesta alínea, ainda que interfira em decisão daquele órgão determinando o arquivamento da representação" (Ac.-TSE, de 31.8.2010, no RO n. 161660).

> *l) os que forem condenados à suspensão dos direitos políticos, em decisão transitada em julgado ou proferida por órgão judicial colegiado, por ato doloso de improbidade administrativa que importe lesão ao patrimônio público e enriquecimento ilícito, desde a condenação ou o trânsito em julgado até o transcurso do prazo de 8 (oito) anos após o cumprimento da pena;*

Com relação a esta alínea, o TSE já julgou que seus requisitos de incidência são: "a) condenação por ato de improbidade administrativa que importe, simultaneamente, lesão ao patrimônio público e enriquecimento ilícito; b) presença de dolo; c) decisão definitiva ou proferida por órgão judicial colegiado; e d) sanção de suspensão dos direitos políticos" (Ac.-TSE, de 21.2.2017, no REspe n. 10049); "o ato doloso de improbidade administrativa pode implicar o enriquecimento ilícito tanto do próprio agente, mediante proveito pessoal, quanto de terceiros por ele beneficiados" (Ac.-TSE, de 20.9.2012, no REspe n. 27558); "a análise do enriquecimento ilícito e do dano ao Erário pode ser realizada pela Justiça Eleitoral, com base no exame da fundamentação do decisum, ainda que não tenha constado expressamente do dispositivo" (Ac.-TSE, de 13.8.2018, no AgR-REspe n. 27473 e, de 18.4.2017, no AgR-REspe n. 23884); "para aferição do término da inelegibilidade, o cumprimento da pena é contado do momento em que todas as cominações impostas no título condenatório tenham sido completamente adimplidas" (Ac.-TSE, de 1º.2.2018, no REspe n. 23184 e, de 3.11.2015, na Cta n. 33673); "[...] o esquema de 'rachadinha' demonstra a configuração do enriquecimento ilícito, caracterizado pelo aproveitamento, pelo parlamentar, de parte da remuneração de assessores, bem como dano ao Erário, consubstanciado na contraprestação desproporcional dos serviços efetivamente prestados" (Ac.-TSE, de 19.4.2022, no AgR-REspEl n. 060018366); "condenação por ato doloso de improbidade administrativa fundada apenas no art. 11 da Lei n. 8.429/1992 não atrai a inelegibilidade prevista nesta alínea" (Ac.-TSE, de 30.3.2017, no AgR-REspe n. 11166 e, de 21.3.2017, no REspe n. 48978); "é lícito à Justiça Eleitoral examinar por inteiro o acórdão da Justiça Comum em que proclamada a improbidade, não podendo incluir ou suprimir nada, requalificar fatos e provas, conceber adendos e refazer conclusões" (Ac.-TSE, de 13.12.2016, no REspe n. 5039); "a condenação por ato doloso de improbidade administrativa deve implicar, concomitantemente, lesão ao Erário e enriquecimento ilícito" (Ac.-TSE, de 18.10.2016, no REspe n. 4932 e, de 10.12.2013, no RO n. 67938); "indefere-se o registro de candidatura se, com base na análise das condenações, for possível constatar que a Justiça Comum reconheceu a presença cumulativa de prejuízo ao Erário e de enriquecimento ilícito decorrente de ato doloso de improbidade administrativa, ainda que não conste expressamente na parte dispositiva da decisão condenatória" (Ac.-TSE, de 22.10.2014, no RO n. 140804 e, de 11.9.2014, no RO n. 38023).

> *m) os que forem excluídos do exercício da profissão, por decisão sancionatória do órgão profissional competente, em decorrência de infração ético-profissional, pelo prazo de 8 (oito) anos, salvo se o ato houver sido anulado ou suspenso pelo Poder Judiciário;*
>
> *n) os que forem condenados, em decisão transitada em julgado ou proferida por órgão judicial colegiado, em razão de terem desfeito ou*

> *simulado desfazer vínculo conjugal ou de união estável para evitar caracterização de inelegibilidade, pelo prazo de 8 (oito) anos após a decisão que reconhecer a fraude;*

Neste ponto, já se decidiu que "a incidência deste dispositivo pressupõe ação judicial que condene a parte por fraude" (Ac.-TSE, de 21.8.2014, no REspe n. 39723).

> *o) os que forem demitidos do serviço público em decorrência de processo administrativo ou judicial, pelo prazo de 8 (oito) anos, contados da decisão, salvo se o ato houver sido suspenso ou anulado pelo Poder Judiciário;*

O TSE, sobre a temática, já se pronunciou da seguinte maneira: "a inelegibilidade de que trata esta alínea é aplicável aos militares a que se impuserem sanções que, a qualquer título, produzam efeitos análogos à demissão" (Ac.-TSE, de 18.12.2018, no RO n. 060079292); "a suspensão ou anulação administrativa do ato demissional é suficiente para afastar a inelegibilidade" (Ac.-TSE, de 21.6.2016, no REspe n. 2026); "a inelegibilidade prevista nesta alínea somente é afastada no caso de absolvição criminal que negue a existência do fato ou da autoria" (Ac.-TSE, de 12.9.2014, no RO n. 29340).

> *p) a pessoa física e os dirigentes de pessoas jurídicas responsáveis por doações eleitorais tidas por ilegais por decisão transitada em julgado ou proferida por órgão colegiado da Justiça Eleitoral, pelo prazo de 8 (oito) anos após a decisão, observando-se o procedimento previsto no art. 22;*

O TSE, com relação a esta alínea, já se pronunciou: "somente doações que representam quebra da isonomia entre os candidatos, risco à normalidade e à legitimidade do pleito ou que se aproximam do abuso do poder econômico podem gerar a causa de inelegibilidade prevista nesta alínea" (Ac.-TSE, de 14.12.2016, no AgR-REspe n. 16188 e, de 16.9.2014, no RO n. 53430); a "aplicabilidade do rito referido no art. 22 da Lei de Inelegibilidade às representações por doação acima do limite legal" (Ac.-TSE, de 21.3.2017, no AgR-AI n. 2580 e, de 28.2.2013, no AgR-REspe n. 94681); "a anotação da causa de inelegibilidade no Cadastro Nacional de Eleitores não configura punição ou reconhecimento de óbice à capacidade eleitoral passiva do responsável pela doação eleitoral tida por ilegal" (Ac.-TSE, de 1º.6.2017, no AgR-AgR-AI n. 3663); "a inelegibilidade de que trata esta alínea não é sanção imposta na decisão judicial que condena o doador a pagar multa por doação acima do limite legal, mas efeito secundário da condenação, verificável em eventual pedido de registro de candidatura" (Ac.-TSE, de 18.4.2017, no AgR-REspe n. 171735); "multas relativas às doações eleitorais tidas como ilegais atraem a inelegibilidade prevista nesta alínea" (Ac.-TSE, de 19.2.2013, no REspe n. 42624); "o dolo é matéria estranha à configuração da inelegibilidade prevista nesta alínea" (Ac.-TSE, de 13.11.2012, no AgR-REspe n. 26124).

q) os magistrados e os membros do Ministério Público que forem aposentados compulsoriamente por decisão sancionatória, que tenham perdido o cargo por sentença ou que tenham pedido exoneração ou aposentadoria voluntária na pendência de processo administrativo disciplinar, pelo prazo de 8 (oito) anos;

II – para presidente e vice-presidente da República:

a) até 6 (seis) meses depois de afastados definitivamente de seus cargos e funções:

1. os ministros de estado;

2. os chefes dos órgãos de assessoramento direto, civil e militar, da Presidência da República;

3. o chefe do órgão de assessoramento de informações da Presidência da República;

4. o chefe do estado-maior das Forças Armadas;

5. o advogado-geral da União e o consultor-geral da República;

6. os chefes do estado-maior da Marinha, do Exército e da Aeronáutica;

7. os comandantes do Exército, Marinha e Aeronáutica;

8. os magistrados;

9. os presidentes, diretores e superintendentes de autarquias, empresas públicas, sociedades de economia mista, e fundações públicas e as mantidas pelo poder público;

Sobre este ponto, o TSE já se pronunciou da seguinte forma: "as entidades mantidas pelo poder público são aquelas cuja soma das verbas públicas totaliza mais da metade de suas receitas" (Ac.-TSE, de 7.10.2008, no REspe n. 30539 e de 25.11.2010, no RO n. 442592); "a necessidade do afastamento com base neste item decorre de a entidade compor a Administração Indireta, sendo irrelevante a circunstância de se tratar de instituição privada mantida pelo poder público" (Ac.-TSE, de 10.12.2020, no REspEl n. 060062698); e pela não incidência da inelegibilidade deste item ao dirigente de entidade privada sem fins lucrativos que receba recursos públicos (Ac.-TSE, de 19.12.2016, no AgR-REspe n. 19983, de 7.10.2008, e no REspe n. 30539) e ao presidente de fundo social municipal (Ac.-TSE, de 25.11.2010, no RO n. 442592).

> *10. os governadores de estado, do Distrito Federal e de territórios;*
>
> *11. os interventores federais;*
>
> *12. os secretários de estado;*
>
> *13. os prefeitos municipais;*
>
> *14. os membros do Tribunal de Contas da União, dos estados e do Distrito Federal;*
>
> *15. o diretor-geral do Departamento de Polícia Federal;*
>
> *16. os secretários-gerais, os secretários-executivos, os secretários nacionais, os secretários federais dos ministérios e as pessoas que ocupem cargos equivalentes;*
>
> *b) os que tenham exercido, nos 6 (seis) meses anteriores à eleição, nos estados, no Distrito Federal, territórios e em qualquer dos poderes da União, cargo ou função, de nomeação pelo presidente da República, sujeito à aprovação prévia do Senado Federal;*
>
> *c) (Vetado);*
>
> *d) os que, até 6 (seis) meses antes da eleição tiverem competência ou interesse, direta, indireta ou eventual, no lançamento, arrecadação ou fiscalização de impostos, taxas e contribuições de caráter obrigatório, inclusive parafiscais, ou para aplicar multas relacionadas com essas atividades;*

Sobre este ponto, o TSE já decidiu pelo afastamento não remunerado dos servidores que se enquadrarem neste dispositivo (Res.-TSE ns. 22627/2007 e 19506/1996) e que a inelegibilidade que se estende a quem tem competência ou interesse direto, indireto ou eventual no lançamento e não apenas a quem o executa (Ac.-TSE, de 8.11.2016, no AgR-REspe n. 12060 e, de 3.10.2014, no AgR-RO n. 97448).

> *e) os que, até 6 (seis) meses antes da eleição, tenham exercido cargo ou função de direção, administração ou representação nas empresas de que tratam os arts. 3º e 5º da Lei n. 4.137, de 10 de setembro de 1962, quando, pelo âmbito e natureza de suas atividades, possam tais empresas influir na economia nacional;*

A lei mencionada foi revogada pelo art. 92 da Lei n. 8.884/1994, que, por sua vez, foi revogado pelo art. 127 da Lei n. 12.529/2011.

> *f) os que, detendo o controle de empresas ou grupo de empresas que atuem no Brasil, nas condições monopolísticas previstas no parágrafo único do art. 5º da lei citada na alínea anterior, não apresentarem à Justiça Eleitoral, até 6 (seis) meses antes do pleito, a prova de que fizeram cessar o abuso apurado, do poder econômico, ou de que transferiram, por força regular, o controle de referidas empresas ou grupo de empresas;*
>
> *g) os que tenham, dentro dos 4 (quatro) meses anteriores ao pleito, ocupado cargo ou função de direção, administração ou representação em entidades representativas de classe, mantidas, total ou parcialmente, por contribuições impostas pelo poder público ou com recursos arrecadados e repassados pela Previdência Social;*

Aqui, o TSE já decidiu que: "a OAB enquadra-se no rol das entidades representativas de classe a que se refere esta alínea" (Ac.-TSE, de 14.2.2017, no AgR-REspe n. 26211 e, de 20.5.2014, na Cta n. 11187); pela "desincompatibilização de dirigentes de serviços sociais e de formação profissional autônomos" (Res.-TSE n. 23232/2010); pela desnecessidade de desincompatibilização de dirigente de entidade sindical não mantida com recursos provenientes de contribuições compulsórias (Ac.-TSE, de 1º.8.2022, no AgR-REspEl n. 060047380); e pela desnecessidade de desincompatibilização de dirigentes de entidades de classe não mantidas com recursos públicos ou com recursos repassados pela Previdência Social (Ac.-TSE, de 23.9.2021, na CtaEl n. 060031708).

h) os que, até 6 (seis) meses depois de afastados das funções, tenham exercido cargo de presidente, diretor ou superintendente de sociedades com objetivos exclusivos de operações financeiras e façam publicamente apelo à poupança e ao crédito, inclusive através de cooperativas e da empresa ou estabelecimentos que gozem, sob qualquer forma, de vantagens asseguradas pelo poder público, salvo se decorrentes de contratos que obedeçam a cláusulas uniformes;

i) os que, dentro de 6 (seis) meses anteriores ao pleito, hajam exercido cargo ou função de direção, administração ou representação em pessoa jurídica ou em empresa que mantenha contrato de execução de obras, de prestação de serviços ou de fornecimento de bens com órgão de poder público ou sob seu controle, salvo no caso de contrato que obedeça a cláusulas uniformes;

Já houve entendimento do TSE pela incidência da ressalva nas cláusulas contratuais impostas pelo poder público sem a participação do particular (Ac.-TSE, de 23.5.2017, no AgR-REspe n. 11113); no sentido de que contrato firmado com o poder público decorrente de pregão obedece, em geral, a cláusulas uniformes (Ac.-TSE, de 10.10.2017, no AgR-REspe n. 4614 e, de 21.2.2017, no AgR-REspe n. 12387); que a dispensa de licitação, em razão do valor da contratação, não induz à conclusão de que o ajuste não obedeceu a cláusulas uniformes (Ac.-TSE, de 16.11.2017, no AgR-REspe n. 23547 e, de 27.6.2017, no REspe n. 28306); que a inexigibilidade de licitação descaracteriza a presença de cláusulas uniformes na contratação com o poder público (Ac.-TSE, de 30.5.2017, no REspe n. 6550); e que a desincompatibilização prevista nesta alínea e na alínea a do inciso IV deste artigo exige três requisitos cumulativos: a) exercício de cargo ou função de direção, administração ou representação em pessoa jurídica ou em empresa que mantenha contrato com órgão de poder público ou que seja por este controlada; b) existência de contrato de prestação de serviços, de fornecimento de bens ou de execução de obras; e c) inexistência de contrato com cláusulas uniformes (Ac.-TSE, de 29.11.2016, no REspe n. 6025).

j) os que, membros do Ministério Público, não se tenham afastado das suas funções até 6 (seis) meses anteriores ao pleito;

l) os que, servidores públicos, estatutários ou não, dos órgãos ou entidades da administração direta ou indireta da União, dos estados, do Distrito Federal, dos municípios e dos territórios, inclusive das fundações mantidas pelo poder público, não se afastarem até 3 (três) meses anteriores ao pleito, garantido o direito à percepção dos seus vencimentos integrais;

A respeito deste tópico, já decidiu-se que o agente comunitário de saúde equipara-se a servidor público para fins de desincompatibilização prevista neste inciso (Ac.-TSE, de 25.10.2022, no RO-El n. 060136080); é necessária a desincompatibilização de servidor público cedido para a Câmara dos Deputados, mesmo que o servidor esteja lotado em cargo de localidade diversa do pleito, tendo em vista a potencial influência na circunscrição da eleição (Ac.-TSE, de 24.10.2019, no AgR-RO n. 060076396); pela não exigência de sujeição ao prazo de três meses para militar que não exerce função de comando, devendo afastar-se a partir do deferimento do registro de candidatura (Ac.-TSE, de 25.10.2016, no REspe n. 30516); que "a reforma eleitoral promovida pela Lei n. 13.165/2015 não alterou os prazos de desincompatibilização para disputa de cargos eletivos constantes da LC n. 64/1990" (Ac.-TSE, de 30.6.2016, na Cta n. 6882); que "a pessoa que ocupa cargo de direção no Poder Legislativo Estadual com atribuição de ordenamento de despesas é regida pela regra geral desta alínea, devendo desincompatibilizar-se até três meses antes do pleito para concorrer aos cargos de prefeito ou vice-prefeito" (Ac.-TSE, de 15.12.2015, na Cta n. 45971); que "pessoa contratada para atender necessidade temporária de excepcional interesse público deverá se afastar três meses antes do pleito" (Ac.-TSE, de 23.9.2014, no REspe n. 72793, de 20.9.2004, no AgRgREspe n. 22708); que comunicação feita à direção da unidade em que o servidor exerce suas funções pode ser suficiente como prova de desincompatibilização (Ac.-TSE, de 25.11.2010, no Ag-RO n. 132527).

Por sua vez, já se entendeu não ser exigível a desincompatibilização do médico credenciado ao SUS, no exercício particular da Medicina (Ac.-TSE, de 25.6.2018, no AgR-AI n. 38262); do médico que presta serviços ao poder público, em clínicas credenciadas, para obtenção ou alteração de CNH (Ac.-TSE, de 29.11.2016, no REspe n. 6025); do juiz arbitral (Ac-TSE, de 12.9.2014, no RO n. 54980); e do estudante estagiário (Ac.-TSE, de 12.11.2008, no AgR-REspe n. 32377).

É, ademais, entendimento sumulado que "serventuário de cartório, celetista, não se inclui na exigência do art. 1º, II, l, da LC n. 64/1990" (Súm. 5/92, TSE) e que "a desincompatibilização de servidor público que possui cargo em comissão é de três meses antes do pleito e pressupõe a exoneração do cargo comissionado, e não apenas seu afastamento de fato" (Súm. 54/2016, TSE).

> III – para governador e vice-governador de estado e do Distrito Federal:
>
> *a) os inelegíveis para os cargos de presidente e vice-presidente da República especificados na alínea a do inciso II deste artigo e, no tocante às demais alíneas, quando se tratar de repartição pública, associação ou empresas que operem no território do estado ou do Distrito Federal, observados os mesmos prazos;*
>
> *b) até 6 (seis) meses depois de afastados definitivamente de seus cargos ou funções:*
>
> *1. os chefes dos gabinetes civil e militar do governador do estado ou do Distrito Federal;*
>
> *2. os comandantes do distrito naval, região militar e zona aérea;*
>
> *3. os diretores de órgãos estaduais ou sociedades de assistência aos municípios;*

A propósito, "a simples previsão estatutária a possibilitar o recebimento de recursos públicos é suficiente para o reconhecimento da sociedade de assistência a municípios" (Ac.-TSE, de 27.11.2014, no RO n. 78372).

> *4. os secretários da administração municipal ou membros de órgãos congêneres;*

Aqui, há o prazo de desincompatibilização de seis meses para cargos, criados nos municípios, congêneres ao de secretário (Ac.-TSE, de 13.12.2016, no AgR-REspe n. 9546).

> IV – para prefeito e vice-prefeito:
>
> *a) no que lhes for aplicável, por identidade de situações, os inelegíveis para os cargos de presidente e vice-presidente da República, governador*

> *e vice-governador de estado e do Distrito Federal, observado o prazo de 4 (quatro) meses para a desincompatibilização;*

O entendimento do TSE com relação a esta alínea é de que "o professor de carreira em instituição federal de ensino que exerça o cargo de reitor e venha a se candidatar ao cargo de prefeito ou de vice-prefeito deverá afastar-se definitivamente do cargo de reitor quatro meses antes do pleito, bem como licenciar-se das funções de magistério até três meses antes do pleito" (Res.-TSE n. 22793/2008) e que "secretário municipal pode se candidatar ao cargo de prefeito em município diverso daquele onde atua sem necessidade de desincompatibilização, salvo hipótese de município desmembrado" (Ac.-TSE, de 25.4.2012, na Cta n. 4663).

> *b) os membros do Ministério Público e Defensoria Pública em exercício na comarca, nos 4 (quatro) meses anteriores ao pleito, sem prejuízo dos vencimentos integrais;*

Sobre esta alínea, o TSE tem entendido que o direito à percepção dos vencimentos ou remuneração do defensor público estadual, candidato a vereador, deverá ser analisado à luz da LC n. 80/1994 e das leis orgânicas das defensorias públicas estaduais (Res.-TSE n. 22141/2006) e que o prazo de filiação partidária para membros do Ministério Público Estadual submetidos à vedação constitucional de filiação partidária: quatro meses para prefeito e seis meses para vereador (Ac.-TSE, de 13.10.2011, na Cta n. 150889).

> *c) as autoridades policiais, civis ou militares, com exercício no município, nos 4 (quatro) meses anteriores ao pleito;*

A propósito, "o policial civil se equipara ao servidor público, para fins de desincompatibilização, devendo se afastar das funções no prazo de três meses da data das eleições para disputar o cargo de vereador, excepcionados os ocupantes de funções de comando (LC n. 64/1990, art. 1º, IV, c)" (Ac.-TSE, de 4.6.2013, no AgR-REspe n. 17587).

V – para o Senado Federal:

a) os inelegíveis para os cargos de presidente e vice-presidente da República especificados na alínea a do inciso II deste artigo e, no tocante às demais alíneas, quando se tratar de repartição pública, associação ou empresa que opere no território do estado, observados os mesmos prazos;

b) em cada estado e no Distrito Federal, os inelegíveis para os cargos de governador e vice-governador, nas mesmas condições estabelecidas, observados os mesmos prazos;

VI – para a Câmara dos Deputados, assembleia legislativa e Câmara Legislativa, no que lhes for aplicável, por identidade de situações, os inelegíveis para o Senado Federal, nas mesmas condições estabelecidas, observados os mesmos prazos;

VII – para a câmara municipal:

a) no que lhes for aplicável, por identidade de situações, os inelegíveis para o Senado Federal e para a Câmara dos Deputados, observado o prazo de 6 (seis) meses para a desincompatibilização;

O "prazo de filiação partidária para membros do Ministério Público Estadual submetidos à vedação constitucional de filiação partidária: quatro meses para prefeito e seis meses para vereador" (Ac.-TSE, de 13.10.2011, na Cta n. 150889).

b) em cada município, os inelegíveis para os cargos de prefeito e vice-prefeito, observado o prazo de 6 (seis) meses para a desincompatibilização.

§ 1º Para concorrência a outros cargos, o presidente da República, os governadores de estado e do Distrito Federal e os prefeitos devem renunciar aos respectivos mandatos até 6 (seis) meses antes do pleito.

Segundo a Res.-TSE n. 19952/1997: é cabível a reelegibilidade, para um único período subsequente, também do vice-presidente da República, dos vice-governadores e dos vice-prefeitos; inexigibilidade de desincompatibilização dos titulares para disputarem a reeleição, solução que se estende ao vice-presidente da República, aos vice-governadores e aos vice-prefeitos.

§ 2º O vice-presidente, o vice-governador e o vice-prefeito poderão candidatar-se a outros cargos, preservando os seus mandatos respectivos, desde que, nos últimos 6 (seis) meses anteriores ao pleito, não tenham sucedido ou substituído o titular.

> *§ 3º São inelegíveis, no território de jurisdição do titular, o cônjuge e os parentes, consanguíneos ou afins, até o segundo grau ou por adoção, do presidente da República, de governador de estado ou território, do Distrito Federal, de prefeito ou de quem os haja substituído dentro dos 6 (seis) meses anteriores ao pleito, salvo se já titular de mandato eletivo e candidato à reeleição.*

O TSE já decidiu pela elegibilidade de cônjuge e parentes do chefe do Executivo para o mesmo cargo do titular, quando este for reelegível e tiver se afastado definitivamente do cargo até seis meses antes da eleição (Ac.-TSE, de 27.11.2001, no Ag n. 3043 e Ac.-STF, de 7.4.2003, no RE n. 344.882); elegibilidade de cônjuge e parentes do chefe do Executivo para cargo diverso, desde que este se afaste definitivamente até seis meses antes da eleição (Res.-TSE ns. 21508/2003 e 15120/1989 e Ac.-TSE, de 15.9.1998, no RO n. 193); possibilidade de cônjuge não detentor de mandato eletivo candidatar-se aos cargos de prefeito ou vice-prefeito sem que tal situação configure a inelegibilidade prevista no art. 14, § 7º, da CF/1988, que diz respeito à hipótese em que um dos cônjuges ocupa cargo eletivo (Res.-TSE n. 23087/2009); e que "os sujeitos de uma relação estável homossexual, à semelhança do que ocorre com os de relação estável, de concubinato e de casamento, submetem-se à regra de inelegibilidade prevista no art. 14, § 7º, da Constituição Federal" (Ac.-TSE, de 1º.10.2004, no REspe n. 24564).

Há, além disso, a Súmula Vinculante 18/2009, do STF: "A dissolução da sociedade ou do vínculo conjugal, no curso do mandato, não afasta a inelegibilidade prevista no § 7º do art. 14 da Constituição Federal".

> *§ 4º A inelegibilidade prevista na alínea e do inciso I deste artigo não se aplica aos crimes culposos e àqueles definidos em lei como de menor potencial ofensivo, nem aos crimes de ação penal privada.*

Para o TSE, "considera-se crime de menor potencial ofensivo aquele cujo quantum máximo da pena privativa de liberdade abstratamente cominada não seja superior a dois anos" (Ac.-TSE, de 6.12.2018, no RO n. 060058443) e "a incidência da exceção prevista neste parágrafo, quanto aos crimes de menor potencial ofensivo praticados isoladamente ou em concurso material, formal ou em continuidade delitiva, leva em conta a condenação penal pelo prazo máximo da pena abstratamente prevista em lei, independentemente das circunstâncias consideradas para efeito da aplicação da pena em concreto" (Ac.-TSE, de 7.11.2017, no REspe n. 10554).

> *§ 4º-A. A inelegibilidade prevista na alínea g do inciso I do caput deste artigo não se aplica aos responsáveis que tenham tido suas contas julgadas irregulares sem imputação de débito e sancionados exclusivamente com o pagamento de multa.*
>
> *§ 5º A renúncia para atender à desincompatibilização com vistas a candidatura a cargo eletivo ou para assunção de mandato não gerará a inelegibilidade prevista na alínea k, a menos que a Justiça Eleitoral reconheça fraude ao disposto nesta lei complementar.*

2.6. LEI DOS PARTIDOS POLÍTICOS

Dentro de uma democracia representativa, é por meio dos partidos políticos que a vontade popular e o direito ao sufrágio se concretizam. A filiação partidária é compulsória no sistema eleitoral brasileiro e, por isso, os partidos políticos desempenham um papel fundamental na participação das mulheres na política, no acesso às instâncias de representação política e no exercício de funções públicas. Seu regramento jurídico encontra respaldo na Lei n. 9.096/95, merecendo destaque, de início, aos seguintes julgados referentes à temática:

> PRESTAÇÃO DE CONTAS. DEMOCRACIA CRISTÃ. EXERCÍCIO DE 2019. COMPROVAÇÃO DE DESPESAS COM RECURSOS DO FUNDO PARTIDÁRIO. REITERADAS TRANSAÇÕES ENTRE PARTES RELACIONADAS. INSUFICIÊNCIA NO INCENTIVO À PARTICIPAÇÃO DA MULHER NA POLÍTICA. AUSÊNCIA DE REPASSE DE RECURSOS ÀS ESFERAS PARTIDÁRIAS. GRAVIDADE. PRECEDENTES. CONJUNTO DE IRREGULARIDADES. DESAPROVAÇÃO.
>
> [...]
>
> 3. A Emenda Constitucional (EC) n. 117/2022 prevê a seguinte anistia (art. 2º): "aos partidos políticos que não tenham utilizado os recursos destinados aos programas de promoção e difusão da participação política das mulheres ou cujos valores destinados a

essa finalidade não tenham sido reconhecidos pela Justiça Eleitoral é assegurada a utilização desses valores nas eleições subsequentes, vedada a condenação pela Justiça Eleitoral nos processos de prestação de contas de exercícios financeiros anteriores que ainda não tenham transitado em julgado até a data de promulgação desta Emenda Constitucional".

4. Este Tribunal tem assinalado que, embora a nova disposição constitucional se aplique aos feitos ainda não transitados em julgado, seus efeitos alcançam somente a sanção que porventura seria aplicada à grei que tenha descumprido a cota mínima dessa ação afirmativa (PC n. 0601765-55/DF, Rel. Min. Mauro Campbell Marques, DJe de 6.5.2022).

[...]

14. Quanto à insuficiente aplicação de recursos do Fundo Partidário no incentivo à participação da mulher na política, diante da promulgação da EC n. 117/2022, deverá o partido utilizar o valor de R$ 30.105,53 (trinta mil, cento e cinco reais e cinquenta e três centavos) nas eleições subsequentes ao trânsito em julgado desta decisão. Precedentes.

15. Contas partidárias desaprovadas, com determinações.

Decisão:

O Tribunal, por unanimidade, julgou desaprovadas as contas do Diretório Nacional do Democracia Cristã (DC) referentes ao exercício financeiro de 2019 e determinou: (i) a devolução ao Erário, pelo partido, com recursos próprios e atualizado, do valor de R$ 54.515,08 (cinquenta e quatro mil, quinhentos e quinze reais e oito centavos), relativos ao uso irregular de verbas públicas, acrescido de multa de 5%, a ser descontada dos futuros repasses do Fundo Partidário, no período de 3 (três) meses; (ii) o recolhimento ao Tesouro Nacional de R$ 14.366,99 (quatorze mil, trezentos e sessenta e seis reais e noventa e nove centavos), referentes aos recursos de origem não identificada, atualizados e com recursos próprios; (iii) a utilização do valor de R$ 30.105,53 (trinta mil, cento e cinco reais e cinquenta e três centavos) nas eleições subsequentes ao trânsito em julgado desta decisão no incentivo à participação da mulher na política, nos termos do voto do Relator.

(TSE, PC 0600477-67.2020.6.00.0000/DF, Relator Ministro Carlos Horbach, j. 18.05.2023, DJe, tomo 105, 29.05.2023).

PRESTAÇÃO DE CONTAS ANUAL. EXERCÍCIO FINANCEIRO DE 2017. DIRETÓRIO NACIONAL. PARTIDO LIBERAL (PL).

1. Trata-se de prestação de contas do Diretório Nacional do Partido Liberal (PL) referente ao exercício financeiro de 2017.

[...]

INOBSERVÂNCIA. PERCENTUAL DE 5%. PROMOÇÃO DA MULHER NA POLÍTICA. ANISTIA. EC 117/2022.

22. Nos termos do art. 55–A da Lei 9.096/95, "[o]s partidos que não tenham observado a aplicação de recursos prevista no inciso V do caput do art. 44 desta Lei nos exercícios anteriores a 2019, e que tenham utilizado esses recursos no financiamento das candidaturas femininas até as eleições de 2018, não poderão ter suas contas rejeitadas ou sofrer qualquer outra penalidade".

23. No caso dos autos, no exercício de 2017, o partido não cumpriu o percentual mínimo de 5% previsto no art. 44, V, da Lei 9.096/95 para promover a participação feminina na política, deixando de aplicar R$ 2.535.849,72. Porém, a unidade técnica atestou que a legenda utilizou R$ 6.820.000,00 para financiar candidaturas femininas nas Eleições 2018, cujo valor é suficiente para suprir, na forma do referido art. 55-A, o montante não empregado na ação afirmativa no exercício financeiro de 2017. Assim, descabe impor ao partido qualquer espécie de sanção.

24. A hipótese dos autos não desafia a incidência da Emenda Constitucional 117/2022. Isso porque, a quantia irregular não aplicada em 2017 já foi investida pelo partido para promover candidaturas femininas no pleito de 2018, de modo que não caberia determinar a utilização desses valores novamente nas "eleições subsequentes", sob pena de se incorrer em *bis in idem*.

CONCLUSÃO. FALHAS QUE PERFAZEM 2,14% DO TOTAL DE RECURSOS DO FUNDO PARTIDÁRIO. INCIDÊNCIA. PRINCÍPIOS DA PROPORCIONALIDADE E DA RAZOABILIDADE. APROVAÇÃO.

[...]

Decisão:

O Tribunal, por unanimidade, julgou aprovadas com ressalvas as contas do Diretório Nacional do Partido Liberal (PL), relativas ao exercício financeiro de 2017 e determinou o recolhimento ao erário de R$ 875.759,79 (verbas do Fundo Partidário aplicadas de modo irregular), com recursos próprios e o encaminhamento ao TSE do respectivo comprovante, nos termos do voto do Relator. Acompanharam o Relator, os Ministros Raul Araújo, Sérgio Banhos, Carlos Horbach, Cármen Lúcia, Nunes Marques e Alexandre de Moraes (Presidente).

(TSE, PC 0600428-94.2018.6.00.0000/DF, Relator Ministro Benedito Gonçalves, j. 20.04.2023, DJe, tomo 83, 05.05.2023).

PRESTAÇÃO DE CONTAS DE PARTIDO POLÍTICO. PSTU – DIRETÓRIO NACIONAL. EXERCÍCIO FINANCEIRO DE 2018. IRREGULARIDADES QUE TOTALIZAM R$ 337.574,30, VALOR EQUIVALENTE A 11,73% DOS RECURSOS RECEBIDOS DO FUNDO PARTIDÁRIO. VERBA PÚBLICA IRREGULARMENTE APLICADA. NÃO COMPROVAÇÃO DE GASTOS. AUSÊNCIA DE DOCUMENTAÇÃO. INSUFICIÊNCIA DE APLICAÇÃO DE RECURSOS PÚBLICOS NO FOMENTO À PARTICIPAÇÃO FEMININA NA POLÍTICA. CONTAS DESAPROVADAS, COM DETERMINAÇÕES.

1. Prestação de contas do Diretório Nacional do PSTU relativa ao exercício financeiro de 2018, cujo mérito se submete às disposições da Res.–TSE n. 23.546/2017.

[...]

4. Programa de incentivo à participação das mulheres na política. Insuficiência de documentação para comprovação de despesas.

4.1. O partido efetuou pagamentos em favor da empresa Maiorca Passagens e Turismo sem comprovar a vinculação da despesa – passagens aéreas – com a atividade partidária.

4.2. Segundo entende o TSE, "para a regular comprovação de despesas com passagens aéreas e hospedagens, faz–se mister, além da apresentação de documento fiscal que preencha os requisitos do art. 18, § 7º, II e III, da Res.–TSE n. 23.546/2017, a comprovação do vínculo das viagens com a atividade partidária, consoante dispõe o art. 44 da Lei n. 9.096/1995" (ED–PC n. 0600225–98/DF, de minha relatoria, julgados em 6.10.2022, DJe de 24.10.2022).

4.3. É pacífico o entendimento nesta Corte Superior de que atividades-meio com vistas à realização de atividades especificamente voltadas para a promoção da mulher na política, a exemplo dos serviços administrativos e despesas com transporte para reuniões e eventos do partido. Precedente: PC–PP n. 0601765–55/DF, rel. Min. Mauro Campbell Marques, julgada em 7.4.2022, DJe de 6.5.2022: 4.4. No caso, o partido sequer demonstrou a efetiva realização do evento que, segundo alega, ensejou as despesas com passagens, a exemplo fotos, vídeos, folders e outros documentos, o que contraria o disposto nos arts. 18 e 35, § 2º, da Res.–TSE n. 23.546/2017. Também não se desincumbiu do ônus de demonstrar o vínculo das passageiras com a agremiação. Irregularidade mantida. Precedente.

5. Insuficiência na aplicação de recursos do Fundo Partidário em incentivo à participação das mulheres na política.

5.1. A EC n. 117/2022 não excluiu a possibilidade de a Justiça Eleitoral, no exercício de sua competência fiscalizatória, aferir a regularidade do uso das verbas públicas relativas ao programa de promoção e difusão da participação política das mulheres e ao financiamento das candidaturas de gênero. A gravidade dessa espécie de falha, aliás, tornou-se ainda mais evidente com a constitucionalização da ação afirmativa (PC–PP n. 0601765–55/DF, rel. Min. Mauro Campbell Marques, julgada em 7.4.2022, DJe de 6.5.2022).

5.2. No caso, o partido deveria ter aplicado no programa de incentivo à participação política feminina o mínimo de R$ 143.820,94. Contudo, da análise da quantia destinada à ação afirmativa, ele comprovou regularmente a aplicação de R$ 140.610,88. Assim, a insuficiência da destinação mínima de recursos a que se refere o art. 44, V, da Lei n. 9.096/1995 é de R$ 3.210,06, montante que deve ser aplicado nas eleições subsequentes, consoante dispõe o art. 2º da EC n. 117/2022. [...]

9. Conclusão: contas desaprovadas.

9.1. O total de irregularidades encontrado nas contas do PSTU relativas ao exercício financeiro de 2018, sujeitas a ressarcimento ao erário, é de R$ 330.648,26, (valor que se refere aos recursos do Fundo Partidário irregularmente utilizados, ou que não foram devidamente comprovados, e recursos de origem não identificada recebidos na conta de recursos próprios), o que representa 1149% do total que o partido recebeu do aludido fundo público em 2018 (R$ 2.876.418,73).

9.2. Esta Corte Superior entende que "inexiste fórmula fixa predeterminada que estabeleça a utilização de critério meramente per-

> centual no julgamento das contas, de modo que tanto a aprovação quanto a rejeição delas dependem, necessariamente, da análise dos elementos do caso concreto, providência que compete, exclusivamente, ao julgador, que verificará se o conjunto das irregularidades implicou, na hipótese, malferimento – ou não – à transparência, à lisura e ao indispensável zelo no uso dos recursos públicos" (ED–PC n. 154–53/DF, rel. Min. Mauro Campbell Marques, julgados em 10.6.2021, DJe de 25.6.2021).
>
> 9.3. Dentre as irregularidades verificadas nas presentes contas, constatou–se a concentração de recursos na esfera nacional e a violação ao fomento do programa de participação feminina na política, falhas de natureza grave. Precedentes.
>
> **10. Determinações.**
>
> 10.1. Ressarcimento ao erário do valor de 330.648,26, aplicação de multa de 6% sobre o montante tido por irregular, a ser paga mediante desconto nos futuros repasses do Fundo Partidário e aplicação nas eleições subsequentes do montante de R$ 3.210,06 no programa de incentivo à participação da mulher na política, consoante dispõe o art. 2º da EC n. 117/2022.
>
> (TSE, PC 0600220-76.2019.6.00.0000/DF, Relator Ministro Raul Araújo Filho, j. 27.02.2023, DJe, tomo 38, 13.03.2023).

Neste contexto, convém ser aproveitado o presente tópico para algumas discussões sobre o papel dos partidos políticos na maior ou menor participação de mulheres na política:

> [...] Não há propriamente um consenso ou mesmo um conjunto mais sistemático de evidências empíricas que indiquem padrões claros acerca de como a natureza do sistema partidário afetaria a eleição das mulheres. Mas seguindo o raciocínio apresentado no início deste texto, tem sido sugerido que os sistemas pluripartidários característicos da representação proporcional, isto é, sistemas que não contam apenas com dois ou três grandes partidos na representação tendem a apresentar proporção mais elevada de mulheres eleitas (DARCY, WELCH & CLARCK, 1994; RULE & ZIMMERMAN, 1994; IPU, 1997; DIAZ, 2002; HTUN, 2002; MATLAND, 2002; SCHMIDT, 2003). As razões seriam o fato de tais sistemas possuírem mais partidos competindo e de

> o pluripartidarismo estimular o "mercado eleitoral" e possibilitar o surgimento mais constante de novos partidos, que tendem a absorver novos atores sociais. Ao contrário, os sistemas dominados por poucos e grandes partidos tendem a reduzir as oportunidades para os setores que tradicionalmente se encontram fora dos centros decisórios da política, porque suas bases de apoio já se encontram padronizadas e consolidadas e sua tendência é reproduzir os padrões de recrutamento já estabelecidos.[12]

Há que se ponderar, portanto, que a competição partidária mais diversificada e mesmo o surgimento de novos partidos são fatores a proporcionar mais fácil ingresso para as mulheres na esfera política. Na realidade brasileira, há esse cenário aparentemente favorável, contudo, não são altos os índices atuais de efetiva eleição de candidatas mulheres.

Algumas causas podem ser identificadas para esse fenômeno, entre as quais está o fato óbvio de que, proporcionalmente, os homens têm uma história de envolvimento partidário mais antiga que suas companheiras mulheres, o que lhes permite maior inserção nas instâncias diretivas do partido, como em quaisquer outros espaços de poder ainda marcados pela desigualdade de gênero.

Para além das obrigações legais impostas aos partidos atualmente, e elencadas a seguir, importantíssima é a constatação de que investimentos em políticas de gênero como estratégias específicas do próprio partido facilitariam a presença das mulheres na vida partidária e, por consequência, facilitaria sua candidatura e eleição. Entre essas iniciativas, cita-se a prática atual da criação de uma organização de mulheres no próprio partido, contudo, alerta ARAÚJO[13]:

> Mesmo entre os partidos com tradição de organização, o poder de mobilização e, sobretudo, de pressão junto às direções partidárias é muito escasso; as ações [...] assumem uma característica mais ou

---

12. Cf. ARAÚJO, Clara. **Cidadania incompleta: o impacto da lei de cotas sobre a representação política das mulheres brasileiras**. Rio de Janeiro. 1999. Tese (Doutorado em Sociologia). Universidade Federal do Rio de Janeiro. Disponível em: https://www.scielo.br/j/rsocp/a/tGtdSWCqjLRJX4cSsLDHfdB/. Acesso em: 12 jun. 2023.

13. Idem ibidem.

> menos paralela ao núcleo de articulação e ação política dos partidos, sem muito poder de influência sobre as decisões partidárias centrais. [...] No Brasil, os partidos incorporam um discurso favorável à mulher em seus programas, plataformas eleitorais e nos pronunciamentos dos dirigentes. Isso pode ser visto como algo positivo, na medida em que expressa o apoio e o apelo que o tema dos direitos das mulheres angariou na sociedade como um todo. Mas para além dos compromissos intencionais, poucos são os partidos brasileiros que implementam ações mais substantivas nesse sentido.

Para além do que se sistematiza aqui enquanto modificações importantíssimas de toda legislação e, principalmente, da Lei de Partidos Políticos, fato é que o recrutamento partidário com vistas à competição eleitoral, a real escolha de quais serão as candidaturas aptas a receberem votação expressiva, fica dependente dos dirigentes partidários.

Houve tentativa de modificação da presente situação por meio de apresentação de projeto de lei no Brasil com a seguinte justificativa:

> A política no Brasil ainda é um espaço predominantemente masculino. Embora representem mais da metade dos eleitores, o percentual de mulheres hoje em mandatos do Poder Legislativo oscila em torno de 15% do total de cadeiras existentes. Menor ainda é o percentual de Prefeitas e Governadoras eleitas. O resultado, inevitável, é a sobreposição do viés masculino na agenda da política, nos planos da Nação, dos Estados e dos Municípios. Isso demostra a falta de sensibilidade aos espaços institucionais de formulação e deliberação política para temas que são vitais na perspectiva das mulheres brasileiras. É certo que essa situação reflete as limitações que a estratégia de reserva de candidaturas partidárias por sexo, adotada ainda antes da Lei n. 9.504, de 30 de setembro de 1997, conhecida como Lei das Eleições, revelou. Não é outra a razão de estar em curso o debate em torno da substituição da estratégia de reserva de candidaturas pela alternativa de reserva de cadeiras, como procedem os países que adotam o voto proporcional com listas fechadas e alternância de sexos na lista. A presente proposta envereda por outro caminho. Parte do princípio que apenas direções partidárias com forte presença feminina disporão da sensibilidade e do empenho necessários para atrair candidaturas competitivas de mulheres e trabalhar pelo seu sucesso eleitoral. Essa foi a premissa

que norteou a elaboração de recente acordo firmado entre o Ministério Público Eleitoral e o Movimento Democrático Brasileiro, partido ao qual pertenço, e homologado pelo Tribunal Superior Eleitoral em agosto do corrente. Nos termos desse instrumento, o MDB assumiu o compromisso de garantir que suas direções partidárias, provisórias e permanentes, assim como aquelas de seus órgãos de assessoramento e de apoio, tivessem efetivamente a presença feminina, na proporção mínima de 30% dos lugares para cada gênero. No caso das direções dos órgãos da juventude, ficou estipulada a composição paritária por gênero. Além disso, restou definida uma regra de transição, que parte de percentuais iniciais mínimos para chegar aos objetivos finais almejados em 2028. Finalmente, o mesmo acordo prevê como punição para o descumprimento dessas previsões a dissolução dos colegiados e a nulidade das decisões por eles tomadas. Esse conjunto de regras encontra-se incorporado ao projeto ora apresentado, e o submeto à deliberação dos meus pares certa de que ele será um pequeno passo para uma grande transformação. Seu impacto potencial sobre a vida dos partidos será profundo e duradouro. A luta por uma sociedade mais justa e igualitária pressupõe a presença mais efetiva de mulheres em postos de comando. Estabelecer a cota mínima dentro das estruturas partidárias vai, a médio e longo prazos, mudar o relacionamento interno nos diretórios, a forma de fazer política e a visão que a sociedade tem da política. Por isso, também sugiro que nos órgãos de juventude dos partidos políticos, a presença feminina seja até maior, de 50%. Se desde cedo garantirmos espaço efetivo ao olhar feminino dentro dos partidos, teremos mais equilíbrio e condições de mudar ou redirecionar o rumo da política. Queremos que as mulheres venham para a política. As diferentes visões de mundo, bem como as aspirações e metas, serão compartilhadas entre homens e mulheres de forma mais democrática, com o objetivo final de somar e construir cidadãos mais comprometidos e capacitados a nos representar, com olhar holístico para os problemas nacionais.[14]

Referido projeto de lei n. 4.391, de 2020, propunha alteração da aqui referida Lei dos Partidos Políticos para estabelecer a previsão

14. Disponível em https://legis.senado.leg.br/sdleg-getter/documento?dm=8883273&ts=1602272904923&disposition=inline. Acesso em: 03 ago. 2023.

de reserva de gênero de pelo menos 30% dos lugares para cada sexo na composição dos órgãos partidários, o que poderia trazer solução para o problema apresentado, contudo, não restou sua aprovação nas Casas legislativas.

Feitas essas observações preliminares, fato é que os partidos políticos se destinam a assegurar, no interesse do regime democrático, a autenticidade do sistema representativo e a defender os direitos fundamentais definidos na Constituição Federal e que sua filiação é compulsória na democracia representativa brasileira e, portanto, resta evidente seu relevante papel que desempenham ou podem desempenhar na promoção da igualdade de gênero.

A Lei dos Partidos (Lei 9.096/1995), nesta toada, traz alguns incentivos à participação da mulher na política brasileira, a começar pela determinação de que o estatuto de cada partido contenha normas sobre prevenção, repressão e combate à violência política contra a mulher (art. 15, X) e pela previsão de que o partido político, com estatuto registrado no Tribunal Superior Eleitoral, poderá divulgar propaganda partidária gratuita mediante transmissão no rádio e na televisão, por meio exclusivo de inserções, para promover e difundir a participação política das mulheres e que, do tempo total disponível para o partido político, deve ser destinado, no mínimo, 30% para tal finalidade (art. 50-B, *caput* e § 2º, com redação incluída pela Lei n. 14.291, de 2022).

Esta lei ainda prevê que os recursos oriundos do Fundo Partidário serão aplicados na criação e na manutenção de programas de promoção e difusão da participação política das mulheres, criados e executados pela Secretaria da Mulher ou, a critério da agremiação, por instituto com personalidade jurídica própria presidido pela Secretaria da Mulher, em nível nacional, conforme percentual que será fixado pelo órgão nacional de direção partidária, observado o mínimo de 5% (cinco por cento) do total (art. 44, V, com a redação dada pela Lei n. 13.877, de 2019).

Nesse ponto, conforme detalhado a seguir, a Emenda Constitucional n. 117/2022 passou a obrigar os partidos políticos a destinarem no mínimo 30% dos recursos públicos para campanha eleitoral às candidaturas femininas, devendo ser proporcional esta distribuição entre o número de candidatas. Este percentual vale tanto para o fundo eleitoral, que é o Fundo Especial de Financiamento de Campanha, quanto para o fundo partidário, seguindo os mesmos 30% para o tempo de propaganda gratuita às mulheres, seja no rádio seja na televisão.

2.7. EMENDA CONSTITUCIONAL N. 117/2022

Como já referido, a Emenda Constitucional n. 117/22 passou a impor aos partidos políticos a aplicação de recursos do fundo partidário na promoção e difusão da participação política das mulheres, bem como a aplicação de recursos desse fundo e do Fundo Especial de Financiamento de Campanha e a divisão do tempo de propaganda gratuita no rádio e na televisão no percentual mínimo de 30% (trinta por cento) para cada sexo, fazendo incluir os §§ 7º e 8º no art. 17 da Constituição Federal.

Segundo o § 7º, os partidos políticos devem aplicar, no mínimo, 5% dos recursos do fundo partidário na criação e manutenção de programas de proteção e difusão da participação política das mulheres, de acordo com os interesses intrapartidários; e nos termos do § 8º, o montante do Fundo Especial de Financiamento de Campanha e da parcela do fundo partidário destinada a campanhas eleitorais, bem como o tempo de propaganda gratuita no rádio e na televisão a ser distribuído pelos partidos às respectivas candidatas, deverão ser de, no mínimo, 30%, proporcional ao número de candidatas, e a distribuição deverá ser realizada conforme critérios definidos pelos respectivos órgãos de direção e pelas normas estatutárias, considerados a autonomia e o interesse partidário.

Com a alteração, tais dispositivos, que já estavam previstos na legislação eleitoral (art. 44, V, da Lei n. 9.096/95 e art. 19, § 3º, da Resolução TSE 23.607/2019), ganharam o status de norma constitucional.

Contudo, como anteriormente mencionado nessa obra, a partir das lições trazidas por Vera Tabert, a Emenda Constitucional n. 117/22 retrocedeu ao conceder anistia ao partidos políticos que não utilizaram os recursos destinados aos programas de promoção e difusão da participação política das mulheres ou cujos valores destinados a essa finalidade não tenham sido reconhecidos pela Justiça Eleitoral, vedando a condenação pela Justiça Eleitoral nos processos de prestação de contas de exercícios financeiros anteriores que ainda não tenham transitado em julgado até a data de promulgação da referida Emenda Constitucional (art. 2º). Também estabeleceu que não serão aplicadas sanções de qualquer natureza, inclusive de devolução de valores, multa ou suspensão do fundo partidário, aos partidos que não preencheram a cota mínima de recursos ou que não destinaram os valores mínimos em razão de sexo e raça em eleições ocorridas antes da promulgação da citada Emenda Constitucional (art. 3º)[15].

Para a autora, ainda, a referida regra de anistia deve ser interpretada de maneira restritiva, eis que a não aplicação de sanção se refere exclusivamente às hipóteses de descumprimento do emprego correto dos recursos de incentivo para programas de promoção e difusão da participação política das mulheres – que anteriormente à Emenda Constitucional n. 117 já era disciplinada pelo art. 44, V, da Lei n. 9.096/95 (Lei dos Partidos Políticos) – e aos partidos políticos que não preencheram a cota mínima de recursos ou que não destinaram os valores mínimos em razão de sexo e raça em eleições à data da citada Emenda Constitucional. Demais sanções eventualmente aplicadas no tocante ao não cumprimento da cota de gênero, estabelecida pelo §3º do art. 10 da Lei 9.504/97 (lançamento de candidaturas fictícias – *conhecidas como "laranjas"*), devem ser mantidas[16]. Sobre o tema, Fernanda Wolski[17] ressalta que:

> Você deve estar pensando: pelo menos os 30% do fundo estão sendo destinados para as candidatas. Não exatamente. No mês

---

15. Cf. TABERTI, Vera Lúcia de Camargo Braga. Da necessidade da Fiscalização das Candidaturas Femininas no Enfrentamento da Violência Política de Gênero. In: SARRUBO, Mario Luiz; ROMANO, Michel Betenjane; LEITÃO, Patrícia de Carvalho; CHAKIAN, Silvia (coord.). **Ministério Público Estratégico: Violência de Gênero**. Indaiatuba: Editora Foco, 2022, p. 214.
16. Cf. TABERTI, Vera Lúcia de Camargo Braga. Da necessidade da Fiscalização das Candidaturas Femininas no Enfrentamento da Violência Política de Gênero. In: SARRUBO, Mario Luiz; ROMANO, Michel Betenjane; LEITÃO, Patrícia de Carvalho; CHAKIAN, Silvia (coord.). **Ministério Público Estratégico: Violência de Gênero**. Indaiatuba: Editora Foco, 2022, p. 214-215.
17. Cf. WOLSKI, Fernanda. **Violência econômica na política: partidos, dinheiro e mulheres**. Disponível em: https://exame.com/bussola/violencia-economica-na-politica-partidos-dinheiro-e-mulheres/. Acesso em: 09 jul. 2023.

passado [março de 2023], foi apresentada a Proposta de Emenda à Constituição (PEC) 9/23, que proíbe a aplicação de sanções aos partidos políticos por descumprimento da cota mínima de recursos para as candidaturas femininas até as eleições de 2022 ou pelas prestações de contas anteriores. Caso aprovada, essa não seria a primeira vez que os partidos que não cumpriram as cotas são anistiados.

Em 2015, foi aprovada a primeira anistia, (Lei n. 13.165/2015). Em 2019, novamente os partidos que não cumpriram as cotas não foram penalizados (Lei n. 13.831/2019). Em 2022, novamente, por meio da uma Emenda Constitucional (EC) 117/2022 os partidos que descumpriram essa determinação foram anistiados, permitindo que utilizassem esses recursos nas eleições seguintes. A emenda também proibiu a Justiça Eleitoral de aplicar qualquer penalidade às legendas que não preencheram a cota de candidaturas de mulheres e negros ou que não destinaram os valores mínimos para essas pessoas em todas as eleições anteriores às de 2022.

A jurisprudência, a respeito da aplicação da EC 117/22, é a seguinte:

Ementa: EMBARGOS DE DECLARAÇÃO NO AGRAVO REGIMENTAL NO RECURSO EXTRAORDINÁRIO COM AGRAVO. ELEITORAL. PRESTAÇÃO DE CONTAS. EXERCÍCICO FINANCEIRO DE 2015. EMENDA CONSTITUCIONAL 117/2022. SUPERVENIÊNCIA. RETORNO DOS AUTOS AO TRIBUNAL SUPERIOR ELEITORAL. EMBARGOS DE DECLARAÇÃO ACOLHIDOS COM EFEITOS MODIFICATIVOS. I – A EC 117/2022 determina que "aos ***partidos políticos*** que não tenham utilizado os recursos destinados aos programas de promoção e difusão da participação política das ***mulheres*** ou cujos valores destinados a essa finalidade não tenham sido reconhecidos pela Justiça Eleitoral é assegurada a utilização desses valores nas eleições subsequentes, vedada a condenação pela Justiça Eleitoral nos processos de prestação de contas de exercícios financeiros anteriores que ainda não tenham transitado em julgado até a data de promulgação desta Emenda Constitucional". II – A nova disciplina aplica-se a todos os processos em curso, impondo-se, portanto, o retorno dos autos ao Tribunal Superior Eleitoral para reapreciação do feito. III – Embargos de declaração acolhidos, com efeitos modificativos, para reconhecer a incidência da EC 117/2022 à prestação de contas examinada no presente processo, com a determinação de retorno dos autos ao Tribunal Superior Eleitoral para rejulgamento do feito.

Decisão

A Turma, por unanimidade, acolheu os embargos de declaração, com efeitos modificativos, para reconhecer a incidência da EC 117/2022 à prestação de contas examinada nestes autos, e, consequentemente, determinar o retorno dos autos ao Tribunal Superior Eleitoral para rejulgamento do feito, nos termos do voto do Relator. Segunda Turma, Sessão Virtual de 3.2.2023 a 10.2.2023.

(STF, Segunda Turma, ARE 1386524 AgR-ED/DF, Relator Ministro Ricardo Lewandowski, j. 13.02.2023, DJe-s/n 16.02.2023)

Embargos de declaração. Agravo em recurso extraordinário. Direito eleitoral. Prestação de contas anuais. *Partido político.* Superveniência da Emenda Constitucional n. 117, de 5 de abril de 2022. Percentuais do fundo partidário destinados aos programas de promoção e difusão da participação política das *mulheres*. Acolhimento parcial. Efeitos modificativos. Retorno dos autos ao Tribunal Superior Eleitoral. 1. No que tange ao objeto abrangido pelas novas disposições da EC n. 117, de 5 de abril de 2022, consta do acórdão do TSE que "a legenda descumpriu o percentual mínimo de 5% para programas de incentivo à participação feminina na política ao não comprovar gastos de R$ 525.849,97 (art. 44, V, da Lei 9.096/95), aplicando apenas R$ 361.458,18 de R$ 887.301,15". 2. Em virtude do aludido descumprimento legal, o TSE considerou a irregularidade no percentual das falhas contábeis e desaprovou a prestação de contas, determinando a devolução de valores ao erário, a suspensão do repasse de novas cotas do fundo partidário por um mês e, ainda, a aplicação de 2,5% a mais de recursos para promover a participação feminina na política. 3. Foi erigida ao patamar constitucional, por meio da EC n. 117, de 5 de abril de 2022, a política afirmativa relativa à obrigatoriedade da aplicação de percentuais mínimos do fundo partidário e do fundo eleitoral, respectivamente, no fomento de programas de promoção e difusão da participação política das *mulheres* e no financiamento das campanhas eleitorais femininas, observada a proporção dessas candidaturas a partir do mínimo estabelecido pela Carta Magna. 4. Por outro lado, na dicção do art. 2º da aludida emenda constitucional, "aos *partidos políticos* que não tenham utilizado os recursos destinados aos programas de promoção e difusão da participação política das *mulheres* ou cujos valores destinados a essa finalidade não tenham sido reconhecidos pela Justiça Eleitoral é assegurada a utilização desses valores nas eleições subsequentes, vedada a condenação pela Justiça Eleitoral nos processos de prestação de contas de exercícios financeiros anteriores que ainda não tenham transitado em julgado até a data de promulgação desta Emenda Constitucional". 5. Como a novel disciplina constitucional apanha todos os processos em curso, os quais não tenham transitado em julgado até a data da promulgação da EC n. 117/22, é mister proceder à restituição dos autos ao TSE, a fim de que julgue o mérito como entender de direito, com base nos novos parâmetros que disciplinam a matéria. Precedente. 6. Acolhimento parcial dos embargos de declaração, com efeitos modificativos, tão somente para se reconhecer a incidência da Emenda Constitucional n. 117, de 5 de abril de 2022, na prestação de contas examinada no presente processo, e, por conseguinte, se determinar o retorno dos autos ao Tribunal Superior Eleitoral para que rejulgue o feito como entender de direito.

Decisão

A Turma, por unanimidade, acolheu, em parte, os embargos de declaração, com efeitos modificativos, tão somente para reconhecer a incidência da Emenda Constitucional n. 117, de 5 de abril de 2022, à prestação de contas examinada nestes autos, e, por conseguinte, determinar o retorno dos autos ao Tribunal Superior Eleitoral para rejulgamento do feito como entender de direito, nos termos do voto do Relator. Primeira Turma, Sessão Virtual de 28.10.2022 a 9.11.2022.

(STF, Primeira Turma, ARE 1387206 AgR-ED/DF, Relator Ministro Dias Toffoli, j. 10.11.2022, DJe-240 28.11.2022).

Em 2023 advêm a PEC n. 9, conhecida como PEC da Anistia, alterando a Emenda Constitucional nº 117, de 5 de abril de 2022, quanto à aplicação de sanções aos partidos que não preencheram a cota mínima de recursos ou que não destinaram os valores mínimos em razão de sexo e raça em eleições, bem como nas prestações de contas anuais e eleitorais. Impõe aos partidos políticos a obrigatoriedade da aplicação de recursos financeiros para as candidaturas de pessoas pretas e pardas; estabelece parâmetros e condições para regularização e refinanciamento de débitos de partidos políticos; e reforça a imunidade tributária dos partidos políticos conforme previsto na Constituição Federal.

Em sua redação inicial, advinda da Câmara dos Deputados, constou:

Art. 3º Não serão aplicadas sanções de qualquer natureza, inclusive de devolução e recolhimento de valores, multa ou suspensão do Fundo Partidário e do Fundo Especial de Financiamento de Campanha, aos partidos que não preencheram a cota mínima de recursos ou que não destinaram os valores mínimos em razão de sexo e raça nas eleições de 2022 e anteriores'. (NR)

Art. 4º Não incidirão sanções de qualquer natureza, inclusive de devolução e recolhimento de valores, multa ou suspensão do Fundo Partidário e do Fundo Especial de Financiamento de Campanha, nas prestações de contas de exercício financeiro e eleitorais dos partidos políticos que se derem anteriormente a promulgação desta alteração de Emenda Constitucional'. (NR)

Art. 5º Fica permitida a arrecadação de recursos de pessoas jurídicas por partido político, em qualquer instância, para quitar dívidas com fornecedores contraídas ou assumidas até agosto de 2015'."

Nesta forma inicial, a proposta de emenda veio para anistiar os partidos políticos que descumpriram a EC n. 117, isto é, que não aplicaram os recursos devidos para a promoção e difusão da participação política das mulheres, tornando sem efeito as normas sancionadoras da legislação eleitoral relativas às prestações de contas anteriores a data de 5/4/2022.

Na sequência, uma nova Ementa na redação da proposta é elaborada pelo Senado Federal, excluindo da anistia o descumprimento das cotas mínimas de recursos a candidaturas por sexo, passando a impor aos partidos políticos a obrigatoriedade da aplicação de recursos financeiros para as candidaturas de pessoas pretas e pardas; estabelecer parâmetros e condições para regularização e refinanciamento de débitos de partidos políticos; e reforçar a imunidade tributária dos partidos políticos conforme previsto na Constituição Federal.

2.8. MINIRREFORMA ELEITORAL

O Projeto de Lei 4.438/23 foi, em setembro do ano de 2023, aprovado pela Câmara dos Deputados e encontra-se aguardando votação no Senado Federal. Se aprovado, ele alterará a Lei nº 4.737, de julho de 1965 (Código Eleitoral), a Lei nº 9.096, de 19 de setembro de 1995 (Lei dos Partidos Políticos) e a Lei nº 9.504, de 30 de setembro de 1997 (Lei das Eleições), com o fim de promover reforma no ordenamento político-eleitoral (Minirreforma Eleitoral de 2023), dando nova disciplina à distribuição das sobras eleitorais nas eleições proporcionais, ao prazo das convenções partidárias e do registro de candidatos; simplificar a prestação de contas dos partidos e candidatos; e modificar aspectos relativos à propaganda e ao uso de recursos públicos.

Seus principais pontos são:

Sobras eleitorais:

O PL altera o cálculo das sobras eleitorais, autorizando que apenas os partidos que atingirem o quociente eleitoral possam participar das sobras, regra que privilegia os partidos mais votados e que já elegeram deputados na primeira rodada. Atualmente, podem participar das sobras aqueles que atingiram 80% do quociente (regra, inclusive, questionada no STF). A mudança pode gerar redução de partidos políticos, já que aqueles que não atingirem o coeficiente mínimo não pode participar das sobras.

Prestação de contas:

O PL simplifica a prestação de contas e altera regras de financiamento.

Candidatura feminina:

Passa a considerar fraude e abuso de poder político as candidaturas-laranja; passa a exigir o cumprimento das cotas pela federação ao invés de exigi-la individualmente de cada partido; permite a utilização do dinheiro reservado para as campanhas femininas para custeio de despesas comuns de outros candidatos do sexo masculino, inclusive propaganda, "desde que haja benefício para a candidatura feminina"; regulamenta a distribuição do tempo de televisão para as mulheres e pessoas negras; estende para as pré-candidatas e mulheres que realizam atividade política as proteções previstas na legislação sobre violência política de gênero; cria medidas protetivas para pré-candidatas, candidatas, titulares de mandato e mulheres com atuação política.

Contas partidárias e eleitorais:

Legaliza doação por pix, máquinas de cartão de crédito e cobrança virtual e financiamento coletivo por vaquinhas por pessoas físicas; limite de doação pessoa física de R$ 2.855,97 ou 10% rendimento ano anterior; candidatos a vice ou suplentes poderão usar recursos das campanhas majoritárias; autoriza uso de recursos públicos para custeio de despesas pessoais de candidatos e compra/aluguel de veículos, embarcações ou aeronaves; regras para prestação de contas simplificadas nas eleições; autoriza o partido a juntar documentos para comprovar a regularidade das contas partidárias e das campanhas; recursos do Fundo Partidário poderão financiar a segurança de candidatos no período entre a convenção partidária e o segundo turno; Fundo Partidário e Fundo de Financiamento de Campanha são impenhoráveis.

Propaganda eleitoral:

O PL autoriza a propaganda conjunta de candidatos de partidos diferentes, independentemente de coligação ou federação; exclui limites de tamanho de propaganda eleitoral em veículos; autoriza propaganda na internet no dia da eleição.

Outras alterações:

O PL altera prazo de criação das federações (das convenções para 6 meses antes do pleito) e estabelece que quaisquer punições a um determinado partido não se estenderão aos demais; altera o calendário eleitoral, antecipando as datas de convenção e registro de candidaturas, com a finalidade de ampliar o prazo para julgamento pela Justiça Eleitoral.

Especificamente na parte pertinente às candidaturas femininas, a proposta legislativa tem gerado polêmica no que diz respeito à cota de 30% de candidaturas femininas, que atualmente deve ser respeitada por cada partido individualmente. Com a proposta, o percentual passa a ser contabilizado a partir do somatório geral da federação partidária, abrindo uma imensa brecha à redução no número de candidatas mulheres.

Além disso, a proposta legislativa impacta na utilização do fundo eleitoral reservado para candidaturas femininas, abrandando a regra na medida em que autoriza a utilização desta verba com material de campanha masculino, desde que "haja benefício para candidatura feminina".

Nesta toada, a pretensa minirreforma passa a considerar as chamadas candidaturas-laranja de mulheres como fraude e abuso de poder político, e passam a considerar fraude a "não realização de atos de campanha" e a "obtenção de votação que revele não ter havido esforço de campanha, com resultado insignificante".

Ainda, numa perspectiva positiva do projeto, há a extensão da proteção prevista na legislação de combate à violência política de gênero (Lei n. 14.192/21) às pré-candidatas e mulheres que realizam qualquer tipo de atividade política, partidária ou eleitoral, o que representa um avanço, já que atualmente a proteção restringe-se às mulheres candidatas a cargos eletivos e detentoras de mandatos.

Ademais, com relação ao tempo de propaganda eleitoral, o projeto destaca que a distribuição do tempo da propaganda eleitoral gratuita no rádio e na TV, em eleições proporcionais, deve observar o percentual de candidaturas de mulheres registradas na cidade ou estado, respeitando os 30%.

3

ASPECTOS CRIMINAIS DO DIREITO ELEITORAL COM PERSPECTIVA DE GÊNERO

3.1. CONTEXTO E DEFINIÇÃO DE VIOLÊNCIA POLÍTICA DE GÊNERO NO BRASIL E NO MUNDO

Preliminarmente, torna-se importante falar na emancipação das mulheres na política a partir da reflexão sobre a carga que a construção do gênero tem não somente sobre o ingresso, mas também na manutenção de candidatas na disputa e nos cargos eletivos:

> Enquanto a violência de gênero de matriz estrutural, ou seja, no âmbito do Estado, que operacionalizada por padrões patriarcais de atuação cultural e social, não for combatida, por políticas públicas eficazes e pela educação em direitos humanos, a subordinação feminina e a supremacia do masculino sobre o feminino serão barreiras para a paridade de gênero na política[1].

Não há como deixar de considerar o peso da construção histórica de uma pretensa inferioridade feminina nesse aspecto, a partir de discursos, práticas, políticas, costumes, religiões e leis, que acarretaram

1. Cf. ALVES, Daiana A.N. **As lutas feministas e o enfrentamento à desigualdade de gênero na política institucional brasileira**/ Dissertação de Mestrado. Orientadora: Jaci de Fátima Souza Candiotto. – 2020. Disponível em: https://archivum.grupomarista.org.br/pergamumweb/vinculos/000095/0000954f.pdf. p. 72. Acesso em: 21 ago. 2023.

no atraso do reconhecimento das mulheres como sujeitos de direitos, o que traz reflexos até hoje.

Com efeito, quando a já mencionada filósofa Simone de Beauvoir afirmou, em 1950, a célebre frase "não se nasce mulher, torna-se", deixou claro como a construção social dos papéis de gênero define previamente qual o comportamento e lugar social esperado e destinado para ela, desde o nascimento. Por esse modelo de comportamento esperado, as mulheres foram desde sempre desencorajadas para estarem nos espaços públicos, nunca foram preparadas para terem voz, para a disputa ou liderança. E não são incomuns as violências que sofreram só pelo fato de manifestarem interesse por participar da política.

Os desvios dos modelos de feminilidade por parte das mulheres sempre fizeram com que fossem duramente cobradas, questionadas, discriminadas, e contra elas fossem praticadas violências nas mais diversas esferas. Em casa, quando recusam a submissão aos papéis de esposa zelosa e mãe devotada; nas relações de afeto, quando violam o modelo de recato social e sexual; e na arena pública, quando resolvem participar, porque ali não deveriam estar. Nesse espaço, não é incomum que as mulheres que se destaquem pela competência, encontrem ambiente hostil e sofram diversas formas de discriminação e violência política de gênero, das mais escancaradas às mais sutis.

Segundo levantamento realizado pelas organizações sociais de direitos humanos Terra de Direitos e Justiça Global, a violência política de gênero tem como fim:

> deslegitimar, causar danos, obter e manter benefícios e vantagens ou violar direitos com fins políticos. A violência constitui-se, assim, em um instrumento que desestabiliza e antagoniza a própria política enquanto experiência legítima e democrática.[2]

E pode ser definida como:

2. Cf. LAURIS, É.; HASHIZUME, M. **Violência Política e Eleitoral no Brasil: panorama das violações de direitos humanos de 2016 a 2020**. Curitiba: Terra de Direitos e Justiça Global, 2020. Disponível em: https://terradedireitos.org.br/acervo/publicacoes/livros/42/violencia-politica-e-eleitoral-no-brasil/23478. Acesso em: 21 ago. 2023.

> Atos físicos, de intimidação psicológica e/ou discriminatórios, agressões, disseminação de discursos de ódio e conteúdo ofensivo contra grupos historicamente discriminados, em especial pessoas eleitas, candidatas, pré-candidatas ou designadas para exercer papel de representação pública e/ou política, com o objetivo de suspender, interromper, restringir, ou desestabilizar seu exercício livre e pleno de representação e participação política.[3]

De acordo com o artigo 7 da *Ley Modelo Interamericana para Prevenir, Sancionar y Erradicar la Violencia contra las Mujeres en la Vida Política*[4], os princípios reitores que devem guiar as políticas públicas voltadas ao enfrentamento da violência política contra a mulher são:

> a) La igualdad sustantiva y la no discriminación por razones de género b) La paridad de mujeres y hombres en la vida pública y política c) La debida diligencia d) La autonomía de las mujeres e) La prevención de la violencia contra las mujeres f) La participación de las mujeres, de los partidos políticos y de las organizaciones sociales, incluyendo las organizaciones de derechos humanos g) La centralidad de los derechos de las víctimas h) La transparencia y rendición de cuentas.

Muitos já são os países com legislação que expressamente prevê definição e punição para esse tipo de conduta, sendo possível destacar o seguinte resumo entre os países da América Latina[5]:

2007 – MÉXICO

O México aprovou ainda em 2007 a "Lei Geral de Acesso da Mulher a uma Vida Livre de Violência", que estabelece normas para punir, prevenir e erradicar a violência política de gênero, reconhecendo a violência

---

3. Idem, ibidem,

4. Cf. Comisión Interamericana de Mujeres. Mecanismo de Seguimiento de la Convención de Belém do Pará (MESECVI). **Ley Modelo Interamericana para Prevenir, Sancionar y Erradicar la Violencia contra las Mujeres en la Vida Política** / [Preparado por el Comité de Expertas del Mecanismo de Seguimiento de la Convención de Belém do Pará (MESECVI). Comisión Interamericana de Mujeres.

5. Cf. ARAÚJO, Francileide. **Legislações de enfrentamento à violência política de gênero na América Latina.** Disponível em: https://pp.nexojornal.com.br/linha-do-tempo/2023/Legisla%C3%A7%C3%B5es-de-enfrentamento-%C3%A0-viol%C3%AAncia-pol%C3%ADtica-de-g%C3%AAnero-na-Am%C3%A9rica-Latina. Acesso em: 21 ago. 2023.

política física, econômica, patrimonial e sexual e quaisquer outros crimes que possam violar os direitos humanos e políticos das mulheres.

2009 – ARGENTINA

A lei sancionada na Argentina garante a "Proteção integral para prevenir, punir e erradicar a violência contra a mulher nos âmbitos em que desenvolvem suas relações interpessoais" é a primeira legislação que prevê a responsabilização da violência política de gênero contra mulheres parlamentares e funcionárias públicas. A legislação não é específica para violência política, abrangendo todas as violências de gênero, como a violência obstétrica, doméstica e sexual. As políticas de prevenção são uma das estratégias adotadas para a erradicação da violência de gênero.

2011 – EL SALVADOR

El Salvador publicou o Decreto n. 520 – "Lei Especial Integral para uma Vida Livre de Violência para as Mulheres" em 2011. O Decreto apresenta uma discussão conceitual sobre violência política de gênero, ressaltando suas formas de expressão e enfatiza a importância de políticas de prevenção a esse tipo de violência, sendo responsabilidade do Estado pôr em prática esse plano de responsabilização e prevenção para erradicação da prática da violência política de gênero.

2012 – BOLÍVIA

A Bolívia, que é um Estado Plurinacional, sancionou a lei n. 243 "Lei Contra Assédio e Violência Política Contra Mulheres". A Legislação é bastante semelhante com a de El Salvador, que agrega como função do Estado em implementar e monitorar políticas públicas de prevenção a violência política de gênero.

2013 – PANAMÁ

A legislação foi aprovada no Panamá através da lei n. 82 "Que adote medidas de prevenção contra a violência contra a mulher e reforme o Código Penal para tipificar o feminicídio e punir os atos de violência contra a mulher" em 2013, prevê políticas de prevenção a violência política de gênero, como a mudança do Código Penal para tipificação do feminicídio. Assim como a legislação da Argentina, a lei sancionada abrange todos os tipos de violência de gênero, não se restringindo a violência política.

2014 – EQUADOR

Através do Código Orgânico Integral Penal R.O. 180 do Equador, aprovado em 2014, não trata diretamente da violência política de gênero, mas acrescenta, assim como a Argentina e o Panamá, a violência política como um dos crimes de "direitos à igualdade".

2018 – EQUADOR E URUGUAI

O Equador reforçou a legislação de prevenção e erradicação da violência política de gênero em 2018, através da "Lei Orgânica Integral para Prevenir e Erradicar a Violência contra a Mulher R.O. 175", que apresenta conceitualização, tipificações e medidas para responsabilização de autores de violência política de gênero. No mesmo ano, foi aprovada no Uruguai a Lei n. 19.580 - "Violência de gênero contra a mulher" que prevê além da responsabilização, ações de prevenção a esse tipo de violência de gênero.

2019 – ARGENTINA

A Argentina aprovou a Lei n. 27.533 de "Proteção Integral da Mulher", reforçando a legislação aprovada em 2009, mencionada anteriormente. A lei prevê a responsabilização de crimes contra as mulheres na política e na vida pública em geral, abrangendo outras manifestações da violência política de gênero.

2020 – MÉXICO

Além da Lei mencionada anteriormente, em 2020, o México aprovou o "Decreto que altera e acrescenta várias disposições da Lei Geral de Acesso da Mulher a uma Vida Livre de Violência, da Lei Geral de Instituições e Procedimentos Eleitorais, da Lei Geral do Sistema de Recursos em Matéria Eleitoral, da Lei Geral dos Partidos Políticos, da Lei Geral de Crimes Eleitorais, da Lei Orgânica da Procuradoria Geral da República, da Lei Orgânica do Judiciário da Federação e da Lei Geral de Responsabilidades Administrativas de 2020", com a finalidade de fortalecer os mecanismos de responsabilização, prevenção e erradicação da violência política de gênero, articulando e incentivando outros setores a partir da criação de mecanismos de prevenção a violência política de gênero no país.

2021 – BRASIL E PERU

O Brasil aprovou a Lei n. 14.192: "Estabelece normas para prevenir, reprimir e combater a violência política contra a mulher (...)". No mesmo ano, o Peru aprovou a Lei n. 31.155, "Lei que previne e pune assédio contra mulheres na vida política" que prevê medidas de responsabilização, prevenção e erradicação da violência política na vida das mulheres, demarcando a responsabilidade de cada órgão público na erradicação deste tipo de violência.

2022 – COSTA RICA

Este ano, a Costa Rica aprovou a Lei n. 10.235: "prevenir, enfrentar, punir e erradicar a violência contra a mulher na política". O texto da lei prevê vários tipos de violações dos direitos políticos de mulheres, ressaltando sua manifestação em estruturas partidárias, na mídia e no cotidiano político das mulheres.

Estatisticamente, mundial e nacionalmente, os altos índices de violência política contra a mulher se evidenciam, conforme se verifica da seguinte pesquisa, realizada anteriormente à aprovação da lei que formalizou o crime de violência política de gênero no Brasil, em 2021:

> A violência política de gênero é um problema que se estende sobre estruturas políticas de diversos países, sendo uma realidade internacional. Dados em perspectiva mundial publicados em relatório de 2018 da Inter-Parliamentary Union demonstram que cerca de 82% de mulheres parlamentares já sofreram algum tipo de violência psicológica. Além disso, 44% relatam já ter recebido ameaças de morte, estupro, espancamento e até de sequestro, enquanto outros 26% já chegaram a ser vítimas de violência física na própria entidade parlamentar da qual faziam parte. Em âmbito nacional, dados do Instituto Alziras apontam que 53% das mulheres eleitas para o exercício de cargos no executivo municipal no Brasil já sofreram algum tipo de violência, como o assédio. A pesquisa revela também que, dentre as entrevistadas, 30% já enfrentaram assédio ou violências simbólicas, 22% não receberam apoio do partido ou da base aliada, e 23% já tiveram falas ou o trabalho desmerecido. Tais informações mostram a realidade da violência para mulheres no cenário político brasileiro.[6]

6. Cf. TRANSPARÊNCIA ELEITORAL BRASIL. **Relatório 2020-2021 de violência política contra a mulher** / organização de Desirée Cavalcante Ferreira, Carla de Oliveira Rodrigues, Silvia Maria da Silva Cunha – Brasília: Transparência Eleitoral Brasil, 2021.

A Lei 14.192/2021 estabelece normas para prevenir, reprimir e combater a violência política contra a mulher. Além disso, altera a Lei 4.737/1965 (Código Eleitoral), a Lei 9.096/1995 (Lei dos Partidos Políticos) e a Lei 9.504/1997 (Lei das Eleições), para dispor sobre os crimes de divulgação de fato ou vídeo com conteúdo inverídico no período de campanha eleitoral, para criminalizar a violência política contra a mulher e para assegurar a participação de mulheres em debates eleitorais de acordo com o número de candidatas às eleições proporcionais.

Como ensina Ana Laura Bandeira Lins Lunardelli[7], o legislador pretendeu enfrentar a sub-representação do gênero feminino no parlamento e incentivar candidaturas femininas por força do incremento da violência política visto principalmente nas eleições de 2018. Para tanto, definiu o que vem a ser violência política contra a mulher e incriminou as condutas que atingem as mulheres em dois marcos temporais relevantes de suas vidas políticas, ou do exercício de dois direitos políticos, que são a candidatura e o regular exercício do mandato. Para a autora, candidatura e exercício do mandato são os dois momentos em que as mulheres sofrem mais ofensas, depreciações e objetificações, por serem o que são: mulheres, transexuais, negras, indígenas, periféricas, por terem determinada compleição física, por aparentarem a idade que têm, dentre outras características.

Visando garantir os direitos de participação política da mulher no acesso às instâncias de representação política e no exercício de funções públicas nos cargos eletivos que conquistarem, a Lei 14.192/2021 determinou no artigo 2º, que as autoridades competentes do sistema de justiça eleitoral (Polícia Federal ou Polícia do respectivo Estado de forma supletiva, Ministério Público Eleitoral e Juízes Eleitorais) priorizem o imediato exercício do direito violado, conferindo especial importância às declarações das vítimas e aos elementos indiciários.

7. LUNARDELLI, Ana Laura Bandeira Lins. Ministério Público e o Enfrentamento ao Crime de Violência Política de Gênero: conceituação, distinção, características, prioridade na apuração e aproximação entre vítima e autoridades do sistema de justiça eleitoral como reforço à democracia. In: SARRUBBO, Mário Luiz; ROMANO, Michel Betenjane; LEITÃO, Patrícia de Carvalho e CHAKIAN, Silvia (coord.). **Ministério Público Estratégico: Violência de gênero**. Indaiatuba: Editora Foco, 2022.

O art. 1º da Lei acima mencionada estabelece o seu campo de atuação: espaços e atividades relacionados ao exercício de direitos políticos das mulheres e de suas funções públicas. Quanto ao exercício da representação política e da função pública, Danielle Gruneich e Iara Cordeiro[8] defendem que

> a representação política que trata a norma não deve ser confundida com representação eleitoral ou com função pública. A representação deve ser vista como o fornecimento de mandato para a substituição na tomada de decisões nos demais ambientes políticos (não apenas eleitorais), como sindicatos, associações de classes, associações em geral etc., não apenas os mecanismos formais de disputa de pleitos eleitorais formais.

Os direitos de participação política da mulher são garantidos no art. 2º, que estabelece, dentre outros comandos, que estão "vedadas a discriminação e a desigualdade de tratamento em virtude de sexo ou de raça no acesso às instâncias de representação política e no exercício de funções públicas", sendo que "as autoridades competentes priorizarão o imediato exercício do direito violado, conferindo especial importância às declarações da vítima e aos elementos indiciários" (art. 2º, par. ún.).

A definição de violência política contra a mulher é trazida no art. 3º, como "toda ação, conduta ou omissão com a finalidade de impedir, obstaculizar ou restringir os direitos políticos da mulher." Ademais disso, "constituem igualmente atos de violência política contra a mulher qualquer distinção, exclusão ou restrição no reconhecimento, gozo ou exercício de seus direitos e de suas liberdades políticas fundamentais, em virtude do sexo" (art. 3º, par. ún.).

Para Ana Laura Bandeira Lins Lunardelli, são exemplos de violência na candidatura e no exercício do mandato a conduta de silenciar o microfone da parlamentar ou da candidata quando ela está falando; de interrompê-la; de assediá-la; de ofendê-la em sua dignidade e decoro ou reputação; de não a ouvir ou escarnecer quando ela fala; de

8. GRUNEICH, Danielle; CORDEIRO Iara. **Brasil avança no enfrentamento à violência política contra a mulher: a Lei n. 14.192**. Disponível em: https://www.conjur.com.br/2021-set-16/opiniao-violencia-politica-mulher-lei-14192. 2021. Acesso em: 21 ago. 2023.

humilhá-la; de se apropriar de suas ideias; de não permitir, enquanto desempenha o mandato, que ela integre comissões especiais relevantes no parlamento; de isolá-la, de ameaçá-la, de intimidá-la ou de hostilizá-la, pelo simples fato de ser mulher ou em razão de sua cor, raça ou etnia, além da recusa a ela de acesso aos recursos de campanha, dentre outras situações[9].

Essas situações hipotéticas também são trazidas pela já citada norma internacional que segue a Convenção de Belém do Pará - a Lei Modelo Interamericana para Prevenir, Sancionar e Erradicar a Violência contra as Mulheres na Vida Política[10]:

Como violências físicas:

- Atentados que causem ou possam causar a morte violenta de mulheres em razão de sua participação ou atividade política (feminicídio);
- Agressões físicas a uma ou a várias mulheres com o propósito ou o resultado de prejudicar ou anular os seus direitos políticos;
- Atos de agressão sexual a uma ou a várias mulheres ou provoquem o aborto, com o propósito ou resultado de prejudicar ou anular os seus direitos políticos;
- Propostas, toques, aproximações ou convites indesejáveis de natureza sexual que influenciem as aspirações políticas da mulher e/ou as condições ou o ambiente onde a mulher desenvolve a sua atividade política e pública. Como violências verbais, não-físicas, institucionais e simbólicas:
- Atos que ameacem, amedrontem ou intimidem de qualquer forma uma ou mais mulheres e/ou seus familiares, e que tenham por

9. LUNARDELLI, Ana Laura Bandeira Lins. Ministério Público e o Enfrentamento ao Crime de Violência Política de Gênero: conceituação, distinção, características, prioridade na apuração e aproximação entre vítima e autoridades do sistema de justiça eleitoral como reforço à democracia. In: SARRUBBO, Mário Luiz; ROMANO, Michel Betenjane; LEITÃO, Patrícia de Carvalho; CHAKIAN, Silvia (coord.). **Ministério Público Estratégico: Violência de gênero**. Indaiatuba: Editora Foco, 2022.

10. COMISIÓN INTERAMERICANA DE MUJERES. **Mecanismo de Seguimiento de la Convención de Belém do Pará (MESECVI). Ley Modelo Interamericana para Prevenir, Sancionar y Erradicar la Violencia contra las Mujeres en la Vida Política** / [Preparado por el Comité de Expertas del Mecanismo de Seguimiento de la Convención de Belém do Pará (MESECVI). Comisión Interamericana de Mujeres.

propósito ou resultado a anulação dos seus direitos políticos, incluindo a renúncia ao cargo ou função que exercem ou postulam;

- Atos que restrinjam ou anulem o direito ao voto livre e secreto das mulheres;
- Difamação, calúnia, injúria ou qualquer expressão que rebaixe a mulher no exercício de suas funções políticas, com base no estereótipo de gênero, com o propósito ou o resultado de minar a sua imagem pública e/ou limitar ou anular seus direitos políticos;
- Atos que ameacem, assustem ou intimidem de qualquer forma uma ou mais mulheres e/ou suas famílias, com o objetivo ou resultado de minar seus direitos políticos;
- Atos que ameacem, ataquem ou incitem a violência contra as mulheres defensoras dos direitos humanos por razões de gênero, ou contra aquelas defensoras que defendem os direitos das mulheres;
- Ações que usem indevidamente o direito penal sem fundamento para criminalizar o trabalho das defensoras dos direitos humanos e/ou paralisar ou deslegitimar as causas que elas perseguem;
- Discriminação da mulher no exercício dos seus direitos políticos, por se encontrar em estado de gravidez, parto, estado puerpério, licença maternidade ou qualquer outra licença justificada, de acordo com a previsão normativa;
- Atos que prejudiquem elementos da campanha eleitoral de mulheres de qualquer forma, impedindo que a competição eleitoral se desenvolva em condições de igualdade;
- Fornecimento, aos institutos eleitorais, de dados falsos ou informações incompletas sobre a identidade ou o sexo da pessoa candidata e designada, a fim de impedir o exercício dos direitos políticos das mulheres;
- Restrição dos direitos políticos das mulheres devido à aplicação de tradições, costumes ou sistemas jurídicos internos que violem a norma vigente de direitos humanos;
- Divulgação de imagens, mensagens ou que revelem informações de mulheres em exercício de seus direitos políticos, por qualquer meio físico ou virtual, na propaganda político-eleitoral ou em qualquer outra que, com base em estereótipos de gênero, transmita e/ou reproduza relações de dominação, desigualdade e discriminação contra as mulheres, com o objetivo de depreciar a sua imagem pública e/ou limitar os seus direitos políticos;

- Obstrução ou impedimento ao acesso das mulheres à Justiça para proteger os seus direitos políticos;
- Imposição de sanções injustificadas e/ou abusivas a mulheres, impedindo ou restringindo o exercício dos seus direitos políticos em condições de igualdade;
- Limitação ou negação arbitrária do uso de qualquer recurso e/ou atribuição inerente à posição política ocupada por mulheres, impedindo o exercício de seus cargos em condições de igualdade;
- Atos que forcem a mulher a se reconciliar ou a desistir quando ela estiver em um processo administrativo ou judicial em defesa de seus direitos políticos;
- Impedimento por qualquer meio que as mulheres no exercício de seus direitos políticos participem de qualquer atividade que envolva tomada de decisão, em igualdade de condições;
- Ações que proporcionem às mulheres, no exercício dos seus direitos políticos, informações falsas, errôneas ou imprecisas e/ou omitam informações às mulheres, que induzam ao exercício indevido de seus direitos políticos em condições de igualdade;
- Restrição ao uso da palavra pelas mulheres no exercício de seus direitos políticos, impedindo o direito à voz, conforme a norma vigente e em condições de igualdade;
- Imposição, por estereótipos de gênero, do desempenho de atividades e tarefas fora das funções e atribuições de seu cargo ou posição, ou que resultem na limitação do exercício da função política.

Também de forma a se delimitar em situações concretas o que seria a violência política de gênero, extrai-se de material confeccionado pelo Ministério Público Federal:

> A violência política pode ser praticada por meio de diversos comportamentos:
>
> - Violência física: como lesões corporais; prisão arbitrária; tortura; maus-tratos; e feminicídio;
> - Violência sexual: como estupro; contato sexual não consentido; exploração sexual; assédio; registro e divulgação de fatos não autorizados relacionados à vida sexual e afetiva da candidata, elaboração e divulgação de fotos íntimas ou montagens com conteúdo sexual ou pornográfico; insinuações; "cantadas" ou convites indesejáveis e atos e falas de natureza sexual que causem

constrangimento e que influenciem as aspirações políticas da mulher e/ou as condições ou o ambiente onde a mulher desenvolve a sua atividade política e pública;

- Violência psicológica: como violação da intimidade; isolamento; ameaça contra a vítima, a membro da família ou pessoa próxima; humilhação; manipulação;
- Violência moral: como a injúria (ofensa à dignidade ou o decoro), a calúnia (imputação falsa de fato definido como crime) e a difamação (imputação de fato ofensivo à reputação;
- Violência econômica: como danos à propriedade; privação de recursos de campanha por recusa de acesso ou desvio; extorsão; e
- Violência simbólica: como intimidação; silenciamento; desmerecimento; uso de linguagem excludente; restrição do uso da palavra; imposição de tarefas estranhas ao cargo; restrição do acesso à Justiça; omissão de informações; questionamentos sobre roupas aparência, peso, vida pessoal e sexualidade; ausência de assento próprio nos parlamentos.[11]

Ainda, conforme sustenta Vera Taberti, a conduta dos partidos políticos em lançar candidaturas fictícias de mulheres, "laranjas", para disputarem as eleições, além de caracterizar fraude à legislação eleitoral (art. 10, §3º, da Lei n. 9.504/97), também constitui violência política contra a mulher, na medida em que impede ou dificulta o aumento da representação feminina na política e, como tal, precisa ser combatida e fiscalizada[12].

Desde a necessidade de maior apoio a candidatas e detentoras de mandatos eletivos, algumas foram as iniciativas promovidas no Poder Executivo e Casas legislativas.

---

11. Cf. MINISTÉRIO PÚBLICO FEDERAL. **Cartilha sobre violência política e violência política contra as mulheres.** Disponível em: https://www.mpf.mp.br/presp/publicacoes/cartilha-sobre-violencia-politica-e-violencia-politica-contra-as-mulheres/. Acesso em: 21 ago. 2023.
12. Cf. TABERTI, Vera Lúcia de Camargo Braga. Da necessidade da Fiscalização das Candidaturas Femininas no Enfrentamento da Violência Política de Gênero. In: SARRUBBO, Mário Luiz; ROMANO, Michel Betenjane; LEITÃO, Patrícia de Carvalho; CHAKIAN, Silvia (coord.). **Ministério Público Estratégico: Violência de Gênero**. Indaiatuba: Editora Foco, 2022, p. 218.

No âmbito do Poder Executivo nacional, foi promulgado o Decreto n. 11.485, de abril de 2023, que *Institui Grupo de Trabalho Interministerial com a finalidade de elaborar a proposta da Política Nacional de Enfrentamento à Violência Política contra as Mulheres*, no âmbito do Ministério das Mulheres.

De acordo com o art. 2º da norma, ao Grupo de Trabalho Interministerial compete:

> I - apresentar diagnóstico sobre as situações de violência política contra a mulher, a partir de: a) compilação de dados e de pesquisas nacionais e internacionais disponíveis; b) elaboração de estudos sobre as situações de violência política e os mecanismos para o seu enfrentamento; e c) mapeamento e consolidação de relatos e experiências de profissionais atuantes no sistema de Justiça, na Segurança Pública e nos serviços socioassistenciais e de mulheres que vivenciaram situações de violência política em suas diferentes formas e em diferentes espaços; e II - elaborar a proposta da Política Nacional de Enfrentamento à Violência Política contra as Mulheres, com a indicação de seus princípios, suas orientações e seus objetivos.

O Grupo deverá formar plano de ação para implementação da Política Nacional de Enfrentamento à Violência Política contra as Mulheres, que contemplará:

> I - os programas e as ações de cada um dos órgãos participantes, com a indicação dos prazos e dos recursos para a implementação das medidas propostas; e II - as prioridades, a periodicidade e as estratégias de gestão, de monitoramento e de avaliação dos programas e das ações do plano de ação.

No Art. 3º da norma se determina que o Grupo de Trabalho Interministerial será composto por representantes do Ministério das Mulheres, que o coordenará; do Ministério dos Povos Indígenas; do Ministério da Justiça e Segurança Pública; do Ministério da Igualdade Racial; e do Ministério dos Direitos Humanos e da Cidadania, indicados pelos titulares dos órgãos que representam e designados em ato da Ministra de Estado das Mulheres.

O art. 4º determina a realização mensal de reuniões, sendo que a Secretaria-Executiva será exercida pela Secretaria Nacional de Articulação Institucional, Ações Temáticas e Participação Política do Ministério das Mulheres.

Finalmente, no art. 8º expõe-se sua duração de 120 (cento e vinte dias), contados da data da primeira reunião, permitida uma única prorrogação pelo mesmo período, por meio de ato da Ministra de Estado das Mulheres e a apresentação de relatório final das atividades.

Em agosto de 2024 o Grupo de Trabalho Interministerial divulgou o relatório final denominado "Diagnóstico e Propostas para o Enfrentamento à Violência Política contra as Mulheres no Brasil", distribuído em 10 eixos, com o objetivo de subsidiar a elaboração de ações estratégicas para o enfrentamento à violência política contra as mulheres de forma transversal, interinstitucional, intersetorial e interseccional.[13]

No diagnóstico que integra o Relatório final, o Grupo de Trabalho Interministerial define que:

> "1. A violência política contra as mulheres constitui uma grave ameaça ao conjunto das mulheres lideranças políticas e, portanto, à democracia brasileira. O Brasil vive uma escalada das mais variadas formas de violência contra as mulheres e, dentre elas, é muito importante destacar o aumento real de eventos de violência política contra as mulheres em vários âmbitos das esferas públicas e privadas (parlamentar e não parlamentar).
>
> 2. Essa escalada tem relação com o recente processo de autocratização brasileiro, o qual vem pautado por características de corrosão democrática, alimentada por ataques sistemáticos às instituições democráticas brasileiras, por extremismos e forte polarização política, pelo avanço dos populismos punitivistas, pelo aumento da pressão autoritária sobre as políticas públicas e os direitos humanos, deflagrando o princípio de corrosão de direitos já consagrados, dentre outros fenômenos.
>
> 3. Outra parte importante dessa escalada tem a ver com o avanço do neoconservadorismo moral e político sobre a cultura polí-

13. Disponível em: https://www.gov.br/mulheres/pt-br/central-de-conteudos/noticias/2024/agosto/gti-enfrentamento-violencia-politica-relatoriofinal.pdf/view . Acesso em: 6 out. 2024.

tico-social brasileira, onde se observam ataques - alguns deles fundamentalistas - contra os direitos das mulheres, dos segmentos LGBTQIAP+, das pessoas negras e indígenas, e contra outros grupos politicamente minorizados, a partir da promoção e do incentivo a formas de ativismo antigênero, antiLGBTQIAP+, racistas, além do retorno de argumentações morais ultraconservadoras que, por sua vez, visam retradicionalizar a sociedade.

4. A sub-representação das mulheres na política tem relação direta com a misoginia, o racismo e outras formas estruturais de opressão, na medida em que a ordem patriarcal-racista estabelece que os espaços de poder e decisão só devem ser ocupados por um determinado padrão de indivíduo, sendo ele homem, branco, heterossexual, com alto poder aquisitivo. Sendo assim, é imprescindível considerar as interseccionalidades das opressões na formulação de atos normativos, instrumentos legais e demais documentos que tratem sobre violência política contra as mulheres.

5. O Brasil é um país marcado historicamente pelos conflitos territoriais e a violência que atinge as mulheres nos territórios, sobretudo as que estão em posição de liderança, tem configuração de violência política.

6. A América Latina é pioneira em marcos normativos e ações estratégicas de enfrentamento à violência contra as mulheres em toda a região, sendo referência global na elaboração a respeito dessa violência.

7. As mulheres no exercício político que não necessariamente ocupam cargos institucionais, mas são dirigentes partidárias, lideranças em movimentos sociais, associações, sindicatos, organizações não-governamentais, as que atuam diretamente na dinâmica político-social em seus territórios, também são vítimas de violência política. Sendo assim, é importante avançar em instrumentos legais que contemplem também a realidade dessas mulheres.

8. Parte robusta dessa violência tem a ver com o histórico de exclusão política a que as mulheres brasileiras estão submetidas. A exclusão das mulheres da política demonstra que a violência contra elas já é exercida muito antes, dentro das estruturas de poder, como os partidos políticos, mesmo elas sendo 45% das pessoas filiadas a partidos políticos. Esta violência intrapartidária precisa ser mensurada, compreendida e devidamente enfrentada.

9. Outra forma de violência intrapartidária são as candidaturas fictícias de mulheres. Essa violência é mais insidiosa, porque coíbe a ambição política das mulheres. Por isso, a judicialização desta prática é um dos mecanismos usados pelas mulheres para acabar com essa estratégia político-partidária de exclusão delas da política. Outra forma são as fraudes na aplicação do Fundo Partidário e na divisão de recursos do Fundo Especial de Financiamento de Campanha. Além disso, apresentam-se também problemas no que tange à propaganda eleitoral obrigatória e produção de materiais, onde, muitas vezes, o candidato homem aparece com mais evidência do que a candidata mulher, em caso de materiais das conhecidas "dobradinhas", ainda que o recurso utilizado para esses materiais tenha vindo da candidatura feminina. Todavia, os percalços e obstáculos das mulheres para alcançarem a política formal desestimulam as demais lideranças, perpetuando um ciclo perverso de reprodução da exclusão delas do campo político.

10. A internet é um dos principais meios para a prática da violência política contra as mulheres, disseminação de desinformação de gênero e discurso de ódio, sendo necessário avançar em instrumentos legais que regulamentem as plataformas digitais e promovam a conscientização da sociedade sobre o tema.

11. O acolhimento, cuidado e a saúde mental das mulheres no exercício político devem ser tratados com centralidade no âmbito do enfrentamento à violência política contra as mulheres.

12. A grave situação generalizada de não compreensão da violência política contra as mulheres como um tipo grave de violação dos seus direitos políticos, como as demais formas de violência, exige a atuação em rede interseccional, interinstitucional, intersetorial e transversal para a consecução de um concreto e efetivo enfrentamento.

13. O GTI identificou a presença convergente de um conjunto de obstáculos que têm fomentado as ocorrências de violência política contra as mulheres. De acordo com a ONU Mulheres, alguns desses obstáculos são: a. Obstáculos intrainstitucionais: são aqueles associados à dinâmica interna dos órgãos estatais, especialmente nos âmbitos dos legislativos e judiciários, tais como a falta de interesse e de reconhecimento do problema; o enraizamento da cultura patriarcal nos partidos políticos; a resistência de grupos conservadores em tratar do tema; e o comportamento ambíguo, principalmente de homens,

para legislar e atuar juridicamente a este respeito; b. Obstáculos interinstitucionais: associados à dificuldade de coordenação entre instituições responsáveis pelas respostas – tais como as Polícias, o Ministério da Justiça, o Ministério Público e os Tribunais Eleitorais (em suas diferentes instâncias federativas) – revelando dificuldades quanto ao formato e ao conteúdo que definem as ocorrências, bem como a concordância com marcos normativos preexistentes; c. Obstáculos e limitações na elaboração do texto legal: principalmente associados à conceituação da violência política contra as mulheres, que não menciona as tão significativas e importantes dimensões interseccionais (como gênero, raça, sexualidade) e reforça a chave restrita dos ataques perpetrados contra as candidatas e as parlamentares, mantendo o seu foco também exclusivamente nas sanções penais. Tem-se também uma restrição em relação aos períodos em que a legislação atual reconhece que ela pode acontecer - período eleitoral ou no de exercício do mandato; d. Gargalos nos fluxos e processamento dos casos, inclusive na pactuação de fluxos interinstitucionais. Verificou-se que a indefinição nos fluxos de tramitação dessas ocorrências tem gerado lentidão (se não paralisia) na condução de muitos casos, o que, por certo, estimula a continuidade das agressões

14. Há dificuldades na compreensão das complexidades envolvidas no fenômeno, na sua efetiva definição e delimitação conceitual (cada instituição adotando conceituações próprias; exemplo: as leis aprovadas falam de "violência política contra a mulher", enquanto Tribunais, Ministério Público e outras instituições utilizam a categoria "violência política de gênero"). Essa situação revela a urgência de uma padronização e, na sequência, da realização de processos de qualificação continuada em torno da temática.

15. A ausência de um diagnóstico nacional que possa estar fundamentado em dados, números, estatísticas, indicadores e, portanto, em pesquisas cientificamente orientadas, que possam, afinal, produzir um bom mapa sobre o fenômeno. É sabido que pesquisas de diagnóstico no escopo da gestão pública são um dos principais instrumentos que contribuem para governos e representantes políticos avaliarem a eficácia de suas políticas públicas, das ações desenvolvidas, e colaboram, afinal, para identificar áreas onde seja possível negociar melhorias e tomar novas medidas cientificamente informadas.

16. É preciso tratar a violência política contra as mulheres como um problema que afeta toda a sociedade, tornando-se necessária a

> implementação de políticas públicas, por parte do Estado brasileiro. Importante destacar que a ineficácia, ou mesmo a falta de políticas públicas capazes de resguardar os direitos políticos das mulheres, se dá justamente pelo fato de o espaço da política institucional e não-institucional ser, até os dias de hoje, excludente para as mulheres.
>
> 17. É necessário destacar o caráter municipal dos crimes de violência política contra as mulheres.
>
> 18. Os casos extremos de violência política, os assassinatos, foram abordados no âmbito do GTI com frequência. Segundo o Mapeamento dos assassinatos de políticos no Estado do Rio de Janeiro (PAZ; RIOS, 2020), as mulheres, quando assassinadas em contexto político, estão ligadas aos temas de suas próprias participações e presença no Parlamento ou no processo eleitoral, como por exemplo a defesa dos direitos humanos, os direitos humanos das mulheres e temas diretamente relacionados à superação das desigualdades de gênero. Então existe uma distinção também que merece ser explorada, que são os contextos que envolvem essas violências e os atores que se movimentam e promovem essa violência. Essas pesquisas sinalizam que as mulheres morrem, não só pela sua presença, mas pelos temas de sua atuação política.

No eixo destinado às Propostas para o enfrentamento à violência política de gênero, o Grupo de Trabalho Interministerial destacou a importância da elaboração e implementação de um "Plano Nacional de Enfrentamento à Violência Política contra as Mulheres, com princípios, diretrizes, objetivos e eixos estruturantes que orientem a compreensão e a criação de ações específicas de prevenção, considerando a perspectiva interseccional da violência política contra as mulheres." Para tanto, foram indicadas propostas abrangendo diversos temas, a partir dos eixos temáticos: 1. Fortalecimento da democracia; 2. Ampliação da participação política das mulheres, considerando sua diversidade e pluralidade; 3. Dados, pesquisas, monitoramento e diagnóstico nacional sobre violência política contra as mulheres brasileiras; 4. Conscientização acerca da violência política contra as mulheres, consideradas as suas interseccionalidades; 5. Enfrentamento à violência política e misoginia na internet; 6. Fortalecimento da segurança e do acesso aos serviços de Justiça às mulheres em situação de violência política; 7. Atuação junto aos partidos políticos; fiscalização, aplicação e monitoramento das normas eleitorais - Justiça Eleitoral; alterações legislativas; 8. Responsabilização e reparação, com promoção da dignidade às mulheres em situação de violência política; 9. Acolhimento, cuidado e saúde mental das mulheres em situação de violência política; 10. Notificação, fluxos e protocolos.

Sempre evidenciando, segundo o Relatório, que as ações a serem formuladas a partir das propostas devem considerar "a interseccionalidade, interinstitucionalidade, intersetorialidade e transversalidade na elaboração e implementação da política."

Vale, por fim, destacar aqui um dos pontos da conclusão do documento:

> Este relatório leva à conclusão de que, no âmbito eleitoral, as candidatas/mandatárias em todo o Brasil, da direita, centro e esquerda, exercem sua atuação política enfrentando com algo em comum: em maior ou menor grau, são atacadas por serem mulheres, dado que a violência política permeia e constitui o cenário político brasileiro, desenhando-se a partir de manifestações que se expressam antes, durante e após os pleitos eleitorais. Já no espaço formal da política institucional, a conclusão a que se chega é a de que as mulheres que atuam politicamente em movimentos sociais, partidos, organizações não-governamentais, sindicatos, conselhos e em demais espaços de poder e decisão, também são alvo constante de violência política, tendo o exercício de seus direitos políticos ameaçados, de forma recorrente, resultando, em alguns casos, em feminicídio político.[14]

No âmbito do Poder Legislativo, destaca-se a Procuradoria Especial da Mulher como novo órgão que tem entre os seus principais objetivos fomentar a participação de mulheres na política, em âmbito federal, estadual e municipal e para fiscalizar e acompanhar programas dos respectivos governos. Em 2022, a Procuradoria foi instalada na Câmara Federal, no Senado Federal, em todas as Assembleias Legislativas e em 352 municípios de todos os estados, muito embora nem todas elas

14. Disponível em: https://www.gov.br/mulheres/pt-br/central-de-conteudos/noticias/2024/agosto/gti-enfrentamento-violencia-politica-relatoriofinal.pdf/view . Acesso em: 6 out. 2024.

funcionem com estrutura necessária e suficiente para o desenvolvimento de seu importante papel.

No Paraná, o órgão foi criado na Assembleia Legislativa do Paraná em 2019, por meio da Resolução n. 7, de 25 de junho. O estado tem o maior número de procuradorias dessa natureza no Brasil, instaladas em 109 municípios e, nesse estado, a ProMu desenvolveu um fluxo desses atendimentos para a Coordenadoria Eleitoral do Ministério Público Estadual.

Ainda no âmbito legislativo, importante destacar o excelente trabalho elaborado pelo Observatório Nacional da Mulher na Política, ligado à Secretaria da Mulher na Câmara Federal. Constituem seus eixos de pesquisa[15]:

- **Eixo 1: Violência Política contra a Mulher**

  Objetivos específicos: pesquisas de acompanhamento de casos de violência cometida contra mulheres relacionados à sua atuação na vida política; análise de discursos ofensivos proferidos por homens e da quantidade de interrupções de falas de mulheres; investigação da natureza e das características da violência política contra a mulher (estrutural, simbólica, sistêmica); análises de violência política em virtude de raça, etnia, idade, orientação sexual e região.

- **Eixo 2: Atuação Parlamentar e Representatividade**

  Objetivos específicos: investigação da produtividade das mulheres eleitas nas esferas municipal, estadual e federal, nos aspectos relacionados a temas de maior produção legislativa e de maior incidência em discursos e tempo ocupado em tribunas; áreas de maior destinação orçamentária por meio de emendas parlamentares individuais; presença em espaços internos (Departamentos, Comissões); relatorias de propostas legislativas; comportamento em votações; e tópicos específicos da atuação política das mulheres no Poder Executivo.

15. Disponível em: https://www2.camara.leg.br/a-camara/estruturaadm/secretarias/secretaria-da-mulher/observatorio-nacional-da-mulher-na-politica/institucional/eixos-de-pesquisa. Acesso em: 21 ago. 2023.

– **Eixo 3: Atuação Partidária e Processos Eleitorais**

Objetivos específicos: investigação do número de mulheres em espaços internos de decisão nos partidos políticos; qualidade da participação intrapartidária; participação na decisão sobre o uso dos recursos do Fundo Partidário; programas de formação política em vigor; candidaturas femininas e mulheres eleitas, em todos os níveis; destinação de recursos do Fundo Especial de Financiamento de Campanhas e do Fundo Partidário durante as eleições; critérios de distribuição dos fundos contidos nas resoluções partidárias; percentual de tempo destinado às mulheres no Horário Gratuito de Propaganda Eleitoral; impactos dos projetos de alterações das regras referentes ao sistema político; e cumprimento das normas em relação à participação feminina na política; além de sugestões de melhorias no normativo legal e infralegal.

Uma outra iniciativa merece destaque, desta feita oriunda do Poder Judiciário, refere-se ao Protocolo para Julgamento com Perspectiva de Gênero[16], iniciativa do CNJ, que instituiu, pela Portaria CNJ 27, no ano de 2021, um grupo de trabalho para a elaboração do importante documento. O Protocolo foi, inicialmente, objeto da Recomendação 128/2022, no sentido de que fosse adotado no âmbito de todos os órgãos do Poder Judiciário brasileiro[17]. Sua aplicabilidade, entretanto, deixou de ser uma mera recomendação quando, no ano seguinte (2023), o CNJ elaborou a Resolução 492, a qual "estabelece, para adoção de Perspectiva de Gênero nos julgamentos em todo o Poder Judiciário, as diretrizes do protocolo aprovado pelo Grupo de Trabalho constituído pela Portaria CNJ n. 27/2021, institui obrigatoriedade de capacitação de magistrados e magistradas, relacionada a direitos humanos, gênero, raça e etnia, em perspectiva interseccional, e cria o Comitê de Acompanhamento e Capacitação sobre Julgamento com Perspectiva de Gênero no

16. Disponível em: https://www.cnj.jus.br/wp-content/uploads/2021/10/protocolo-18-10-2021-final.pdf. Acesso em: 12 jul. 2023.

17. Disponível em: https://atos.cnj.jus.br/files/original18063720220217620e8ead8fae2.pdf. Acesso em: 17 mar. 2022.

Poder Judiciário e o Comitê de Incentivo à Participação Institucional Feminina no Poder Judiciário".

No que tange ao Direito Eleitoral com perspectiva de gênero, o Protocolo dedica-se a trazer três importantes questões:

- Legitimidade das cotas;
- Distribuição do tempo de propaganda;
- Distribuição de recursos eleitorais.

Em relação às cotas, de acordo com o Protocolo

> Assegurar ou regular lançamento das candidaturas do segmento e a participação efetiva no processo eleitoral é necessário, legítimo e urgente, incluindo as de pessoas transgênero, contabilizadas nas cotas de gêneros a partir da autodeclaração. Em caso de burla, faz-se indispensável resposta imediata da instituição responsável por zelar pela efetividade das normas legais, a Justiça Eleitoral.[18]

No que tange à distribuição do tempo de propaganda, o Protocolo faz um importante alerta:

> A exposição de propaganda eleitoral gratuita no rádio e na televisão auxilia na conquista de mais cadeiras para a representatividade feminina no parlamento, razão pela qual o enfrentamento da questão demanda um olhar mais crítico da magistrada ou do magistrado eleitoral ao descumprimento do percentual mínimo de 30% por gênero, sobretudo quanto ao tempo de entrega da tutela jurisdicional, uma vez que análise posterior à campanha eleitoral compromete sobremaneira a política afirmativa, pela negação de ambiente que permita às mulheres alcançar a igualdade de resultados.[19]

Ainda de acordo com o Protocolo,

> programas de criação ou manutenção à participação política feminina são essenciais para a devida inserção igualitária, plural e mul-

18. Disponível em: https://www.cnj.jus.br/wp-content/uploads/2021/10/protocolo-18-10-2021-final.pdf. Acesso em 12 jul. 2023. p. 118.
19. Disponível em: https://www.cnj.jus.br/wp-content/uploads/2021/10/protocolo-18-10-2021-final.pdf. Acesso em 12 jul. 2023. p. 118.

> tirracial das mulheres nos espaços de poder e decisão, ressalvando a importância da fiscalização e do incentivo da Justiça Eleitoral, efetivada pela aplicação de sanções, incluindo a suspensão de repasse de verba do fundo partidário pela ausência de destinação do mínimo legal, a ser aferida na prestação de contas anual do partido político. Afastar do ambiente democrático práticas que obstam a inserção feminina igualmente mostra-se prioritário, sendo o emprego de políticas afirmativas indispensável a tal fim, conclusão alcançada diante das novas composições dos parlamentos de países vizinhos, inauguradores da reserva de vagas nos assentos legislativos.[20]

Bianca Maria Gonçalves e Silva lembra que a violência política de gênero constitui um "importante fator a afastar as mulheres da vida política, especialmente a institucional, o que torna o ambiente político um espaço absolutamente hostil às mulheres."[21]

Há que se atentar, entretanto, para o fato de que nem toda violência política de gênero (art. 3º da Lei 14.192/2021) constitui o crime de violência política de gênero (art. 326-B do Código Eleitoral, incluído pela Lei 14.192/2021 – que será analisado no item seguinte), posto que, em razão do princípio da intervenção mínima do Direito Penal, tão caro para o Estado Democrático de Direito, devem ser criminalizadas, tão somente, as formas de violência consideradas pelo legislador como mais graves, em termos de ofensa. Ainda que nem toda violência política contra a mulher (art. 3º da Lei 14.192/2021, visto acima) configure crime de violência política contra a mulher (previsto no art. 326-B do Código Eleitoral, inserido pela Lei 14.192/2021), pode-se utilizar o conceito de violência política contra as mulheres em todas as questões extrapenais, principalmente no atinente aos mecanismos associados à prevenção (primária, secundária e terciária).

Menos de um mês depois de entrar em vigor a norma legal acima mencionada, foi editada a Lei 14.197/2021 que, dentre outras coisas,

20. Disponível em: https://www.cnj.jus.br/wp-content/uploads/2021/10/protocolo-18-10-2021-final.pdf. Acesso em: 12 jul. 2023. p. 119.

21. SILVA, Bianca Maria Gonçalves e. Poder e gênero nas Urnas: o comportamento dos ilícitos eleitorais diante da violência política contra a mulher. Rio de Janeiro: Lumen Juris, 2024, p. 9.

inseriu no Código Penal o crime de violência política (art. 359-P), que pune o ato de restringir, impedir e dificultar o direito ao exercício dos direitos políticos, quaisquer que sejam eles (alistamento, apoio ou assessoramento a uma candidatura, filiação partidária, pré-candidatura, candidatura, sufrágio, mandato, etc.), de qualquer pessoa, mediante emprego de violência física, sexual ou psicológica. Esse tipo penal também será objeto de análise no item seguinte, principalmente pelo fato de estabelecer, juntamente com outras situações, a violência política em razão do sexo da vítima.

A criação do tipo penal de violência política de gênero foi fundamental para servir de instrumento para responsabilização dos autores de violência. Pesquisa realizada entre os meses de agosto e outubro de 2024, pela Confederação Nacional de Municípios (CNM), em parceria com o Movimento Mulheres Municipalistas (MMM)[22], dá conta que 60,4% das prefeitas e vices sofreram algum tipo de violência política de gênero durante a campanha ou mandato.

A pesquisa relata ainda que, apesar do ambiente hostil, 50,2% das mulheres que sofreram violência manifestaram a intenção de permanecer na política concorrendo à reeleição nas eleições municipais de 2024; 11,9% tinham a intenção de concorrer, porém em outro cargo; e 9,6% não possuem intenção de permanecer na política. "De acordo com 60,8% das gestoras, o fato de terem sido vítimas de alguma forma de violência não afetou a sua gestão, mas para 36,5% delas a violência sofrida afetou de alguma forma. Em relação à vida privada, 47,1% das entrevistadas afirmam que por serem vítimas de violência se sentiram psicologicamente afetadas e 9,9% se sentiram fisicamente afetadas."

3.2. CRIME DE VIOLÊNCIA POLÍTICA DE GÊNERO

Em razão da existência de dois tipos penais que tratam da violência política de gênero, surgiu na doutrina a discussão acerca da subsistência, ou não, de ambos os dispositivos.

Rogério Sanches Cunha e Rodrigo Silvares posicionaram-se no sentido de que o crime previsto no art. 359-P do Código Penal (mais

22. Disponível em: https://cnm.org.br/biblioteca/download/15464. Acesso em 02 nov. 2024.

amplo) teria revogado tacitamente o art. 326-B do Código Eleitoral (mais específico)[23].

Diferente é o entendimento de Luiz Carlos dos Santos Gonçalves[24], Rodrigo Lopes Zílio[25], Ana Laura Bandeira Lins Lunardelli e Moisés Casarotto[26]. Para os dois últimos autores citados:

> [...] o artigo 326-B, do CE, criado pela Lei n. 14.192/2021, surgiu no contexto específico de proteção da mulher na vida política, pois além da criação do tipo penal, a mesma lei estabeleceu outras normas para prevenir, reprimir e combater a violência política contra a mulher (artigo 1°), inclusive fixando o direito de participação política das mulheres (artigo 2º), conferindo especial importância às declarações da vítima e aos elementos indiciário na apuração (artigo 2º, parágrafo único), conceituando a violência política contra as mulheres (artigo 3º), entre outras normas que visam reparar a desigualdade de gênero na política. Assim, trata-se de uma lei específica e especial de proteção das mulheres contra violência política.
>
> Já, o artigo 359-P, do CP, foi criado pela Lei n. 14.197/2021, no contexto geral dos crimes contra o Estado democrático de Direito, que revogou a antiga Lei de Segurança Nacional (Lei n. 7.170/83), sem qualquer preocupação ou detalhamento de crimes cometidos contra mulheres na política. Em outras palavras, trata-se de uma lei geral de crimes contra a democracia, em relação a qualquer direito político.
>
> Ora, um dos preceitos básicos do conflito aparente de normas, sendo ambas de mesma hierarquia (1º critério de solução), é de que lei especial prevalece sobre lei geral (2º critério de solução).

---

23. CUNHA, Rogério Sanches; SILVARES, Ricardo. **Crimes contra o Estado Democrático de Direito**. São Paulo: Juspodivm, 2021. p. 150/151.
24. GONÇALVES, Luiz Carlos dos Santos. **Nota sobre os crimes de violência política**. Disponível em: http://genjuridico.com.br/2021/09/20/crimes-de-violencia-politica/. Acesso em: 25 jan. 2022.
25. ZILIO, Rodrigo López. **Direito Eleitoral**. 8. ed. São Paulo: Juspodivm, 2022, p. 983-984.
26. LUNARDELLI, Ana Laura Bandeira Lins; Moisés. **Conflito de normas de crimes de violência política de gênero e de violência política**. Disponível em: https://www.conjur.com.br/2022-jun-23/lunardellie-casarotto-crime-violencia-politica-genero. Acesso em: 30 nov. 2022.

> Ademais, não podemos concordar com o simples critério da cronologia (3º critério de solução), pois o princípio da lei especial prevalece sobre àquele. Além disso, não queremos acreditar que o legislador seria tão relapso em criar o artigo 326-B em 4 de agosto de 2021 e, menos de um mês depois, em 1 de setembro de 2021, criar o artigo 359-P, sem revogar expressamente o anterior se esta fosse a intenção.

Como veremos na análise das elementares dos tipos penais previstos nos arts. 326-B do Código Eleitoral e 359-P do Código Penal (a ser feita a seguir), eles não são excludentes entre si e, a depender das circunstâncias do caso concreto, um ou outro terá incidência. Tal entendimento, inclusive, é sinalizado pelo TSE, quando editou a Resolução 23.671/2021, que, por sua vez, inseriu o crime de violência política de gênero (art. 326-B do CE) no artigo 93-C da Resolução TSE n. 23.610/2019.

Ao final do presente item, teremos a oportunidade de mostrar um quadro comparativo entre os dois tipos penais que facilitará a compreensão das suas especificidades.

3.2.1. O crime de violência política de gênero previsto no art. 326-B do Código Eleitoral, inserido pela Lei 14.192/2021

O Código Eleitoral foi alterado pela Lei 14.192/2021 para, dentre outras coisas, inserir o art. 326-B, que criminalizou a conduta de violência política contra as mulheres nos seguintes termos:

> Código Eleitoral
>
> Art. 326-B. Assediar, constranger, humilhar, perseguir ou ameaçar, por qualquer meio, candidata a cargo eletivo ou detentora de mandato eletivo, utilizando-se de menosprezo ou discriminação à condição de mulher ou à sua cor, raça ou etnia, com a finalidade de impedir ou de dificultar a sua campanha eleitoral ou o desempenho de seu mandato eletivo.
> Pena – reclusão, de 1 (um) a 4 (quatro) anos, e multa.

Vejamos, abaixo, cada um dos elementos constitutivos (elementares) do tipo penal:

a) *"assediar, constranger, humilhar, perseguir ou ameaçar"*: são as condutas típicas. A prática de algumas dessas condutas pode também configurar outros crimes. É o caso do:

– crime de assédio sexual (art. 216-A, CP);
– crime de constrangimento ilegal (art. 146, CP);
– crime de ameaça (art. 147, CP);
– crime de perseguição (art. 147-A, CP);
– crime de violência psicológica contra a mulher (art. 147-B, CP).

Na hipótese de a conduta configurar qualquer um deles, haverá a absorção do crime mais grave pelo menos grave. Em relação aos dispositivos acima mencionados, subsistirá o crime de violência política de gênero, por prever sanção penal mais elevada.

b) *"por qualquer meio"*: **crime de conduta vinculada**. Embora o tipo diga que as ações (assediar, constranger, humilhar, perseguir ou ameaçar) podem ser praticadas "por qualquer meio", logo em seguida exige que tais condutas sejam praticadas utilizando-se de "menosprezo ou discriminação à condição de mulher ou à sua cor, raça ou etnia".

c) *"candidata a cargo eletivo ou detentora de mandato eletivo"*: condição especial da vítima, abrangendo, assim, somente mulheres e mulheres transexuais candidatas (excluindo-se, portanto, as pré-candidatas) e as detentoras de mandato eletivo (podendo estar no exercício ou licenciada).

d) *"utilizando-se de menosprezo ou discriminação à condição de mulher ou à sua cor, raça ou etnia"*: tem-se aqui um especial modo de atuação do sujeito ativo.

No tocante à definição de menosprezo e discriminação à condição de mulher, vale relembrar aqui que tais expressões foram escolhidas pelo legislador quando da elaboração da Lei n. 13.104/2015, que acrescentou ao Código Penal qualificadora específica para o atentado contra a vida da mulher por condição do sexo feminino. E o art. 121, § 2º-A, II, descreve como uma das hipóteses dessa condição de gênero, a situação de menosprezo ou discriminação à mulher, o que levou doutrina e jurisprudência a se debruçarem sobre a definição desses conceitos.

Há menosprezo quando o agente pratica o crime por nutrir pouca ou nenhuma estima ou apreço pela mulher vítima, configurando, dentre outros, desdém, desprezo, depreciação, desvalorização.[27]

Com relação à discriminação: o Brasil é signatário da Convenção sobre a Eliminação de todas as Formas de Discriminação Contra a Mulher (CEDAW, 1979), ratificada pelo nosso País em 1984.

Nesse documento internacional, podemos encontrar a seguinte definição de discriminação contra a mulher:

> Art. 1º. Toda distinção, exclusão ou restrição baseada no sexo e que tenha por objeto ou resultado prejudicar ou anular o reconhecimento, gozo ou exercício pela mulher, independentemente de seu estado civil, com base na igualdade do homem e da mulher, dos direitos humanos e liberdades fundamentais nos campos político, econômico, social, cultural e civil ou em qualquer outro campo.

Além disso, a proibição da discriminação contra a mulher e a adoção de sanções para os casos de discriminação fazem parte de compromisso internacional assumido pelo Brasil quando ratificou a CEDAW. Consta no art. 2º do documento internacional mencionado:

> Artigo 2º. Os Estados Partes condenam a discriminação contra a mulher em todas as suas formas, concordam em seguir, por todos os meios apropriados e sem dilações, uma política destinada a eliminar a discriminação contra a mulher, e com tal objetivo se comprometem a:
>
> [...]
>
> b) Adotar medidas adequadas, legislativas e de outro caráter, com as sanções cabíveis e que proíbam toda discriminação contra a mulher;

27. Cf. BIANCHINI, Alice; BAZZO, Mariana; CHAKIAN, Sílvia. **Crimes contra Mulheres:** Lei Maria da Penha, Crimes Sexuais, Feminicídio e Violência Política de Gênero. 5. ed. rev. atual. e ampl. São Paulo: Editora Juspodivm, 2023, p. 271.

Situações que, exemplificativamente, configuram a discriminação: matar mulher por entender que ela não pode estudar, por entender que ela não pode dirigir, por entender que ela não pode ser diretora de uma empresa, por entender que ela não pode pilotar um avião etc.[28]

e) *"com a finalidade de impedir ou de dificultar a sua campanha eleitoral ou o desempenho de seu mandato eletivo"*: trata-se de um especial fim de agir do sujeito ativo. Para a consumação do crime basta que as condutas previstas no tipo penal sejam praticadas com a finalidade antes mencionada, não sendo necessário, portanto, que se alcance tal intento. Tem-se aqui a modalidade de crime formal.

O crime prevê três causas especiais de aumento de pena. Elas sinalizam um maior desvalor da conduta, justificando, assim, uma punição mais severa. São elas

> Art. 326-B. [...]
>
> Parágrafo único. Aumenta-se a pena em 1/3 (um terço), se o crime é cometido contra mulher:
>
> I – gestante;
>
> II – maior de 60 (sessenta) anos;
>
> III – com deficiência.

O crime de violência política de gênero somente admite a modalidade dolosa (quando o agente pratica a conduta querendo ou assumindo o risco de produzir o resultado). Trata-se de crime comum (qualquer pessoa pode cometê-lo), e o bem jurídico tutelado é a higidez do processo eleitoral, quando se trata das condutas voltadas contra as candidatas, e a regularidade do exercício do mandato eletivo feminino, em relação às condutas praticadas contra ele. Em razão do bem protegido, entende-se que a vítima primária é a sociedade, e as

28. Cf. BIANCHINI, Alice; BAZZO, Mariana; CHAKIAN, Sílvia. **Crimes contra Mulheres:** Lei Maria da Penha, Crimes Sexuais, Feminicídio e Violência Política de Gênero. 5. ed. rev. atual. e ampl. São Paulo: Juspodivm, 2023, p. 274.

mulheres são as vítimas secundárias. Como bem esclarece Luiz Carlos dos Santos Gonçalves[29]:

> O **bem jurídico**, no caso das condutas voltadas contra a mulher candidata, é a lisura das eleições e a higidez do processo eleitoral. Já as condutas voltadas contra o desempenho de mandato eletivo feminino inauguram um novo bem a ser protegido, justamente a regularidade do exercício do mandato. Não se pode deixar de notar a tendência de trazer, para o âmbito da Justiça Eleitoral, questões que vão além das campanhas eleitorais. É possível indicar bens jurídicos secundários, relacionados à incolumidade psicológica da mulher candidata ou mandatária.

Em relação ao sujeito passivo, como dito anteriormente, exclusivamente pode ser vítima mulher candidata a cargo eletivo ou detentora de mandato eletivo (que somente se formaliza com a diplomação). De acordo com o art. 11 da Lei 9.504/1997, "os partidos e coligações solicitarão à Justiça Eleitoral o registro de seus candidatos até as dezenove horas do dia 15 de agosto do ano em que se realizarem as eleições". Assim, a violência política tutelada por este tipo penal será sempre subsequente ao registro de candidatura, não incluindo situações tendentes a obstar ou dificultar essa condição, o que nos parece ser uma falha do legislador, pois seria muito importante a tutela penal que abrangesse a violência que a pré-candidata vem a sofrer, muitas das quais servirão para que nem mesmo ela venha a participar do pleito eleitoral.

Como ressalta Ana Laura Bandeira Lins Lunardelli, a Lei 14.192/2021 não fez a opção por criminalizar a violação dos direitos políticos das mulheres na estrutura interna dos partidos políticos, onde elas também sofrem violência e discriminação (enfrentam fila para se candidatar, sofrem preterições para galgar cargos de direção ou presidência da sigla, motivados pelo gênero, cor, raça ou etnia), como também não protegeu a eleitora, a assessora da candidata, a cocandidata e a coparlamentar, no caso dos mandatos coletivos.[30]

---

29. Ob. Cit.
30. Cf. LUNARDELLI, Ana Laura Bandeira Lins. Ministério Público e o Enfrentamento ao Crime de Violência Política de Gênero: conceituação, distinção, características, prioridade na

A opção legislativa de proteger penalmente somente candidatas ou detentoras de mandato eletivo, conforme crítica corretamente trazida por Débora do Carmo Vicente[31] desampara as mulheres na trajetória que antecede o deferimento formal do registro, pré-candidatando-se ou apoiando pré-candidatas, ou seja, "no período das campanhas intrapartidárias, por exemplo, quando se realizam as convenções e finalmente se escolhe quem vai disputar as eleições, período em que ainda não podem ser consideradas candidatas". Ainda de acordo com a autora,

> é prova disso, o estudo do MonitoA, que demonstrou como mulheres que nem estavam na disputa política sofreram violência. Foi o caso por exemplo de Renata Campos, economista e viúva do ex-governador de Pernambuco, Eduardo Campos. Ela não concorreu às Eleições de 2020 e mesmo assim foi alvo de ofensas nas redes sociais feitas por usuários que discordavam da candidatura do seu filho. Outro exemplo é o de Marina Silva, que mesmo não estando na disputa eleitoral, recebeu três tuítes ofensivos por hora em apenas dois dias, após declarar apoio à Manuela D'Ávila, que disputava a prefeitura de Porto Alegre e esteve entre as candidatas mais ofendidas nas redes sociais.[32]

Ainda em relação à vítima, como bem lembra Luiz Carlos dos Santos Gonçalves, trata-se de **crime vago,** "porque tem como vítima – como ocorre com todos os crimes eleitorais – a sociedade. Este último aspecto deve ser ressaltado: embora as condutas sejam voltadas contra mulher ou mulheres, estas são vítimas secundárias do delito"[33].

---

apuração e aproximação entre vítima e autoridades do sistema de justiça eleitoral como reforço à democracia. In: SARRUBBO, Mário Luiz; ROMANO, Michel Betenjane; LEITÃO, Patrícia de Carvalho; CHAKIAN, Silvia (coord.). **Ministério Público Estratégico: Violência de gênero**. Indaiatuba: Editora Foco, 2022.

31. VICENTE, Débora do Carmo. **Inovação legal no combate à violência política contra a mulher**. Disponível em: https://www.conjur.com.br/2022-mar-28/inovacao-legal-combate-violencia-politica-mulher. Acesso em: 10 jul. 2022.

32. VICENTE, Débora do Carmo. **Inovação legal no combate à violência política contra a mulher**. Disponível em: https://www.conjur.com.br/2022-mar-28/inovacao-legal-combate-violencia-politica-mulher. Acesso em: 10 jul. 2022.

33. Ob. Cit.

Concorda-se também com a crítica do autor mencionado, quando lamenta a opção legislativa que considera "cor", "raça" e "etnia", "não como itens autônomos de discriminação, mas como predicados da conduta ilícita voltada apenas contra a mulher"[34].

A pena prevista é de um a quatro anos e multa. Por conta do montante da sanção criminal, não é permitida a prisão preventiva (art. 313, CPP). Subsistindo, entretanto, quaisquer das causas especiais de aumento de pena previstas no parágrafo único do art. 326-B (vítima gestante, mulher maior de 60 anos ou com deficiência), a prisão preventiva passa a ser admissível.

É vedado o acordo de não persecução penal, uma vez que o art. 28-A do CPP estabelece expressamente que o instituto não é aplicável "nos crimes praticados [...] contra a mulher por razões de condição de sexo feminino [...]"

Pode ser aplicada a suspensão condicional do processo (art. 89 da Lei 9.099/95). Ressalta-se que não há a vedação do referido instituto, por não se tratar de crime de violência doméstica e familiar, apesar das razões de gênero, o que, portanto, não esbarra em eventual proibição prevista no art. 41 da Lei Maria da Penha e Súmula 536 do Superior Tribunal de Justiça. Dentre as condições tradicionalmente impostas, como reparação de danos materiais e morais à vítima e obrigação de comparecimento mensal no cartório para justificar suas atividades no período de suspensão, é recomendável que o/a integrante do Ministério Público imponha ao autor a frequência a cursos de letramento em gênero como condição obrigatória.

Por outro lado, não com base na Lei Maria da Penha, mas pelos próprios dispositivos do Código de Processo Penal (artigo 319, inciso III, do CPP), como forma de maior proteção à mulher em situação de violência política, houve aplicação de medida protetiva, a partir de recente decisão do Tribunal Regional Federal da 4ª Região (TRF4), em abril do ano de 2024 (processo XXXXXX)[35], que a concedeu em favor de uma mulher que exerce função de presidente municipal num

34. Ob. Cit.

35. O processo tramita em segredo de justiça, conforme noticiado pelo próprio TRF4. [https://www.trf4.jus.br/trf4/controlador.php?acao=noticia_visualizar&id_noticia=28091].

partido político no Município de Canoas/RS, e proibiu um vereador filiado ao mesmo partido político da vítima de manter contato com ela, pessoalmente, ou por qualquer outro meio.

Na ocasião foi dito que é constante a prática do crime de violência política (artigo 359-P do Código Penal) a partir de violência psicológica consistente em "ameaças, calúnias, injúrias e perseguições para que abandone a função de presidente do partido". Ficou consignado que:

> "a vítima vem sofrendo sistemática violência política por parte do requerido em decorrência do gênero feminino (mulher atuando na política)", configurando a prática do crime previsto no artigo 359-P do Código Penal: restringir, impedir ou dificultar, com emprego de violência física, sexual ou psicológica, o exercício de direitos políticos a qualquer pessoa em razão de seu sexo, raça, cor, etnia, religião ou procedência nacional. Ainda de acordo com os advogados da mulher, "a medida cautelar de afastamento do agressor é fundamental para que a vítima possa trabalhar na legenda que preside, notadamente nos preparativos para as eleições municipais de 2024, sem temer pela própria vida". A defesa da mulher acrescentou que o vereador "já foi suspenso do partido, o que somente agravou a perseguição por ela sofrida". Em primeira instância, a concessão da cautelar foi negada pelo juízo da 22ª Vara Federal de Porto Alegre. A mulher recorreu ao TRF4 destacando a urgência da medida protetiva[36].

O relator do recurso, desembargador Loraci Flores de Lima, afirma que tal proteção pode ser dada logo no início da investigação, ressaltando que "embora este não seja o momento pertinente para avaliar a efetiva subsunção da conduta ao tipo penal, tratando-se de inquérito recém instaurado no âmbito federal, é de se registrar a presença de alguns elementos nos autos apontando, pelo menos aparentemente, que a perseguição noticiada pode ter conotação de gênero"[37]. Apesar do segredo de justiça envolver o processo, foi divulgado na imprensa do próprio Tribunal que a decisão ressalta que os atos se revestem de

36. https://www.trf4.jus.br/trf4/controlador.php?acao=noticia_visualizar&id_noticia=28091

37. Idem ibidem.

contemporaneidade e potencialidade de efetivo embaraço às atividades desempenhadas pela requerente como dirigente de partido e mesmo risco à incolumidade física e mental da requerente". A Medida foi deferida para permanecer vigente durante a instrução do inquérito originário.

A ação prevista para o crime em tela é pública incondicionada[38] e a competência para o processo e para o julgamento é da Justiça Eleitoral. Nesse aspecto, necessário destacar nas palavras de BRANQUINHO et. al:

> Sabemos que a defesa dos direitos políticos, nele inserido o pleno exercício dos mandatos, não se esgota com o término do processo eleitoral, como é o caso da violência política de gênero que se perpetua (e muitas vezes se intensifica) no exercício da atividade de parlamentar. E foi em razão da necessidade de proteção dos mandatos que o legislador optou por inserir no Código Eleitoral, para que não houvesse dúvidas quanto à competência da Justiça Eleitoral, o crime tipificado no art. 326-B. Tanto é assim que, o mesmo legislador, inseriu no Código Penal o crime de violência política (art. 359-P), que por se tratar de crime contra o Estado Democrático de Direito, está abrangido na competência da Justiça Federal. Quisesse o legislador retirar a competência do crime de violência política de gênero da Justiça Eleitoral, não o teria inserido no corpo normativo do Código Eleitoral. Daí por que, sendo o crime de violência política de gênero, descrito no art. 326-B do Código Eleitoral, contra detentoras de mandatos, a competência para processar e julgar os casos será da Justiça Eleitoral de primeiro grau do local dos fatos, ou mesmo do Tribunal Regional Eleitoral ou do Supremo Tribunal, a depender da eventual prerrogativa de foro do agressor (...) Não se pode, utilizando raciocínio similar, pretender separar o momento em que a mulher é candidata do momento em que essa mulher é mandatária, pois sua situação fática de mulher exercendo seus direitos políticos passivos, permanece no tempo, justificando a competência da justiça eleitoral, em quaisquer das situações, até porque a lei não fez tal distinção.(...) Pretender retirar do âmbito da Justiça Eleitoral especializada a competência para processar e julgar o crime do art. 326-B do Código Eleitoral

38. Cf. Código Eleitoral. Art. 355. As infrações penais definidas neste código são de ação pública.

> significa ir na contramão do percurso histórico para o êxito das chamadas "ações afirmativas" e do alcance pretendido pelo legislador brasileiro, abrindo espaço para a impunidade, razão pela qual a busca pela igualdade material ficará ainda mais distante (...)[39].

Ainda sobre a competência, convém serem mencionados julgados que concluíram pela rejeição de preliminar que afastaria a Justiça Eleitoral por conta do contexto em que o crime foi praticado. Primeiramente, emblemático é o Acórdão do Tribunal Regional Eleitoral de Minas Gerais relacionado à PETIÇÃO CRIMINAL nº 0600740-34.2023.6.13.0000, publicado em maio de 2024, no qual se reconheceu que, apesar de os fatos criminosos relatados não possuírem, na época, relação com o processo eleitoral ou condição de candidata da suposta vítima Deputada Estadual, isso não desnatura o crime eleitoral ou afasta a competência para seu julgamento, portanto:

> A compreensão acerca da competência da Justiça Eleitoral para apreciar a prática do crime de violência política de gênero, de que trata o art. 326-B do Código Eleitoral, considerando a plenitude dos elementos que moldam a figura típica nele prevista, dentro e fora do processo eleitoral, parece ser o entendimento que prevalece acerca do alcance das disposições contidas no mencionado disposto legal, não se registrando até o momento vozes dissonantes na doutrina eleitoral ou mesmo posicionamento conflitante na jurisprudência eleitoral que indique dúvidas sobre a competência da Justiça Eleitoral para apreciação do crime de violência política de gênero, mesmo no caso singular tratado no presente feito que se refere a fatos fora do contexto eleitoral. Essa percepção resta clara pela própria postura adotada pelo Tribunal Superior Eleitoral (TSE) ao celebrar com a Procuradoria-Geral Eleitoral, em julho de 2022, o "Protocolo para Atuação Conjunta no Enfrentamento da Violência Política de Gênero", com priorização e definição de rotinas de investigação e processamento dos crimes previstos na Lei nº 14.192/2021. Não obstante tratar-se de tipo penal eleitoral relativamente novo inserido no Código Eleitoral pela

39. BRANQUINHO, Raquel et al. https://www.jota.info/artigos/a-competencia-da-justica-eleitoral-nos-crimes-de-violencia-politica-de-genero-29042024

> Lei nº 14.192, de 2021, a questão acerca da violência política contra a mulher é um problema social crônico, ainda bastante presente em nossa sociedade e na realidade política brasileira, de tal forma que situações paradigmas, como a tratada nos presentes autos, de apuração da prática do crime previsto no art. 326-B do Código Eleitoral, já estão sendo enfrentadas pelos Tribunais Regionais Eleitorais[40].

Também no presente julgado, há citações de outros casos semelhantes já enfrentados pela jurisprudência:

> Dada a semelhança com o caso em apreço, trago à colação jurisprudência do Tribunal Regional Eleitoral de São Paulo (Ação Penal Eleitoral nº 0600214- 41.2022.6.26.0000/SP – Município de São Paulo, Rel. Juiz Afonso Celso da Silva, julgado em 23/11/2022 e publicado no DJE de 30/11/2022, Tomo 297), que reconheceu a competência da Justiça Eleitoral e recebeu a denúncia para apreciar acusação de crime de violência política de gênero de que trata o art. 326-B do Código Eleitoral, no que se refere a ações de intimidação visando a dificultar o exercício do mandato eletivo, fora do contexto eleitoral, supostamente cometido por Deputado Estadual contra Deputada Estadual (TRESP – Ação Penal Eleitoral nº 0600214-41.2022.6.26.0000/SP – Município de São Paulo, Rel. Juiz Afonso Celso da Silva, julgado em 23/11/2022 e publicado no DJE de 30/11/2022, Tomo 297). Destaca-se, ainda, julgado do Tribunal Regional Eleitoral do Rio de Janeiro, que também trata de apuração de crime de violência política de gênero, referente a ações tendentes a intimidar e dificultar o exercício de mandato eletivo, durante a sessão legislativa, sem qualquer correlação com o processo eleitoral, sem questionamentos acerca da competência da Justiça Eleitoral para apreciar e julgar a causa (TRE-RJ – PetCrim nº 0600472-46.2022.6.19.0000/RJ – Município do Rio de Janeiro, Rel. Juíza Kátia Valverde Junqueira, julgado em 23/8/2022 e publicado no DJE de 1º/9/2022, Tomo 245).

---

40. https://www.mpf.mp.br/pge/institucional/gt-violencia-de-genero/5-manifestacoes-do-ministerio-publico-e-decisoes-judiciais/060075940.2023.6.13.0000_inteiroTeor.pdf/@@download/file/0600759-40.2023.6.13.0000_inteiroTeor.pdf

Além da criminalização da violência política contra as mulheres analisada no presente item, a Lei 14.192/2021 também incluiu, no art. 243 do Código Eleitoral, a proibição de propaganda "que deprecie a condição de mulher ou estimule sua discriminação em razão do sexo feminino, ou em relação à sua cor, raça ou etnia" (item X).

Depois, fazendo alusão específica à questão da mulher, a Lei mencionada acrescentou uma causa especial de aumento de pena ao crime de divulgação de fatos inverídicos (*fake news* e/ou *deepfake*) – art. 323 e seu §1º do Código Eleitoral.

Confira-se:

> Código Eleitoral
>
> Art. 323. Divulgar, na propaganda eleitoral ou durante período de campanha eleitoral, fatos que sabe inverídicos em relação a partidos ou a candidatos e capazes de exercer influência perante o eleitorado: (Redação dada pela Lei n. 14.192, de 2021)
>
> Pena - detenção de dois meses a um ano, ou pagamento de 120 a 150 dias-multa.
>
> § 1º Nas mesmas penas incorre quem produz, oferece ou vende vídeo com conteúdo inverídico acerca de partidos ou candidatos.
>
> § 2º Aumenta se a pena de 1/3 (um terço) até metade se o crime: (Incluído pela Lei n. 14.192, de 2021)
>
> [...]
>
> II - envolve menosprezo ou discriminação à condição de mulher ou à sua cor, raça ou etnia. (Incluído pela Lei n. 14.192, de 2021)

A importância dessa alteração legislativa está na preocupação com os efeitos perniciosos que a era da propagação dolosa ou culposa de desinformação pode trazer para o Estado democrático, o que inclui a participação das mulheres na arena política.

A tecnologia de hoje proporciona largo alcance à propagação de informações ideologizadas, fruto da radicalização dos extremos que têm permeado as campanhas eleitorais nos últimos tempos, acentuando a crise de valor social das entidades de garantia como instituições públicas, ciência e academia, o que fomenta a baixa racionalidade e as crenças em falsas informações. Com isso, temos acompanhado também o crescimento da intolerância, o acirramento do discurso de ódio, do uso dos movimentos irracionais e de violência de massa como ação, além da propagação de conteúdo misógino na internet.

Da prática de disseminação de desinformação sobre temas que enfraquecem a luta das mulheres na política, como divulgar falsas estatísticas, descredibilizar discursos de luta por igualdade de gênero etc., aos ataques de ódio e intolerância, o fato é que diariamente um vasto conteúdo dessa natureza é despejado nas redes, atingindo desproporcionalmente os grupos sociais historicamente discriminados, como é o caso das mulheres.

A divulgação de desinformação, que pode ser dolosa ou culposa, é gênero, da qual a *fake news* é espécie. Esta última costuma ser produzida com aparência de notícia jornalística para conquistar a confiança e credibilidade. Pode ter a estética dos jornais tradicionais, por vezes com referências a fontes falsas, estatísticas deturpadas, recortes de um fato verdadeiro com conclusões falsas, uso de fotos contrafeitas e até se valer do humor para chamar atenção.

E a partir dessa divulgação, o compartilhamento em massa acaba ocorrendo não necessariamente de maneira intencional, com o objetivo de enganar, mas sim por falta de conhecimento e credulidade nas supostas verdades que se amoldam a preconcepções, falsos especialistas, nas informações irracionais que são, em grande parte, fruto de uma comunicação que apela para sentimentalismo e mentiras.

A dificuldade de combate à desinformação também se dá porque essas práticas se beneficiam do uso de financiadores clandestinos, contas falsas e robôs, o que amplifica o alcance numa fração de segundos, impossibilitando, muitas vezes, desmenti-lo por parte de instituições, que precisam atuar mais lentamente, na legalidade, e por meio de comunicados oficiais.

A Lei 14.192/2021 insere essa mesma causa de aumento de pena (menosprezo ou discriminação à condição de mulher ou à sua cor, raça ou etnia) e nos mesmos moldes sancionatórios (aumento de 1/3 até metade) para os crimes previstos nos arts. 324[41], 325[42] e 326[43] do Código Eleitoral:

> Art. 327. As penas cominadas nos arts. 324, 325 e 326 aumentam-se de 1/3 (um terço) até metade, se qualquer dos crimes é cometido:
>
> [...]
>
> IV - com menosprezo ou discriminação à condição de mulher ou à sua cor, raça ou etnia;

Por fim, ainda acerca de questões referentes à violência política contra as mulheres, a Lei 14.192/2021 estabelece uma norma dirigida diretamente aos partidos políticos, determinando que seu programa contenha normas sobre "prevenção, repressão e combate à violência política contra a mulher" (art. 15, X, da Lei 9.095/1995).

Apesar de todo o avanço legislativo acima mencionado, surgiram críticas à lei brasileira. Dentre elas as trazidas por Débora do Carmo Vicente[44]:

- ausência de enumeração de formas de manifestação dos tipos de violência política, de seus agentes e de suas vítimas;
- ausência do termo "gênero": "ao que tudo indica, tratou-se de uma estratégia legislativa para evitar que questões ide-

---

41. "Art. 324. Caluniar alguém, na propaganda eleitoral, ou visando fins de propaganda, imputando-lhe falsamente fato definido como crime:
Pena - detenção de seis meses a dois anos, e pagamento de 10 a 40 dias-multa.
§ 1° Nas mesmas penas incorre quem, sabendo falsa a imputação, a propala ou divulga.
[...]"

42. "Art. 325. Difamar alguém, na propaganda eleitoral, ou visando a fins de propaganda, imputando-lhe fato ofensivo à sua reputação:
Pena - detenção de três meses a um ano, e pagamento de 5 a 30 dias-multa."

43. "Art. 326. Injuriar alguém, na propaganda eleitoral, ou visando a fins de propaganda, ofendendo-lhe a dignidade ou o decoro:
Pena - detenção até seis meses, ou pagamento de 30 a 60 dias-multa.
[...]
§ 2º Se a injúria consiste em violência ou vias de fato, que, por sua natureza ou meio empregado, se considerem aviltantes:
Pena - detenção de três meses a um ano e pagamento de 5 a 20 dias-multa, além das penas correspondentes à violência prevista no Código Penal."

44. Ob. Cit.

ológicas pudessem impedir a aprovação de tão importante norma";

– lacuna em relação a homicídios decorrentes da violência política de gênero, "ponto destacado em legislações de outros países".

Essas críticas e outras que surgirão devem ser levadas em consideração principalmente para que sejam incorporadas quando da versão final do novo Código Eleitoral - Projeto de Lei Complementar 112/21, que consolida toda a legislação eleitoral, hoje tratada em diversas leis e resoluções do Tribunal Superior Eleitoral, em um único Código Eleitoral – e que também possui previsão do crime de violência política contra as mulheres[45].

Como sintetiza Ana Laura Bandeira Lins Lunardelli, para além da criação do tipo penal do art. 326-B do Código Eleitoral, a Lei 14.192 introduz medidas corretivas da sub-representação feminina, que é causada principalmente pela violência política de gênero, durante as campanhas eleitorais. Avança quando proíbe a propaganda que deprecia a condição da mulher ou estimula a discriminação em razão do gênero ou em relação à sua cor, raça ou etnia (aquilo que ela é: mulher, mulher negra, mulher transexual – art. 243, inciso X, do Código Eleitoral); quando redefine a punição da divulgação de conteúdo sabidamente inverídico contra candidatos e partidos políticos, na propaganda eleitoral ou durante o período eleitoral e capazes de exercer influência perante o eleitorado (art. 323 e parágrafos do Código Eleitoral); quando dá maior

45. Prevê o texto projetado:
"TÍTULO IV – DO CRIME DE VIOLÊNCIA POLÍTICA CONTRA MULHERES
Art. 884. Usar de violência política para causar dano ou sofrimento a uma ou mais mulheres, com o propósito de restringir sua candidatura ou eleição, impedir ou dificultar o exercício de seus direitos políticos.
Pena – reclusão de três a seis anos e multa.
§1º Considera-se violência política contra mulheres qualquer ação, conduta ou omissão de violência física, sexual, psicológica, moral, econômica ou simbólica, realizada de forma direta ou através de terceiros que, por razão de sexo, represente uma ameaça para a democracia ao causar dano ou sofrimento a uma ou a várias mulheres, com o propósito de restringir sua candidatura ou eleição, impedir ou dificultar o reconhecimento ou exercício de seus direitos políticos".

visibilidade às mulheres candidatas a cargos proporcionais, na medida em que passou a prever no art. 46, inciso II, da Lei n. 9.504/97, que em debates no rádio e na TV deverá ser respeitada a proporção de homens e mulheres estabelecida no § 3º, do art. 10, da Lei das Eleições; e quando obriga os partidos políticos a inserir em seus estatutos normas sobre prevenção, repressão e combate à violência política contra a mulher (art. 15, inciso X, da Lei n. 9.096/95). Dessa maneira, a legislação se propõe a restaurar a condição da igualdade de gênero, coibindo atos depreciativos na propaganda, na campanha política e no exercício do mandato, que menosprezam e desdenham da condição do gênero feminino, da cor e da raça ou da etnia, pois tais atos visam impedir ou dificultar a campanha eleitoral das mulheres ou o desempenho de seu mandato e, com isso, impedi-las de exercer plenamente a cidadania.

Por conta disso, é importante que a interpretação, a aplicação e a execução das inovações legislativas em matéria de violência política contra as mulheres sejam realizadas com base nos documentos e normas oriundos de organismos internacionais voltados à temática ("Lei Modelo Interamericana" e "Protocolo Modelo para Partidos Políticos", por exemplo), alinhando, assim, a atuação brasileira com os compromissos internacionais assumidos pelo país.

Essa mesma atenção aos preceitos e documentos internacionais, deve estar presente quando da interpretação, aplicação e execução da norma prevista no outro tipo penal que, apesar de ser genérico, também tem incidência no âmbito da violência política contra as mulheres (art. 359-P do Código Penal). É dele que trataremos na sequência.

3.2.2. Crime de violência política previsto no art. 359-P do Código Penal, incluído pela Lei 14.197/2021: uma abordagem a partir da sua incidência em casos de violência política contra a mulher

O art. 359-P do Código Penal também trata da violência política, porém, sem restringir-se à vítima mulher como fez o art. 326-A do Código Eleitoral, acima analisado.

O novo tipo penal encontra-se inserido no Título do Código Penal que trata "Dos Crimes contra o Estado Democrático de Direito" e, mais especificamente, no seu Capítulo III – "Dos crimes contra o Funcionamento das Instituições Democráticas no Processo Eleitoral", constituindo esse o seu bem jurídico imediato: regularidade do funcionamento das instituições democráticas no processo eleitoral. Sua redação é a seguinte:

> Código Penal
>
> Violência política
>
> Art. 359-P. Restringir, impedir ou dificultar, com emprego de violência física, sexual ou psicológica, o exercício de direitos políticos a qualquer pessoa em razão de seu sexo, raça, cor, etnia, religião ou procedência nacional:
>
> Pena – reclusão, de 3 (três) a 6 (seis) anos, e multa, além da pena correspondente à violência.

Na definição de Ana Laura Bandeira Lins Lunardelli, aqui, os direitos políticos foram considerados em dimensões mais amplas do que no art. 326-B do Código Eleitoral, restrito à candidatura e exercício do mandato eletivo; abrangendo o alistamento, a filiação partidária, a candidatura, o sufrágio, o mandato, dentre outros. Qualquer pessoa que não tenha seus direitos políticos suspensos pode ser sujeito passivo secundário do crime (figuram como vítimas secundárias o eleitor, a eleitora, o pré-candidato, a pré-candidata, o apoiador, a apoiadora, o cocandidato, a cocandidata, a candidata, o candidato, o assessor, a assessora, o detentor de mandato, a detentora de mandato). Assim, a proteção aos direitos políticos se dá em todas as dimensões, atingindo qualquer titular desse direito, como garantia à própria sobrevivência do estado democrático de direito e, em última análise, como garantia ao funcionamento da própria democracia.[46]

De fato, apesar de muitas similitudes com o art. 326-B do Código Eleitoral, inserido pela Lei 14.192/2021 (analisado no item anterior), o art. 359-P do Código Penal, é, como já dito, mais amplo, permitindo que seja vítima "qualquer pessoa em razão de seu sexo, raça, cor, etnia, religião ou procedência nacional". Outras diferenças também serão

46. Ob. Cit.

abordadas na sequência, mas, antes, vamos fazer uma análise de seus requisitos típicos (elementares):

a) *"restringir, impedir ou dificultar"*: são as condutas típicas. O crime é material, ou seja, exige-se que as condutas de restringir, impedir ou dificultar o exercício de direitos políticos sejam consumadas para se considerar que o crime se perfez.

b) *"com emprego de violência física, sexual ou psicológica"*: meio pelo qual o crime pode ser praticado. Não admite nenhuma situação que não as expressamente indicadas. Caso o emprego da violência configure também outro tipo penal (lesão corporal, estupro ou violência psicológica, por exemplo), ao autor do fato será imposta a sanção penal prevista para o crime de violência política e pela correspondente à violência, conforme previsão contida no próprio tipo penal em comento.

c) *"o exercício de direitos políticos"*: também denominados direitos de cidadania, os direitos políticos representam o conjunto das prerrogativas que permitem que a pessoa participe efetivamente e com influência nas atividades de governo, seja por meio do voto, do exercício de cargos públicos, e de instrumentos constitucionais e legais (plebiscitos, referendos etc.). Além disso, a vítima deve ser a titular do direito político e se encontrar em pleno gozo dele, não podendo, portanto, estar suspenso nem perdido.

d) *"a qualquer pessoa"*: não se exige uma condição especial do sujeito passivo (vítima), podendo, então, ser mulher, homem ou transexual. Basta, como dito anteriormente, que a pessoa esteja no exercício de seus direitos políticos.

e) *"em razão de seu sexo, raça, cor, etnia, religião ou procedência nacional"*: tratam-se de diferentes marcadores sociais que, normalmente, não incidem isoladamente (interseccionalidade), e quanto mais marcadores estiverem presentes mais acirrada será a violência. Pesquisa realizada pelo Instituto Marielle Franco[47] sobre a "Violência Política contra As Mulheres

47. INSTITUTO MARIELLE FRANCO, 2020. **A Violência Política contra as Mulheres Negras: Eleições 2020**. Disponível em: https://www.violenciapolitica.org/. Acesso em: 06 dez. 2021.

Negras nas Eleições de 2020" mostra que, das 142 entrevistadas, 78% declararam ter sofrido violência virtual durante a campanha, 62% declararam ter sofrido violência moral e psicológica, 55% sofreram violência institucional, 44% foram vítimas de violência racial e 42% sofreram violência física. Chama a atenção, também, o fato de que 32% das candidatas negras entrevistadas sofreram violência sexual durante a campanha e 28% declararam terem sido vítimas de violência de gênero e/ou por serem da comunidade LGBTQIA+.

Em relação à comunidade LGBTQIA+, de acordo com as associações Distrito Drag e ANTRA (2022), "80% das pessoas trans eleitas não se sentem seguras para exercer plenamente os seus cargos. Ainda, 50% afirmaram já ter sido uma vítima direta de ameaças - incluindo ameaças de morte e invasões ao seu ambiente particular e de trabalho".[48] Por esse motivo, inclusive, no ano de 2024, o Ministério das Mulheres publicou a Portaria Nº 13, instituindo Grupo de Trabalho para elaboração de estratégias para o enfrentamento à violência política contra mulheres lésbicas, bissexuais, trans/travestis, a partir de ações estratégicas de formação política que estimulem e habilitem as mulheres lésbicas, bissexuais, trans/travestis a ocuparem espaços políticos, com destaque para as eleições municipais de 2024, considerando a importância do exercício do poder e tomada de decisões de mulheres lésbicas, bissexuais, trans/travestis em todos os níveis; articulação da elaboração de mapeamento e diagnóstico da participação política de mulheres lésbicas, bissexuais, trans/travestis dos Estados e Municípios (2020/2022/2024); elaboração de materiais para conscientização e prevenção à violência política contra as mulheres lésbicas, bissexuais, trans/travestis, tais como cartilhas, folders, cartazes e desenvolvimento de estratégias para enfrentamento à desinformação de gênero, às *fake news*, misoginia, racismo, e demais mani-

48. INTERNETLAB; REDES CORDIAIS. **Mulheres na Política: guia para enfrentamento de violência política de gênero**. São Paulo, 2022.

festações de violências cometidas contra mulheres lésbicas, bissexuais, trans/travestis na internet[49].

É importante reconhecer que a violência política não se dirige apenas às pessoas que exercem ou pretendem exercer seus direitos políticos. Suas consequências também podem atingir, direta ou indiretamente, e de forma grave, trágica e traumática, apoiadores(as), simpatizantes, colegas, funcionários(as), familiares, amigos(as) e eleitores(as) das vítimas.

O crime é doloso e se consuma com a restrição, impedimento ou dificultação do exercício dos direitos políticos.

A vítima direta é a sociedade; a pessoa que teve seus direitos restringidos, impedidos ou dificultados é a vítima secundária (indireta).

O bem jurídico tutelado, como bem esclarece Luiz Carlos dos Santos Gonçalves, "não é, primeiramente, o direito individual à fruição dos direitos políticos, mas, ao revés, a regularidade do funcionamento das instituições democráticas no processo eleitoral. Até por esta razão, ele está inserido no Código Penal e não no Código Eleitoral".[50]

Apesar das divergências doutrinárias que alcançam o tema[51], tem-se que a competência para o processamento e julgamento é da Justiça Federal, por conta do disposto no art. 109 da Constituição Federal, que prevê

> Art. 109. Aos juízes federais compete processar e julgar:
>
> [...]
>
> IV – os crimes políticos e as infrações penais praticadas em detrimento de bens, serviços ou interesse da União ou de suas entidades autárquicas ou empresas públicas, excluídas as contravenções e ressalvada a competência da Justiça Militar e da Justiça Eleitoral;

A ação penal é pública incondicionada e, em razão do montante da pena, admite-se a prisão preventiva.

---

49. Disponível em: https://www.in.gov.br/web/dou/-/portaria-n-13-de-29-de-janeiro-de-2024-540356600, acesso em 08 nov. 2024.

50. Ob. Cit.

51. CUNHA, Rogério Sanches; SILVARES, Ricardo. **Crimes contra o Estado Democrático de Direito**. São Paulo: Juspodivm, 2021, p. 150/151.

Relativamente ao acordo de não persecução penal, em se tratando de crime contra a mulher por razões da condição de sexo feminino, estará afastada a possibilidade por conta da expressa vedação prevista no art. 28-A, §2º, IV, do CPP.

E se a vítima não for mulher? Também fica afastada a possiblidade de incidência do instituto uma vez que o crime do art. 359-P prevê, como elementar, a prática de violência (física, psíquica ou sexual), e o mesmo dispositivo acima citado, no seu *caput*, não autoriza o ANPP nos casos em que o crime seja praticado com violência.

3.2.3. Uma análise comparativa entre os tipos penais do art. 326-B do Código Eleitoral e do art. 359-P do Código Penal

Uma análise dos dois tipos penais (arts. 326-B do Código Eleitoral e 359-P do Código Penal) permite a conclusão de que há muitos pontos de contato entre eles. Mas, apesar das proximidades, por meio do quadro abaixo, podemos evidenciar os seus aspectos distintivos:

	Código Eleitoral – Art. 326-B, inserido pela Lei 14.192/2021	**Código Penal – Art. 359-P, inserido pela Lei 14.197/2021**
Condutas típicas	Assediar, constranger, humilhar, perseguir ou ameaçar	Restringir, impedir ou dificultar
Bem jurídico tutelado	Higidez do processo eleitoral	Regularidade do funcionamento das instituições democráticas no processo eleitoral
Modo de realização da conduta	**Qualquer meio que envolva menosprezo ou discriminação à condição de mulher ou à sua cor, raça ou etnia**	Com emprego de violência física, sexual ou psicológica
Sujeito ativo	Qualquer pessoa	Qualquer pessoa
Sujeito passivo	Vítima direta: a sociedade Vítima indireta: candidata a cargo eletivo ou detentora de mandato eletivo	Vítima direta: a sociedade Vítima indireta: Pessoa que esteja no exercício de seus direitos políticos

	Código Eleitoral – Art. 326-B, inserido pela Lei 14.192/2021	**Código Penal – Art. 359-P, inserido pela Lei 14.197/2021**
Elemento subjetivo	**Dolo específico de impedir ou de dificultar a campanha eleitoral ou o desempenho de mandato eletivo por mulher**	**Dolo genérico**
Motivação	Não há	Em razão de seu sexo, raça, cor, etnia, religião ou procedência nacional
Finalidade especial	impedir ou dificultar a campanha eleitoral da candidata ou o desempenho do mandato eletivo	Não há
Consumação	Crime formal	Crime material, cuja consumação ocorre com **a restrição, impedimento ou dificultação do exercício de direitos políticos**
Sanção penal	Pena - reclusão, de 1 (um) a 4 (quatro) anos, e multa.	Pena - reclusão, de 3 (três) a 6 (seis) anos, e multa, além da pena correspondente à violência.
Causas especiais de aumento de pena	Aumenta-se a pena em 1/3 (um terço), se o crime é cometido contra mulher: I - gestante; II - maior de 60 (sessenta) anos; III - com deficiência. (Parágrafo único do art. 326-B)	Não há
Competência	Justiça Eleitoral	Justiça Federal Há quem defenda a competência da Justiça Eleitoral, em razão da natureza do bem jurídico tutelado

Como visto, o tipo do Código Eleitoral protege a mulher candidata e a detentora de mandato eletivo, enquanto o tipo do Código Penal abrange qualquer pessoa que esteja no gozo dos direitos políticos.

Assim como define Ana Laura Bandeira Lins Lunardelli, aplica-se o critério da subsidiariedade, especialmente quando não comprovada a prática de violência psicológica, sexual ou física em relação a candidatas e detentoras de mandato eletivo. Desse modo, o crime do artigo 326-B, do Código Eleitoral, pode ser aplicado subsidiariamente ao tipo previsto no artigo 359-P do Código Penal[52].

Vê-se, assim, que ambos os dispositivos podem coexistir, não subsistindo a compreensão de que o art. 359-P, do Código Penal, teria revogado implicitamente o art. 326-B do Código Eleitoral.

3.3. QUESTÕES PROCEDIMENTAIS

No que se refere às questões procedimentais, convém citar o disposto no "Protocolo para atuação conjunta no enfrentamento da violência política de gênero"[53], celebrado, em meados de 2022, entre o Tribunal Superior Eleitoral e a Procuradoria-Geral Eleitoral. Por meio dele foram tratadas as questões de priorização e definição de rotinas de investigação e processamento dos crimes previstos na Lei 14.192/2021.

O Protocolo antes mencionado especifica o procedimento a ser seguido logo que recebida a notícia-crime pelo/a Juiz/a Eleitoral (itens V a VIII). Vejamos:

> **V) Recebida a notícia-crime, o Juiz Eleitoral imediatamente a encaminhará ao Ministério Público Eleitoral para as providências apuratórias cabíveis, na forma do artigo 356, parágrafo 1º- do Código Eleitoral.**

O dispositivo mencionado estabelece que "todo cidadão que tiver conhecimento de infração penal deste Código deverá comunicá-la ao

52. Cf. LUNARDELLI, Ana Laura Bandeira Lins; CASAROTTO, Moisés. **Conflito de normas de crimes de violência política de gênero e de violência política**. Disponível em: https://www.conjur.com.br/2022-jun-23/lunardellie-casarotto-crime-violencia-politica-genero. Acesso em: 30 nov. 2022.

53. A íntegra do Protocolo pode ser encontrada no seguinte endereço: https://www.tse.jus.br/++theme++justica_eleitoral/pdfjs/web/viewer.html?file=https://www.tse.jus.br/comunicacao/arquivos/acordo-entre-tse-e-pge-para-enfrentamento-da-violencia-politica-de-genero-em-01-08.2022/@@download/file/TSE-acordo-pge-enfrentamento-violencia-politica-de-genero-01-08-2022.pdf. Acesso em 30 nov. 2022.

juiz eleitoral da zona onde a mesma se verificou". E que "quando a comunicação for verbal, mandará a autoridade judicial reduzi-la a termo, assinado pelo apresentante e por duas testemunhas, e a remeterá ao órgão do Ministério Público local, que procederá na forma do Código Eleitoral".

Sendo o caso de prisão em flagrante, o tema é disciplinado no inciso VI do Protocolo:

> **VI) Nas hipóteses de prisão em flagrante pela prática do crime eleitoral, a autoridade policial deverá comunicar a prisão imediatamente ao Juiz Eleitoral, ao Ministério Público Eleitoral e à família do preso ou à pessoa por ele indicada, adotando as medidas estabelecidas pelo art. 306, § 1º do CPP.**

A norma acima mencionada determina que "a prisão de qualquer pessoa e o local onde se encontre serão comunicados imediatamente ao juiz competente, ao Ministério Público e à família do preso ou à pessoa por ele indicada", sendo que "em até 24 horas após a realização da prisão, será encaminhado ao juiz competente o auto de prisão em flagrante e, caso o autuado não informe o nome de seu advogado, cópia integral para a Defensoria Pública".

Ainda fazendo referência à prisão, tem-se o item VII do Protocolo que dispõe que:

> **VII) A apresentação do preso ao Juiz Eleitoral e os atos subsequentes observarão o disposto nos artigos 304 e 310 do CPP.**

Os artigos acima mencionados (arts. 304 a 310 do CPP) fazem parte do Capítulo que trata da prisão em flagrante, bem como da audiência de custódia.

As previsões procedimentais previstas no CE também devem ser levadas em consideração, conforme estabelece o item VIII do Protocolo. Veja-se:

> **VIII) A ação penal eleitoral pelo crime de violência política contra a mulher observará os procedimentos previstos nos artigos 355 e seguintes do Código Eleitoral, com a aplicação obrigatória dos artigos 395, 396, 396- A, 397 e 400 do Código de Processo Penal, com redação dada pela Lei nº- 11.971, de 2008.**

O art. 355 do CE inaugura o Capítulo III - do Processo das Infrações. Nele são trazidas todas as normas que envolvem a apuração das infrações eleitorais, inclusive, no dispositivo que encerra o capítulo (art. 364) é feito constar que "No processo e julgamento dos crimes eleitorais e dos comuns que lhes forem conexos, assim como nos recursos e na execução, que lhes digam respeito, aplicar-se-á, como lei subsidiária ou supletiva, o Código de Processo Penal".

No que tange aos dispositivos citados do CPP, todos se referem, também, a questões procedimentais. Confira-se:

> Art. 396. Nos procedimentos ordinário e sumário, oferecida a denúncia ou queixa, o juiz, se não a rejeitar liminarmente, recebê-la-á e ordenará a citação do acusado para responder à acusação, por escrito, no prazo de 10 (dez) dias.
>
> Parágrafo único. No caso de citação por edital, o prazo para a defesa começará a fluir a partir do comparecimento pessoal do acusado ou do defensor constituído.
>
> Art. 396-A. Na resposta, o acusado poderá arguir preliminares e alegar tudo o que interesse à sua defesa, oferecer documentos e justificações, especificar as provas pretendidas e arrolar testemunhas, qualificando-as e requerendo sua intimação, quando necessário.
>
> § 1º A exceção será processada em apartado, nos termos dos arts. 95 a 112 deste Código.
>
> § 2º Não apresentada a resposta no prazo legal, ou se o acusado, citado, não constituir defensor, o juiz nomeará defensor para oferecê-la, concedendo-lhe vista dos autos por 10 (dez) dias.
>
> Art. 397. Após o cumprimento do disposto no art. 396-A, e parágrafos, deste Código, o juiz deverá absolver sumariamente o acusado quando verificar:
>
> I - a existência manifesta de causa excludente da ilicitude do fato;
>
> II - a existência manifesta de causa excludente da culpabilidade do agente, salvo inimputabilidade;
>
> III - que o fato narrado evidentemente não constitui crime; ou
>
> IV - extinta a punibilidade do agente.
>
> Art. 400. Na audiência de instrução e julgamento, a ser realizada no prazo máximo de 60 (sessenta) dias, proceder-se-á à tomada de

> declarações do ofendido, à inquirição das testemunhas arroladas pela acusação e pela defesa, nesta ordem, ressalvado o disposto no art. 222 deste Código, bem como aos esclarecimentos dos peritos, às acareações e ao reconhecimento de pessoas e coisas, interrogando-se, em seguida, o acusado.
> § 1º As provas serão produzidas numa só audiência, podendo o juiz indeferir as consideradas irrelevantes, impertinentes ou protelatórias.
> § 2º Os esclarecimentos dos peritos dependerão de prévio requerimento das partes.

Observa-se, assim, que o procedimento do crime de violência política de gênero segue os mesmos trâmites dos demais crimes eleitorais. Há, no entanto, um item que o Protocolo mencionado evidencia e que representa um aspecto especial trazido pela Lei 14.192/21. Confira-se:

> **I) Para garantir os direitos de participação política da mulher, na forma estabelecida no artigo 2º Lei nº 14.192/2021, as autoridades competentes do sistema de justiça eleitoral priorizarão o imediato exercício do direito violado, conferindo especial importância às declarações da vítima e aos elementos indiciários.**

O artigo referido acima estabelece que

> Art. 2º Serão garantidos os direitos de participação política da mulher, vedadas a discriminação e a desigualdade de tratamento em virtude de sexo ou de raça no acesso às instâncias de representação política e no exercício de funções públicas.
> Parágrafo único. As autoridades competentes priorizarão o imediato exercício do direito violado, conferindo especial importância às declarações da vítima e aos elementos indiciários.

Como bem enfatizam:

> na sua parte final, a regra leva em consideração a situação de vulnerabilidade e hipossuficiência das mulheres vítimas de violência (incluindo-se aí a política) para reconhecer que suas declarações e os elementos indiciários terão especial importância na formação da convicção acerca da ocorrência dos ilícitos, especialmente porque estes, no mais das vezes, ocorrem por meio de atos praticados clandestinamente e sem a presença de testemunhas.

E continuam os autores:

> para priorizar o imediato exercício dos direitos políticos das mulheres sob ameaça ou violados, será permitido o emprego de todos os meios e técnicas processuais, tais como tutelas inibitórias (destinadas a impedir a prática ou a continuidade do ilícito), tutelas de remoção de ilícito (que se relaciona com a remoção dos efeitos de uma ação ilícita que já ocorreu), a imposição de obrigações de toda natureza (tais como de fazer e não fazer) e quaisquer medidas de *enforcement* que se fizerem úteis ou necessárias para a obediência da lei e a fruição do direito que ela quer garantir.

No seu item seguinte (item II), o Protocolo deixa claro que a notícia do crime pode ser feita por qualquer pessoa e ainda identifica qual atuação é esperada das autoridades competentes:

> **II) Qualquer pessoa que tiver conhecimento da existência do crime de violência política contra a mulher deverá, verbalmente ou por escrito, comunicar ao Ministério Público Eleitoral, ao Juiz Eleitoral e/ou à autoridade policial a sua ocorrência.**
>
> **II.1. O membro do Ministério Público Eleitoral que tiver conhecimento de fato que possa caracterizar o crime de violência política contra a mulher (art. 326-B CE) deverá atuar de ofício, em se tratando de crime de ação penal pública incondicionada (art. 355 do CE);**
>
> **II.2. Verificando a autenticidade e verossimilhança das informações, a autoridade competente deverá priorizar a investigação criminal para delimitação da autoria e materialidade do ilícito noticiado.**

A questão da competência também foi tratada no Protocolo. Vejamos:

> **III) Se o fato não constituir crime sujeito à competência da Justiça Eleitoral deverá ser imediatamente determinada a remessa dos autos ao Juízo competente de forma a evitar o transcurso de lapso temporal que possa dificultar a coleta de provas do evento ilícito noticiado ou ser causa de prescrição da pretensão punitiva estatal;**

> **IV) Quando a pessoa investigada possuir foro por prerrogativa de função, a *notitia criminis* deverá ser imediatamente remetida ao Procurador Regional Eleitoral ou ao Procurador-Geral da República, para adoção das providências apuratórias cabíveis perante o respectivo Tribunal Regional Eleitoral, o Superior Tribunal de Justiça ou o Supremo Tribunal Federal, que exercerão a respectiva supervisão judicial.**

Uma importante novidade é trazida pelo Protocolo: criação de canal específico de denúncia. É o que prevê o seu inciso IX:

> **IX) Fica estabelecido que o canal específico de denúncias criado pela Procuradoria-Geral Eleitoral será disponibilizado, com ampla visibilidade, no sítio mantido pelo Tribunal Superior Eleitoral na internet e, também, na página da Ouvidoria do Tribunal, facultando-se às Cortes Regionais a adoção de idêntica medida.**

Vale lembrar que, a princípio, os crimes eleitorais admitem a aplicação dos institutos despenalizadores das Leis 9.099/95 e 10.259/2001, como a transação penal e a suspensão condicional do processo, havendo exceções, como no caso do art. 334 do Código Eleitoral. Também é aplicável aos crimes eleitorais o acordo de não persecução penal (ANPP), desde que, é claro, estejam presentes os requisitos legais, dentre os quais a adequação para reprovação, a prevenção do crime e a confissão formal.

Já no tocante ao tipo penal do art. 326-B da Lei n. 14.192/2021, não se trata de crime de menor potencial ofensivo, não sendo, portanto, suscetível de transação penal. E também não é o caso de possibilidade de acordo de não persecução penal (ANPP), conforme disposição expressa contida no art. 28-A, § 2º, IV, do Código de Processo Penal, que veda sua aplicação para crimes praticados contra a mulher por razões da condição de sexo feminino.

No mais, é preciso mencionar que a imunidade material de parlamentar por suas opiniões, palavras e votos (art. 53 da Constituição Federal) proferidos na casa legislativa e fora dela, não pode ser usada como escusa para a não responsabilização em casos de violência política de gênero.

Como lembra Ana Laura Bandeira Lins Lunardelli, a finalidade do referido instituto é assegurar a atividade parlamentar plena, sem que haja o receio de interferências indevidas do poder judiciário e do poder executivo em sua atividade, descabendo a alegação de imunidade parlamentar para a proteção de atos que incitam a prática de crime, de atos violentos e de atos discriminatórios e preconceituosos. E acrescenta que se admitíssemos que ela seria cabível, a própria finalidade da Lei 14.192/2021 seria aplacada ou inutilizada, pois detentoras de mandato eletivo são vítimas do crime previsto no art. 326-B do Código Eleitoral, quando praticado por colegas de casa legislativa. Até porque, é dentro do plenário, no dia a dia da atividade parlamentar, que as detentoras de mandato eletivo sofrem grande parte da violência política de gênero.[54]

As inovações legislativas trazidas pelas Leis 14.192/2021 e 14.197/2021 são de suma importância, mas não podemos olvidar que elas representam apenas um ponto de partida dessa longa caminhada que precisamos percorrer para que a violência política de gênero seja prevenida, repreendida e reprimida, e para que as vítimas de violência política de gênero recebam apoio, acolhimento e reparação pelos danos sofridos.

Por mais mulheres na política, por mais política para mulheres, e por mais mulheres que possam exercer seus direitos sem violência política!

3.4. PRECEDENTES JURISPRUDENCIAIS

Em que pese a violência política de gênero tenha sido criminalizada somente no ano de 2021, já há julgado emblemático que merece ser destacado na presente obra.

Entre os relatos compilados, até a metade do ano de 2023, convém aqui o registro para possível construção de precedentes que virão a se formatar como condutas do novo crime (aqui se reproduz de forma genérica para a não exposição dos nomes e cidades onde os fatos ocorreram):

54. Cf. LUNARDELLI, Ana Laura Bandeira Lins. Ministério Público e o Enfrentamento ao Crime de Violência Política de Gênero: conceituação, distinção, características, prioridade na apuração e aproximação entre vítima e autoridades do sistema de justiça eleitoral como reforço à democracia. In: SARRUBBO, Mário Luiz; ROMANO, Michel Betenjane; LEITÃO, Patrícia de Carvalho; CHAKIAN, Silvia (coord.). **Ministério Público Estratégico: Violência de gênero**. Indaiatuba: Editora Foco, 2022.

RELATO DA DENÚNCIA
A Vereadora sofreu cassação do seu mandato por 6 votos a 3, em razão dela ter comemorado o seu aniversário e de outros 5 funcionários, durante a pandemia, causando aglomeração (possível punição desproporcional)
Na sessão plenária do dia....., em debate de um Projeto de Lei de iniciativa da Vereadora X, o Vereador Y, em ao menos 12 oportunidades, interrompeu a fala de duas Vereadoras da Casa Legislativa, com a finalidade de impedir e obstaculizar o exercício dos direitos políticos de ambas as vereadoras.
O agressor atacou a Vereadora por meio de publicações em redes sociais, onde a chamou de anta, cadela, merda e disse que ela defende ladrão. Em sessão, o agressor já gritou, atrapalhando a sua fala. E também a perseguiu na rua.
Na sessão plenária do dia ...., a Vereadora e Procuradora da Mulher, X, manifestava sua opinião contra um requerimento do Vereador Y. O Vereador, não contente com o posicionamento contrário ao seu requerimento, interrompeu a fala da Vereadora, não permitindo que ela concluísse o seu posicionamento. Ademais, além de interromper a Vereadora e não permitir que ela terminasse a sua fala, no meio da discussão ele a chamou de incompetente.
Alega a Vereadora, que vem sofrendo perseguição política por parte de alguns vereadores. Os Vereadores X, Y e Z apresentaram um pedido de abertura de representação por quebra de decoro parlamentar por um desentendimento corrido entre a Vereadora e uma conhecida. O fato que enseja o pedido se refere à vida privada da Vereadora que gerou ação judicial entre as partes e está sendo discutido na justiça. Relata ainda que, além da infundada representação por quebra de decoro, também causou estranheza o fato dos mesmos vereadores estarem compondo a comissão interna de inquérito.
No dia....., por meio da postagem de um vídeo nas redes sociais, foi divulgado um áudio do Vereador X, cuja fala expressa seu desrespeito com os demais vereadores, principalmente, quando se refere à Vereadora Y. Apesar de atacar de forma geral a todos os colegas, o Vereador X menciona e ataca de forma pessoal, apenas a única vereadora mulher da Câmara Municipal, a vereadora Y.
Na sessão plenária da Câmara Municipal......, após a leitura do ofício n. ....de autoria do Vereador Y, no qual comunica o seu retorno a Câmara Municipal no dia..., após sua exoneração do Cargo de Secretário Municipal, a Vereadora X solicitou a palavra para debater a respeito do ofício. No meio da sua explanação, foi interrompida por outro vereador que disse: "Você tá louca. Você tá bem fora da realidade. Eu tô aqui para acompanhar os projetos porque semana que vem eu tenho que voltar... Se você não sabe direito o que tá no regimento..."

Conforme relatado, a Vereadora teve um relacionamento amoroso com X, o qual se findou há aproximadamente 3 (três) meses. Desde o fim do relacionamento, X vem perseguindo a Vereadora e proferindo ameaças, dizendo "que iria fazer de sua vida um inferno e destruí-la". Após, um cidadão enviou denúncia para a Câmara, relatando fatos que caracterizam violência política de gênero. Foi lido o ofício em público com informações da vida pessoal da vereadora.
O filho do ex-prefeito está causando humilhação e desabono a trajetória política da Vereadora no Município, por meio de manifestações em redes sociais. Recentemente houve a publicação de um vídeo nas redes sociais da Câmara Municipal onde a Vereadora realiza o seu pronunciamento durante a sessão e na postagem há os seguintes comentários em face da vereadora: MENTIROSA, DESCARADA, HIPÓCRITA, SEM CARÁTER, IGNORANTE, VEREADORAZINHA e ARROGANTE. Em um dos comentários o denunciado enfatiza o tom de voz da vereadora, afirmando como sendo ela possuidora de VOZ IRRITANTE.
Relatou negativa de momento de fala e impossibilidade de "não" tirar a licença gestante.
O vereador realizou o sinal da cruz quando a Vereadora estava fazendo sua fala.
O presidente não permitiu que a Vereadora concluísse a leitura de um ofício em apoio ao seu projeto Galeria Lilás, pois havia acabado o tempo de fala. Relata que outros Vereadores recebem dilação de tempo e ela não.

Em um desses casos levados pelo fluxo ao Ministério Público, uma vereadora relatou ter sido constrangida em sessão plenária por um vereador. Ela apresentou um ofício com seu relato, bem como gravação de vídeo da citada sessão. Entretanto, o promotor eleitoral da comarca decidiu pelo arquivamento da notícia do fato. Não concordando com a decisão, a vítima recorreu da decisão para a 2ª Câmara de Coordenação e Revisão do Ministério Público Federal (NF - 1.25.005.000660/2022-30), que não homologou o arquivamento e determinou a devolução dos autos para apresentação de denúncia ou designação de outro membro. O caso inédito, que cria precedente sobre o tema, evidencia a dificuldade em se criminalizar conduta normalizada pelo meio político e pela sociedade. Em razão da importância, transcreve-se abaixo trecho da decisão:

PROCEDIMENTO MPF N. 1.25.005.000660/2022-30

[...]

4.1 Sobre o novo crime eleitoral do art. 326-B do CE, mister tecer algumas considerações. A Constituição prevê, nos Princípios Fundamentais que "Todo o poder emana do povo, que o exerce por meio de representantes eleitos ou diretamente nos termos desta Constituição" (art. 1º, parágrafo único). A Constituição consagra o Princípio Democrático. Cabe ao povo exercer o poder político diretamente (democracia direta) ou por meio de representantes eleitos (democracia indireta ou representativa). No âmbito da democracia representativa, cabe aos cidadãos (eleitores) exercer o direito político de votar (art. 14 da CF); e cabe aos cidadãos, escolhidos pelos partidos políticos, concorrer aos cargos eletivos (art. 14, § 3º, da CF). De outra parte, a palavra "representação" significa, a um só tempo, agir em nome de outrem (representante age em nome do representado); e, também, representação política significa que deve ser espelho da sociedade. Assim, os representantes devem representar, ser o espelho da sociedade. Vale dizer, a sociedade deve estar representada nos Poderes Executivo e Legislativo. No caso do Poder Legislativo, mais especificamente, em relação ao sistema proporcional, a sociedade deve estar representada proporcionalmente na Câmara de Vereadores, na Assembleia Legislativa e na Câmara dos Deputados. Entretanto, no Brasil, o fenômeno político não corresponde ao ordenamento jurídico, consagrado pela Constituição e pela legislação eleitoral. Vale dizer, no plano da realidade política, de fato, as mulheres são minoria, seja na quantidade de candidatas a cargos eletivos (no Poder Legislativo e no Poder Executivo), seja no exercício de mandatos eletivos nas Casas Legislativas. **Além disso, verifica-se que há um forte preconceito na atuação política da mulher**. E, por outro lado, as mulheres são maioria no eleitorado com 53%, sendo que apenas 33% das candidaturas são femininas. Impõe-se registrar que a legislação eleitoral há algum tempo já estabelecia regras com quotas para candidaturas de mulheres. Cabe citar, a título exemplificativo, o art. 11, § 3º, da Lei n. 9.100, de 29-09-1995 que estabeleceu normas para as Eleições Municipais de 1.996, previu a regra sobre quota de 20%, no mínimo, das vagas de cada partido ou coligação deveriam ser preenchidas por candidaturas de mulheres. Entretanto, efetivamente, estas regras de quotas para candidaturas de mulheres não se tornaram efetivas nas eleições a partir de então, seja pelo preconceito social e político da sociedade, seja pelo preconceito dos dirigentes dos próprios partidos políticos, os quais tem o monopólio de escolha dos candidatos (art.

14, § 3º, inciso V, da CF). **No âmbito deste contexto social e político, torna-se importante e essencial a inovação legislativa de instituir o crime eleitoral do art. 326-B do Código Eleitoral.**

4.2 De outra parte, cabe examinar a questão no âmbito da dimensão criminal na proteção das mulheres. Com efeito, não se pode olvidar que a política pública sobre os crimes de violência contra a mulher, após a Lei Maria da Penha, sofreu muito no âmbito do Poder Judiciário e do MP, em face do preconceito, da cultura patriarcal e machista da sociedade. **As mulheres não tinham espaço para encaminhar a notícia de crime, ou não tinham o acolhimento necessário e adequado. A avaliação das provas era feita de forma distorcida, em especial não dando credibilidade à palavra da vítima. Hoje, pode-se dizer que já houve mudanças em vários Tribunais. Aqui, no campo da violência política, as mulheres precisam ter o acolhimento necessário e adequado para estas questões no qual é preciso enfrentar o abuso do poder político e o abuso do poder econômico. E, ainda, ampliar o espaço político de atuação das mulheres de forma adequada.** No âmbito do Princípio Democrático são essenciais a liberdade e a igualdade; trata-se de proteger a participação política das mulheres na representação da sociedade civil para que possam agir com liberdade de atuação e em igualdade de condições.

4.3 Importante também mencionar que a Procuradoria-Geral Eleitoral (PGE) e o Tribunal Superior Eleitoral (TSE) firmaram, no dia 1º/8/2022, protocolo para atuação conjunta no enfrentamento da violência política de gênero. O instrumento foi subscrito pelos Ministros Presidente e Vice-Presidente do TSE, pelo Corregedor--Geral da Justiça Eleitoral, pelo Procurador-Geral Eleitoral e pelo Vice- Procurador-Geral Eleitoral. Com o objetivo de conferir mais celeridade à análise dos fatos e à responsabilização dos agressores, o acordo fixa providências investigativas e judiciais para o tratamento dos crimes previstos na Lei 14.192/2021 e prevê a análise prioritária dos casos, de modo a estabelecer fluxo para a tramitação das representações que chegam ao Ministério Público e ao Judiciário, na perspectiva da efetiva tutela da vítima, atribuindo-se especial importância às suas declarações e aos elementos indiciários de prova, conforme determina a lei.

4.4 No caso, verifica-se que o Vereador G. F. O., durante debate com a noticiante no curso de sessão legislativa, se exalta

> **dc mancira desproporcional em relação à noticiante, quando esta explicava suas razões para opinar pelo indeferimento do requerimento proposto pelo noticiado.**
>
> 4.5 Como bem pontuado no recurso apresentado pela noticiante, importa destacar que a postura do Vereador G. F. O. foi totalmente diversa quando em debate com outro Vereador; embora o objeto do debate fosse sobre o mesmo tema – discordância sobre o requerimento proposto pelo noticiado – os termos utilizados e até o tom de voz do Vereador G. F. O. destoam claramente quando este se volta contra a noticiante.
>
> 4.6 **Assim, tem-se que A DIFERENÇA DE COMPORTAMENTO DO VEREADOR REPRESENTADO QUANDO ESTA DIANTE DE UM HOMEM E DE UMA MULHER, AMBOS TAMBÉM VEREADORES DA MESMA CASA LEGISLATIVA, COM A MESMA CONCORDÂNCIA SOBRE O TEMA, PODE SIGNIFICAR A INFERIORIZAÇÃO DA MULHER NO EXERCÍCIO DA SUA ATIVIDADE POLÍTICA. Os fatos descritos configuram, em tese, o crime previsto no art. 326-B do CE. Desta forma, neste momento inicial, o arquivamento dos autos mostra-se prematuro."**[55]

Em razão da decisão acima, em 29/09/2022, a denúncia foi apresentada nos seguintes termos:

> No dia 23 do mês de maio do ano de 2022, no período noturno, na rua Pernambuco, 240, centro, no município de ..., onde se situa a Câmara Municipal, durante a 16ª sessão ordinária[1] que foi realizada nela, o denunciado G.F.O., de forma consciente e voluntária, atuando como vereador, veio a humilhar S.F.R.N., ora vítima e também vereadora, utilizando-se de menosprezo à condição de mulher dela, com a finalidade de dificultar o desempenho de seu mandato eletivo.
>
> Verificou-se que o denunciado, durante debate com a vítima, exaltou-se de maneira desproporcional em relação a ela, quando esta explicava suas razões para opinar pelo indeferimento de convocação

55. Disponível em: https://www.mpf.mp.br/pge/institucional/gt-violencia-de-genero/VOTO 3713.2022Crimeeleitoraldiscrmulherprem06601.pdf. Acesso em: 05 dez. 2022.

para comparecer na aludida casa de leis a Secretária Municipal de Educação J.T.N.M.

É que, quando a vítima fez menção à mãe do denunciado, dizendo: '... quando o senhor vereador, o Guilherme, ele já trabalhou como estagiário em escola, ele sabe como funciona o trâmite da escola, sabe muito bem, como a sua mãe também já trabalhou na secretaria também sabe o trâmite como funciona...' (no vídeo da sessão a partir de 43:41); e, assim, utilizando-a, simplesmente, como exemplo, para fundamentar sua rejeição ao seu pedido, o mesmo não aceitou e começou a interromper a sua fala, elevando cada vez mais o seu tom de voz, até que disse: 'A diferença é que diferente de você, a minha tem competência para exercer o cargo... trinta anos de magistério... da minha mãe a senhora não fala...' (no vídeo da sessão começando em 44:41).

E, com isso, o denunciado tratou a vítima, indiretamente, como incompetente e por falar em tom mais alto, quando comparado com o debate que teve com outro vereador (R.H.P. S.), também contrário ao seu pedido, inclusive 'cortando a sua fala', o que não fez com este, muito menos portou-se de maneira a desrespeitá-lo, ao contrário do que fez com a vítima, conforme apontado, demonstram que a inferiorizou por ser mulher, quando esta estava no desempenho de sua atividade política, na medida em que a humilhou, pois a menosprezou buscando dificultar o desempenho de seu mandato eletivo".

Assim agindo, encontra-se o denunciado G.F.O. incurso no art. 326-B, da Lei n. 4.737/65 (Código Eleitoral).

Diante do exposto, requer o recebimento da presente, com a designação de dia e hora para o depoimento pessoal do denunciado, ordenando a citação dele e a notificação do Ministério Público Eleitoral, conferindo- se à sua defesa o prazo de 10 (dez) dias para, querendo, oferecer alegações escritas e arrolar testemunhas, prosseguindo-se nos ulteriores termos do procedimento, em consonância com o art. 359 e seguintes da Lei n. 4.737/65 (Código Eleitoral).

Requer, ainda, a notificação da vítima e das testemunhas adiante arroladas para deporem em juízo sobre o fato descrito.

Por fim, pleiteia-se, expressamente, em caso de ser reconhecida a responsabilidade criminal do denunciado, que ocorra, por parte dele, a condenação à reparação dos prejuízos causados, nos termos do art. 387, inciso VI, do CPP c/c art. 364, da Lei n. 4.737/65 (Código Eleitoral).

Local, datado e assinado digitalmente.

A denúncia foi devidamente recebida (Ação Penal Eleitoral n. 0600052-48.2022.6.16.0057, 57ª Zona Eleitoral – PR), tendo sido marcada audiência de apresentação de proposta de suspensão condicional do processo, para o dia 5 de dezembro de 2022, a qual foi aceita e, por consequência, o processo foi suspenso pelo período de prova de dois anos, sob as condições mencionadas na proposta.

Além do caso acima trazido, na página eletrônica da Procuradoria-Geral Eleitoral constam, ainda, o seguinte Banco de Peças[56]:

Atuação Criminal

- Ação Penal Eleitoral nº 0600913-35.2024.6.09.0000 - Goiânia/ GO - denúncia apresentada pela PRE/GO, em 13/10/2024 - denúncia apresentada pela Procuradoria Regional Eleitoral, pela prática de atos caracterizadores de violência política de gênero (art. 326-B do Código Eleitoral) contra parlamentar.
- Recurso em sentido estrito nº 0600436-39.2024.6.26.0129 - São Manuel/SP - indeferimento de medidas cautelares protetivas - violência política de gênero.
- Pedido de Medidas protetivas - violência política de gênero - São Manuel/SP - parecer do Ministério Público do Estado de São Paulo solicitando medidas protetivas á vítima de potencial crime de violência política de gênero.

56. Os documentos foram selecionados pelo Grupo de Trabalho de Prevenção e Combate à Violência Política de Gênero da Procuradoria-Geral Eleitoral (GT-VPG). "O objetivo da seleção foi a abordagem do tema com amplitude, perpassando por manifestações do Ministério Público e do Poder Judiciário de uma maneira mais prática, mas sem enfoque em detalhes específicos dos casos concretos. Por esta razão, e considerando os termos da Lei Geral de Proteção de Dados Pessoais (LGPD) – Lei nº 13.709/2018, foram omitidas informações pessoais dos envolvidos, exceto nos casos de documentos que são públicos." Disponível em: https://www.mpf.mp.br/pge/institucional/gt-violencia-de-genero/11-banco-de-pecas Acesso em: 03 nov. 2024.

- Recurso Criminal Eleitoral nº 0600081-98.2022.6.26.0258 - São Paulo/SP - parecer da PRE/SP, de 08/02/2024 - manifestação da Procuradoria Regional Eleitoral em ação penal, na qual foi proferida sentença de absolvição sumária em razão de ausência de oitiva da vítima (caso de crime contra a honra eleitoral)
- Ação Penal Eleitoral nº 0600416-10.2024.6.13.0000 - Belo Horizonte/MG - agravo interno interposto pela PRE/MG, em 23/05/2024 - recurso apresentado pela Procuradoria Regional Eleitoral, contra decisão monocrática que indeferiu pedido de acesso a dados cadastrais e quebra de sigilo telemático, e também o pedido de remoção de postagens em caso de potencial crime de violência política de gênero.
- Ação Penal Eleitoral nº 0600416-10.2024.6.13.0000 - Belo Horizonte/MG - denúncia apresentada pela PRE/MG, em 08/05/2024 - denúncia apresentada pela Procuradoria Regional Eleitoral, pela prática de atos caracterizadores de violência política de gênero (art. 326-B do Código Eleitoral) contra parlamentar.
- Recurso ordinário em habeas corpus. RHC Nº 0600091-08.2024.6.14.0000 - Belém/PA - recurso ordinário em habeas corpus, com pedido de liminar contra acórdão do TRE/PA, de 14/06/2024 - que denegou a ordem de *habeas corpus* e manteve a prisão preventiva decretada nos autos da medida cautelar nº 0600025-25.2024.6.14.0001/PA por crimes de violência política de gênero do art. 326-B c/c o art. 327, V do Código Eleitoral.
- Ação Penal Eleitoral (APEI) nº 0600214-41.2022.6.26.0000 - Vila Mariana/SP - Alegações finais do Ministério Público Eleitoral, de 09/04/2024 - pela condenação do réu por conduta caracterizada como crime de violência política de gênero, prevista no artigo 326-B do Código Eleitoral Brasileiro.
- Ação Penal Eleitoral (APEI) Nº 0600214-41.2022.6.26.0000 - Vila Mariana/SP - Manifestação do Ministério Público Eleitoral, de 06/04/2024 - pela suspensão condicional do processo desde que cumpridas as condições previamente estabelecidas.

- Recurso Criminal em Sentido Estrito nº 5008446-55.2024.4.04.7100 - Porto Alegre/RS - Parecer da PRR 4ª /RS, de 20/03/2024 - manifestação da Procuradoria Regional da República da 4ª Região em recurso em sentido estrito, objetivando a concessão de medida cautelar de afastamento do agressor em investigação sobre o crime do artigo 359-P do Código Penal.
- Mandado de Segurança nº 0600019-85.2024.6.26.0000 - São Paulo/SP - Parecer da PRE/SP, de 22/02/2024 – manifestação da Procuradoria Regional Eleitoral em mandado de segurança, objetivando o envio dos autos de inquérito policial, arquivado por Promotor Eleitoral, à 2ª Câmara de Coordenação e Revisão do Ministério Público Federal.
- Mandado de Segurança nº 0600019-85.2024.6.26.0000 - São Paulo/SP - Informações da 2ª Promotoria Eleitoral de São Paulo, de 19/02/2024 - informações prestadas pela Promotoria Eleitoral em razão de arquivamento prévio de caso que potencialmente configura o crime previsto no artigo 326-B do Código Eleitoral.
- Notícia de Fato nº 1.25.006.000269/2023-14 - Paranavaí/PR - Decisão da 2ª CCR, de 31/01/2024 - decisão de não homologação de declínio de atribuições ao Ministério Público Estadual para prosseguimento da investigação quanto à possível crime descrito no art. 359-P do Código Penal
- Ação Penal nº 0600036-53.2023.6.07.0011 - Brasília/DF - Denúncia, de 01/12/2023 - denúncia oferecida pelo Ministério Público Eleitoral em razão da prática do crime tipificado no art. 326-B do Código Eleitoral, cometido por cidadã contra Deputada Federal
- Notícia de Fato nº 1.34.010.000338/2023-11 - Ribeirão Preto/SP - Voto- Vista da 2ª CCR, de 30/11/2023 - voto pela não homologação de arquivamento e devolução do procedimento ao ofício originário para, se cabível, oferecimento de acordo de não persecução penal quanto a possível crime de racismo - caso de homofobia/transfobia ocorrido durante sessão em Câmara Municipal.

- Notícia de Fato nº 1.34.010.000338/2023-11 - Ribeirão Preto/SP - Voto da 2ª CCR, de 30/11/2023 - voto pela não homologação de arquivamento e devolução do procedimento ao ofício originário para prosseguimento das investigações quanto a possível crime de racismo - caso de homofobia/transfobia ocorrido durante sessão em Câmara Municipal.
- Ação Penal nº 0600081-98.2022.6.26.0258 - Indianópolis/SP - Apelação criminal, de 08/11/2023 - recurso do Ministério Público Eleitoral contra sentença que absolveu denunciado pelo cometimento de crime de violência política de gênero (art. 326-B do Código Eleitoral).
- Ação Penal nº 0600027-09.2022.6.15.0010 - Guarabira/PB - Apelação criminal, de 23/09/2023 - recurso do Ministério Público Eleitoral contra sentença que absolveu denunciado pelo cometimento do crime de violência política de gênero (art. 326-B do Código Eleitoral).
- Ação Penal nº 0600214-41.2022.6.26.0000 - Vila Mariana/SP - manifestação do Ministério Público Eleitoral, de 22/09/2023 - manifestação do Ministério Público pelo indeferimento de acordo de não persecução penal
- Mandado de Segurança nº 0600144-07.2023.6.11.0000 - Lucas do Rio Verde/MT - Acórdão do TRE/MT, de 25/08/2023, que determina o prosseguimento da ação penal - decisão proferida pelo Tribunal Regional Eleitoral de Mato Grosso, modificando decisão de arquivamento inicialmente proferida por Juiz Eleitoral, de forma a determinar o prosseguimento de ação penal apuratória de violência política de gênero
- Procedimento do Juizado Especial Cível nº 1000557-20.2023.8.26.0533 - Santa Bárbara d'Oeste/SP - Sentença condenatória, de 03/07/2023 - sentença condenatória por meio da qual Vereador foi condenado ao pagamento de indenização por danos morais, em razão da prática de ato caracterizado como violência política de gênero contra outra Vereadora
- Agravo em Recurso Especial Eleitoral nº 0600036-86.2023.6.06.0009 - Russas/CE - Parecer da PGE, de 27/02/2024 - manifestação do Ministério Público Eleitoral perante o Tribunal

Superior Eleitoral, pela manutenção da condenação relativa ao cometimento do crime do art. 326-B do Código Eleitoral.

- Ação Penal Eleitoral nº 0600036-86.2023.6.06.0009 - Russas/CE - Sentença condenatória, de 09/08/2023, proferida pelo Juízo Eleitoral da 9ª Zona Eleitoral de Russas, em primeira instância pela prática do crime de violência política de gênero, previsto no art. 326-B, caput, do Código Eleitoral.
- Ação Penal nº 0600036-86.2023.6.06.0009 - Russas/CE - Denúncia, de 30/03/2023 - denúncia oferecida pelo Ministério Público Eleitoral em razão da prática do crime tipificado no art. 326-B do Código Eleitoral, cometido por Vereador no exercício do cargo eletivo contra Deputadas Estaduais
- Notícia de Fato nº 1.17.000.000037/2023-80 - Vitória/ES - Solicitação de instauração de inquérito policial, em 15/02/2023 - requisição de instauração de inquérito policial para apurar a prática do crime de violência política de gênero, tipificado no artigo 326-B do Código Eleitoral, supostamente cometido por Prefeito municipal contra a Vice-Prefeita.
- Ação Penal nº 0600472-46.2022.6.19.0000 - Rio de Janeiro/RJ - Acórdão do TRE/RJ de recebimento da denúncia, de 18/11/2022 - decisão do Tribunal Regional Eleitoral do Rio de Janeiro que afastou a tese de imunidade material e recebeu a denúncia pela prática do crime de violência política de gênero (art. 326-B do Código Eleitoral), cometido por parlamentar estadual contra detentora de mandato eletivo.
- Ação Penal nº 0600214-41.2022.6.26.0000 - São Paulo/SP - manifestação do Ministério Público, de 11/09/2022 - manifestação de Promotor Eleitoral no sentido da ratificação do recebimento de denúncia, originalmente feita pelo Tribunal Regional Eleitoral de São Paulo, para o prosseguimento da ação penal pela prática do crime de violência política de gênero (art. 326-B do Código Eleitoral), cometido por ex-Deputado Estadual contra Deputada Estadual.
- Notícia de Fato nº 1.03.000.000653/2022-45 - São Paulo/SP - Solicitação de instauração de inquérito policial, em

09/09/2022 - requisição de instauração de inquérito policial para apurar a prática do crime de violência política de gênero (art. 326-B do Código Eleitoral), supostamente cometido pela presidente de órgão diretivo partidário estadual contra candidata a Deputada Estadual.

- Ação Penal nº 0600027-09.2022.6.15.0010 - Guarabira/PB - Denúncia, de 16/08/2022- denúncia oferecida pelo Ministério Público Eleitoral em razão da prática do crime tipificado no art. 326-B do Código Eleitoral, cometido por cidadão contra Deputada Estadual
- Ação Penal nº 0600472-46.2022.6.19.0000 - Rio de Janeiro/RJ - Denúncia da PRE/RJ, de 01/07/2022 - denúncia oferecida pelo Ministério Público em razão da prática do crime tipificado no art. 326-B do Código Eleitoral, cometido por Deputado Estadual contra Vereadora do Município de Niterói.
- Notícia de Fato nº 1.17.000.000980/2022-10 - Vitória/ES - Declínio de atribuição para a primeira instância, em 13/06/2022 - declínio de atribuição para o Promotor Eleitoral objetivando a apuração de potencial crime de violência política de gênero (art. 326-B do Código Eleitoral) cometido contra a Vice-Governadora, por meio de matéria jornalística.

Atuação Cível

- Representação Eleitoral - São Paulo/SP - Petição inicial da PRE/SP, de 07/06/2024 - ação ajuizada pelo Ministério Público em razão de propaganda eleitoral antecipada, de natureza negativa, por meio de violência política de gênero em detrimento de pré-candidata.
- Ação de Investigação Judicial Eleitoral - Rio de Janeiro/RJ - Petição Inicial da PRE/RJ, de 15/12/2022 - ação ajuizada pelo Ministério Público em razão de abuso de poder na forma de fraude à cota de gênero nas eleições de 2022 - Ref. Procedimento Preparatório Eleitoral nº 1.02.003.000722/2022-28
- Ação Civil Pública - Natal/RN - Petição Inicial do MPF, de 11/1/2023 - ação ajuizada pelo Ministério Público em razão

de fato caracterizador de violência política de gênero - pedido de condenação em danos morais coletivos causado às mulheres que desenvolvem ou buscam desenvolver atuação política - ref. Procedimento Preparatório nº 1.28.000.000076/2022-12

- Agravo em Recurso Especial Eleitoral nº 0601032-98.2020.6.06.0006 - Quixadá/CE - Acórdão do TSE, de 5/5/2023 - Fraude à cota de gênero - candidaturas femininas fictícias em eleições proporcionais - indicação de critérios utilizados para reconhecimento da fraude
- Recurso Eleitoral nº 0600603-65.2020.6.08.0010 - Ibatiba/ES - Parecer da PRE/ES, de 31/10/2023 - manifestação do Ministério Público em recurso manejado contra sentença proferida em AIJE, em razão de fraude à cota de gênero
- Agravo em Recurso Especial Eleitoral nº 0600003-51.2021.6.14.0007- Abaetuba/PA - Parecer da PGE, de 16/2/2024 - manifestação do Ministério Público em recurso manejado contra acórdão proferido em AIME, em razão de fraude à cota de gênero

Desde a edição da Lei que tratou da violência política de gênero o total de procedimentos relativos à violência política de gênero de iniciativa do Ministério Público Federal[57], com certeza, é um número muito menor do que a realidade. Mas, para além dos números, o mais significativo é a cultura que vai se formando de não se naturalizar a violência política de gênero e de compreender toda a sua dimensão de prejuízo à mulher que ingressa ou deseja ingressar na política.

Dentre casos emblemáticos que ganharam repercussão na mídia nos últimos tempos, merece destaque a liminar concedida em desfavor do ex-governador do Ceará, Ciro Gomes (PDT-CE), com proibição de repetir ofensas à senadora Janaína Farias (PT-CE), sob pena de pagamento de multa de R$ 30 mil à parlamentar. A decisão foi proferida após a senadora ter acionado a Justiça em razão de ter sido agredida verbalmente por Ciro Gomes em uma entrevista ao portal "A Notícia do

57. Disponível em: https://www.cnj.jus.br/violencia-politica-de-genero-brasil-registra-sete-casos-a-cada-30-dias/. Acesso em: 09 dez. 2022.

Ceará", publicada em abril de 2024, quando ele se refere à parlamentar como "assessora de assuntos de cama". Sobre o mesmo fato, o Ministério Público também apurou ocorrência do crime de violência política de gênero, sendo que, a partir de representação da Advocacia-Geral do Senado Federal, houve oferta e recebimento de denúncia contra o réu (PETIÇÃO CRIMINAL (1727) Nº 0600013-79.2024.6.06.0115 / 115ª ZONA ELEITORAL DE FORTALEZA CE).

Durante debate da Folha de São Paulo/Uol para a Prefeitura de São Paulo, realizado em setembro de 2024 (1º Turno), o candidato à Prefeitura Pablo Marçal, agindo com preconceito de gênero, disse à candidata Tábata Amaral: "Tabata, se mulher votasse em mulher, você ia ganhar no primeiro turno, mulher não vota em mulher, é inteligente. Ela tem sabedoria, experiência, ela olha pra você e vê você sempre nesse embate, não vai votar em você."

Em maio de 2024, por 4 votos a 3, o Tribunal Regional Eleitoral do Rio (TRE-RJ) condenou o deputado estadual Rodrigo Amorim (União Brasil) por violência política de gênero contra a vereadora de Niterói Benny Briolli (Psol), após ele ter se referido à vereadora, mulher trans, em discurso na sessão da Assembleia Legislativa do Rio (Alerj), em 17 de maio de 2022, como "boizebu" e "aberração da natureza".

Rodrigo Amorim foi condenado à pena privativa de liberdade de 1 ano, 4 meses e 13 dias-multa, em regime aberto, que foi substituída por penas restritivas de direitos (prestação de serviços comunitários) e pagamento de 70 salários-mínimos. Para o relator da ação penal, desembargador Peterson Simão, o pronunciamento humilhou e menosprezou a condição de mulher transgênero, configurando-se o crime tipificado no artigo 326-B do Código Eleitoral: "Dolosamente humilhou e constrangeu em grau máximo a vítima justamente em seu aspecto mais sensível, a autodeterminação, na medida em que recusou-lhe a condição de mulher, estabelecendo ainda expressão com relação a sua atividade parlamentar."[58]

58. Disponível em: https://www.conjur.com.br/2024-mai-02/tre-rj-condena-deputado-rodrigo-amorim-por-violencia-politica-de-genero/. Acesso em 06 out. 2024.

Em outubro de 2024 o Ministério Público do Estado de Mato Grosso, por intermédio do promotor eleitoral, denunciou o vereador de Lucas do Rio Verde M.M.B., por crime de violência política de gênero, praticado durante sessão extraordinária do Poder Legislativo do município[59].

De acordo com a denúncia, "o parlamentar agiu dolosamente, constrangeu e humilhou a vítima com a finalidade de dificultar o desempenho de seu mandato eletivo como vereadora, utilizando-se de menosprezo e discriminação à condição de mulher." Durante a fala do vereador, dirigida à vereadora, ele mencionou que "aqui está sendo um aprendizado para você", você está aqui agora aprendendo o que é mexer com pessoas de testosterona avançada. Quando a gente grita você está aprendendo".

Vale também ressaltar alguns dados da terceira edição do MonitorA – observatório de violência política de gênero online desenvolvido pelo Instituto AzMina, InternetLab e Núcleo Jornalismo – publicada em setembro de 2024, que analisou 4.700 comentários da internet a debates da TV Band para prefeituras de seis capitais brasileiras. O diagnóstico demonstra que além de todos os obstáculos que as mulheres atravessam para conseguirem se candidatar, ainda acabam enfrentando enxurrada de ataques nas redes sociais.[60]

Consta que o MonitorA coletou dados de transmissões oriundos de Natal (RN), Goiânia (GO), Belo Horizonte (MG), São Paulo (SP), Curitiba (PR) e Porto Alegre (RS), totalizando 18 homens candidatos e apenas 8 mulheres candidatas: Juliana Brizola (PDT-RS), Maria do Rosário (PT-RS), Andrea Caldas (PSOL-PR), Maria Victoria (PP-PR), Natália Bonavides (PT – RN), Adriana Accorsi (PT – GO), Duda Salabert (PDT-MG) e Tabata Amaral (PSB-SP). Entre todo o conteúdo analisado, 1.680 comentários eram de fato ofensivos: 11% foram classificados como ataques diretos e 24,3% como insultos –vários usuários cometem mais de uma agressão no mesmo texto. A cidade de São Paulo

59. Disponível em: https://mpmt.mp.br/conteudo/58/148950/mpmt-denuncia-vereador-que-chamou-colega-de-hiena. Acesso em 03 nov. 2024.

60. Disponível em : https://azmina.com.br/reportagens/monitora-expoe-misoginia-e-transfobia-contra-candidatas-em-2024/. Acesso em 06 out. 2024

concentrou quase metade (49,4%) do total dos comentários analisados, seguida por Porto Alegre com 22,6%.

Segundo o resultado da análise, a deputada federal Tabata Amaral (PSB-SP), candidata à prefeitura de São Paulo, foi uma das figuras mais atacadas durante o debate na capital paulista, recebendo quase a metade dos comentários ofensivos direcionados aos cinco candidatos presentes. Os outros quatro eram homens. Dos 289 insultos ou ataques que a paulistana recebeu, 73 foram classificados como inferiorização, 34 misoginia e 34 etarismo. Houve inclusive eleitor que sugeriu que a deputada deveria passar a vender conteúdo adulto na internet: "Vai pro Only, mulher não presta pra política."

Segundo declaração de Yasmin Curzi para o MonitorA, a especialista tem "pesquisado o que ela chama de desinformação generificada, a infantilização pode ser considerada um tipo de inferiorização, e é uma estratégia narrativa frequente nos ataques a mulheres na vida pública. Seria uma forma de atingir aquelas que não estão performando o papel de gênero que deveriam na sociedade patriarcal, que é estar na vida privada."[61]

O MonitorA também identificou que Duda Salabert (PDT-MG), uma das primeiras mulheres trans eleita para o Congresso Nacional (posto que divide com Erika Hilton, do PSOL-SP), enfrentou uma onda de ataques transfóbicos no debate da Band em Belo Horizonte. Aproximadamente 84,6% dos ataques nos comentários do vídeo são contra ela, quase todos sobre identidade de gênero.

Os tipos de ataques mais comuns contra mulheres incluíram inferiorização (32,7% dos casos, especialmente em Natal e São Paulo), misoginia e etarismo (18,67% e 14,67% dos ataques, respectivamente, com destaque em São Paulo). A transfobia apareceu somente em Belo Horizonte, mas respondeu por 87,88% de todos os comentários ofensivos naquele debate, segundo o MonitorA. "Especificamente sobre os ataques, em Belo Horizonte, 91,7% deles foram voltados contra as candidatas, enquanto em Natal o percentual foi de 91,3%, e em

61. Disponível em: https://azmina.com.br/reportagens/monitora-expoe-misoginia-e-transfobia-contra-candidatas-em-2024/. Acesso em 06 out. 2024.

Porto Alegre, 85,9%. Goiânia apresentou 81,8% dos ataques contra mulheres, seguida por Curitiba com 68,4%, e São Paulo com 56,8%. No total, 66,6% dos ataques nas capitais analisadas foram direcionados a candidatas, confirmando que as mulheres são o principal alvo de agressões nos debates eleitorais online."[62]

CONCLUSÃO

A importante e tardia consagração dos direitos políticos das mulheres decorreu, como vimos, de um injusto processo de exclusão da mulher do exercício de sua cidadania plena. Tais conquistas, ressalta-se, ainda estão em curso, pois temos lacunas a serem preenchidas e, o que é igualmente grave, os direitos políticos das mulheres continuam sendo impedidos, obstaculizados e/ou restringidos, em razão de condutas perniciosas, que somente a partir de 2021 passaram a ser reconhecidas pelo nosso sistema jurídico como violência política contra as mulheres.

No pano de fundo dos três processos (demora na conquista dos direitos, lacunas a serem preenchidas e violência dirigida àquelas que buscam exercê-los), temos o mesmo fenômeno: sociedade que oprime, as sujeita, violenta e cria estereótipos prejudiciais às mulheres. Uma pesquisa da ONU, feita em 80 países, demostra que quase 90% da população mundial tem algum tipo de preconceito contra as mulheres.[63] Foram analisadas quatro dimensões sobre preconceito de gênero que afeta meninas e mulheres: econômica, educacional, integridade física e política.

No Brasil, o total de pessoas com ao menos um preconceito contra as mulheres chega a 84,5%. Ao todo, 39,91% das pessoas entrevistadas no país acham que mulheres não são boas políticas no desempenho das funções; 31% acreditam que homens fazem melhores negócios ou têm mais direito ao trabalho. Mas, há um pequeno avanço: houve aumento no número de pessoas entrevistadas sem quaisquer preconceitos com as mulheres: 15,5% atualmente, sendo que, em 2012, eram 10,2%.

62. Disponível em : https://azmina.com.br/reportagens/monitora-expoe-misoginia-e-transfobia-contra-candidatas-em-2024/. Acesso em 06 out. 2024.
63. Disponível em: https://news.un.org/pt/story/2023/06/1815832. Acesso em: 20. jun. 2023.

Como nos esclarece Margarete Coelho, "existe, de fato, uma cultura política de gênero baseada na hierarquia e na imposição de lugares fixos que deve ser quebrada". Para a autora, a entrada de mulheres na política permite o aperfeiçoamento desse panorama, "especialmente porque elas trazem à tona demandas novas e distintas, baseadas tanto em uma saída do contorno social fechado de que faziam parte, quanto na necessidade de representar o próprio gênero".[64]

Ademais, a equidade só será realidade quando se completar o percurso inverso, iniciado muito recentemente: o não estranhamento da presença da mulher no ambiente político, na mesma proporção em que não deve causar espécie a presença do homem no ambiente privado. "Significa dizer que os homens também devem afastar as construções sociais privilegiadoras e assumir as tarefas domésticas, compartilhando os problemas locais e comunitários e deixando, de vez, de ocultar a sua influência dentro do sistema familiar."[65]

Para que as mulheres possam exercer plenamente o seu potencial político de enfrentamento às maneiras de opressão e de dominação masculinas, que se traduzem nas mais diversas formas de violência de gênero, é necessário que elas também não sejam vítimas de violência política de gênero. É imperativo, ademais, que sejam expostos, neutralizados e afastados outros padrões de controle e abuso, que se intercruzam e se interlaçam (interseccionalidade), como raça, etnia, classe, grupo social, geração, deficiência, identidade de gênero, orientação sexual etc.

É com essa expectativa que festejamos a chegada das inovações legislativas trazidas pelas Leis 14.192/2021 e 14.197/2021, mas sem nos olvidar que elas representam um ponto de partida dessa longa caminhada que precisamos percorrer para que a violência política de gênero seja prevenida, repreendida e reprimida. Só assim, vamos poder falar de um projeto emancipador que incida sobre a vida de mais da metade da população, as mulheres, que, em 2024, corresponderam a 52,47%% do eleitorado (muito próximo do percentual encontrado no

64. COELHO, Margarete de Castro. **O Teto de Cristal da Democracia Brasileira: abuso de poder nas eleições e violência política contra mulheres.** Belo Horizonte: Fórum, 2020. p. 158.

65. COELHO, Margarete de Castro. **O Teto de Cristal da Democracia Brasileira: abuso de poder nas eleições e violência política contra mulheres.** Belo Horizonte: Fórum, 2020. p. 159.

ano de 2024[66]). O número de eleitoras também é maior entre nacionais que vivem no exterior, representando 59% das pessoas que se habilitaram para votar para o cargo de presidente da República no ano de 2022[67].

Para além das ações afirmativas já existentes na legislação eleitoral não especificamente na área criminal, principalmente a recente modificação trazida pela Emenda Constitucional 117 de 2022, festejamos a chegada das inovações legislativas trazidas pelas Leis 14.192/2021 e 14.197/2021, mas sem nos olvidar que elas representam um ponto de partida dessa longa caminhada que precisamos percorrer, para a prevenção da violência política de gênero.

Por mais mulheres na política e por mais políticas para mulheres! Por mais mulheres que possam exercer seus direitos sem violência política de gênero e raça!

66. Disponível em: [https://dadosabertos.tse.jus.br/dataset/eleitorado-2024].

67. Informação retirada do site do TSE: https://www.tse.jus.br/comunicacao/noticias/2022/Julho/eleicoes-2022-mulheres-sao-a-maioria-do-eleitorado-brasileiro. Brasileiros e brasileiras que vivem em outro país com título registrado na Zona Eleitoral do Exterior (ZZ) são obrigados a votar somente nos pleitos para presidente e vice-presidente da República.

REFERÊNCIAS BIBLIOGRÁFICAS

AFLALO, Hannah Maruci. **Posicionamento público sobre a PEC 9/23: a quem interessa o retrocesso em direitos duramente conquistados?** Texto assinado por diversas organizações que nos últimos anos têm trabalhado pelos direitos das mulheres sobretudo no que diz respeito aos seus direitos políticos. Disponível em: https://www.estadao.com.br/politica/legis-ativo/posicionamento-publico-sobre-a-pec-9-23-a-quem-interessa-o-retrocesso-em-direitos-duramente-conquistados/. Acesso em: 16 jul. 2023.

ALMEIDA, Frederico Martins de. A propaganda eleitoral em bens particulares: sua limitação proporcional e a liberdade de expressão. In: FUX, Luiz; PEREIRA, Luiz Fernando Casagrande; AGRA, Walber de Moura (coord.); PECCININ, Luiz Eduardo (org.). **Propaganda Eleitoral.** Belo Horizonte: Fórum, 2018. (Tratado de Direito Eleitoral, v. 4.)

ALVES, Branca Moreira. A Luta das Sufragistas. In: HOLLANDA, Heloisa Buarque (org.). **Pensamento Feminista Brasileiro – formação e contexto**. Rio de Janeiro: Bazar do Tempo, 2019.

ALVES, Daiana A.N. **As lutas feministas e o enfrentamento à desigualdade de gênero na política institucional brasileira** / Dissertação de Mestrado. Orientadora: Jaci de Fátima Souza Candiotto. – 2020. Disponível em https://archivum.grupomarista.org.br/pergamumweb/vinculos/000095/0000954f.pdf. Acesso em: 21 ago. 2023.

ALVES, José Augusto Lindgren. Direitos humanos: o significado político da conferência de Viena. **Lua Nova: Revista de Cultura e Política,** n. 32, São Paulo, abril 1994. Disponível em: https://www.scielo.br/scielo.php?script=sci_arttext&pid=S0102-64451994000100009. Acesso em: 05 maio 2020.

ARAÚJO, Clara. **Cidadania incompleta: o impacto da lei de cotas sobre a representação política das mulheres brasileiras**. Rio de Janeiro. 1999. Tese (Doutorado em Sociologia). Universidade Federal do Rio de Janeiro. Disponível em: https://www.scielo.br/j/rsocp/a/tGtdSWCqjLRJX4cSsLDHfdB/. Acesso em: 12 jun. 2023.

ARAÚJO, Francileide. **Legislações de enfrentamento à violência política de gênero na América Latina**. Disponível em: https://pp.nexojornal.com.br/linha-do-tempo/2023/Legisla%C3%A7%C3%B5es-de-enfrentamento-%C3%A0-viol%C3%AAncia-pol%C3%ADtica-de-g%C3%AAnero-na-Am%C3%A9rica-Latina. Acesso em: 21 ago. 2023.

BARROSO, Luis Roberto; BARCELOS, Júlia Rocha. In: FRATINI, Juliana (org.). *Princesas de Maquiavel*. São Paulo: Matrix, 2021.

BEAUVOIR, Simone de. **O segundo sexo**. Trad. Sérgio Milliet. 2. ed. Rio de Janeiro: Nova Fronteira, 2009, 2 v.

BIANCHINI, Alice; BAZZO, Mariana; CHAKIAN, Sílvia. **Crimes contra Mulheres:** Lei Maria da Penha, Crimes Sexuais, Feminicídio e Violência Política de Gênero. 5. ed. rev. atual. e ampl. São Paulo: Juspodivm, 2023.

BOBBIO, N.; MATTEUCCI, N.; PASQUINO, G. **Dicionário de Política**, Brasília, Ed. UnB, 2004.

BRASIL, CÂMARA DE DEPUTADOS. Disponível em: https://www.camara.leg.br/deputados/quem-sao/resultado?search=&partido=&uf=&legislatura=57&sexo=F>. Acesso em: 12 jul. 2023.

BRASIL, CÂMARA DOS DEPUTADOS. Disponível em: https://www.camara.leg.br/deputados/quem-sao/resultado?search=&partido=&uf=&legislatura=57&-sexo=F&pagina=3>. Acesso em: 10 jul. 2023.

BRASIL, CONSELHO NACIONAL DE JUSTIÇA. Disponível em: https://www.cnj.jus.br/violencia-politica-de-genero-brasil-registra-sete-casos-a-cada-30-dias/. Acesso em: 09 dez. 2022.

BRASIL, JUSTIÇA ELEITORAL. Disponível em: https://www.justicaeleitoral.jus.br/tse-mulheres/. Acesso em: 12 jul. 2023.

BRASIL, JUSTIÇA ELEITORAL. Disponível em: https://www.tse.jus.br/comunicacao/noticias/2018/Marco/mulheres-representam-52-do-eleitorado-brasileiro. Acesso em: 21 ago. 2023.

BRASIL, MINISTÉRIO DIREITOS HUMANOS. Disponível em: https://www.gov.br/mdh/pt-br/assuntos/noticias/2022/eleicoes-2022-periodo-eleitoral/brasil-tem-mais-de-31-mil-denuncias-violencia-contra-as-mulheres-no-contexto-de-violencia-domestica-ou-familiar. Acesso em: 21 ago. 2023.

BRASIL, MINISTÉRIO PÚBLICO FEDERAL. Disponível em: https://www.mpf.mp.br/prees/noticias/cota-de-genero-na-politica-saiba-como-identificar-possiveis-fraudes-e-denuncie. Acesso em: 21 ago. 2023.

BRASIL, MINISTÉRIO PÚBLICO FEDERAL. Disponível em: https://www.mpf.mp.br/pge/institucional/gt-violencia-de-genero/publicacoes-1. Acesso em: 12 jul. 2023.

BRASIL, MINISTÉRIO PÚBLICO FEDERAL. **Cartilha sobre violência política e violência política contra as mulheres.** Disponível em: https://www.mpf.mp.br/presp/publicacoes/cartilha-sobre-violencia-politica-e-violencia-politica-contra-as-mulheres/. Acesso em: 21 ago. 2023.

BRASIL, MINISTÉRIO PÚBLICO FEDERAL. Disponível em: https://www.mpf.mp.br/pge/institucional/gt-violencia-de-genero/VOTO3713.2022Crimeeleitoraldiscrmulherprem06601.pdf. Acesso em: 05 dez. 2022.

BRASIL, SENADO FEDERAL. Disponível em: https://legis.senado.leg.br/sdleg-getter/documento?dm=8883273&ts=1602272904923&disposition=inline. Acesso em: 03 ago. 2023.

BRASIL, SENADO FEDERAL. Disponível em: https://www25.senado.leg.br/web/senadores/em-exercicio/-/e/por-sexo>. Acesso em: 10 jul. 2023.

BRASIL, SENADO FEDERAL. Disponível em: https://www25.senado.leg.br/web/senadores/em-exercicio/-/e/por-sexo. Acesso em: 12 jul. 2023.

BRASIL, SUPERIOR TRIBUNAL ELEITORAL. CONSULTA N. 0604054-58.2017.6.00.0000 – DISTRITO FEDERAL, Rel. Tarcísio Vieira de Carvalho Neto, https://pje.tse.jus.br:8443/pje-web/ConsultaPublica/DetalheProcessoConsultaPublica/listView.seam?ca=38fed6bf7c3706f9bddd0bea8888667a39b484d172d84d8e. Acesso em: 21 ago. 2023.

BRASIL, SUPERIOR TRIBUNAL ELEITORAL. Disponível em: https://www.tse.jus.br/++theme++justica_eleitoral/pdfjs/web/viewer.html?file=https://www.tse.jus.br/comunicacao/arquivos/acordo-entre-tse-e-pge-para-enfrentamento-da-violencia-politica-de-genero-em-01-08.2022/@@download/file/TSE-acordo-pge-enfrentamento-violencia-politica-de-genero-01-08-2022.pdf. Acesso em: 30 nov. 2022.

BRASIL, TRIBUNAL SUPERIOR ELEITORAL. Disponível em: http://www.tse.jus.br/eleitor/glossario/termos/lei-saraiva. Acesso em: 21 ago. 2023.

BRASIL, TRIBUNAL SUPERIOR ELEITORAL. Disponível em: http://www.tse.jus.br/eleitor/glossario/termos-iniciados-com-a-letra-e. Acesso em: 21 ago. 2023.

BRASIL, TRIBUNAL SUPERIOR ELEITORAL. Disponível em: https://www.tse.jus.br/servicos-eleitorais/glossario/termos-iniciados-com-a-letra-d. Acesso em: 21 ago. 2023.

BRASIL, TRIBUNAL SUPERIOR ELEITORAL. Disponível em: https://www.tse.jus.br/servicos-eleitorais/glossario/termos-iniciados-com-a-letra-c. Acesso em: 21 ago. 2023.

BRASIL, SUPREMO TRIBUNAL FEDERAL. ADI 5.311. Disponível em http://portal.stf.jus.br/processos/detalhe.asp?incidente=4758587. Acesso em: 21 ago. 2023.

BRASIL, TRANSPARÊNCIA ELEITORAL BRASIL. **Relatório 2020-2021 de violência política contra a mulher** / organização de Desirée Cavalcante Ferreira, Carla de Oliveira Rodrigues, Silvia Maria da Silva Cunha – Brasília: Transparência Eleitoral Brasil, 2021.

BRITO, Miguel Nogueira de. **As Andanças de Cândido – Introdução ao Pensamento Político do Século XX**, Lisboa, Edições 70, 2009.

CAGGIANO, Mônica. **Oposição na política: propostas para uma rearquitetura da democracia**, São Paulo, Angelotti, 1995.

CANOTILHO, J. J. Gomes; MOREIRA, Vital. **Fundamentos da Constituição**, Coimbra, Universidade de Coimbra, 1991.

CHAKIAN, Silvia. **A Construção dos Direitos das Mulheres**: histórico, limites e diretrizes para uma proteção penal eficiente. 2. ed. rev. e atual. Rio de Janeiro: Lumen Juris, 2019.

CLEVE, Ana Carolina. Política pública de incentivo à participação feminina na política: a Justiça Eleitoral como partícipe do processo de inclusão. **Revista Ballot** - Rio de Janeiro, v. 1 n. 2, setembro/dezembro 2015. Disponível em: Ballot-v1-n2-2015-artigo6.indd (tse.jus.br).

COÊLHO, Marcus Vinicius Furtado. **Direito eleitoral e processo eleitoral: direito penal eleitoral e direito político**, Rio de Janeiro, Renovar, 2008.

COELHO, Margarete de Castro. **O Teto de Cristal da Democracia Brasileira: abuso de poder nas eleições e violência política contra mulheres.** Belo Horizonte: Fórum, 2020.

COSTA, Joana Simões et. al. A Face Feminina da Pobreza: Sobre-Representação e Feminização da Pobreza no Brasil. **Texto para Discussão,** n. 1137, Brasília, 2005.

CUNHA, Rogério Sanches; SILVARES, Ricardo. **Crimes contra o Estado Democrático de Direito**. São Paulo: Juspodivm, 2021.

DAVIS, Angela. **As mulheres negras na construção de uma nova utopia**. Conferência realizada no dia 13 de dezembro de 1997, em São Luís (MA). I Jornada Cultural Lélia Gonzales. Centro de Cultura Negra do Maranhão e Grupo de Mulheres Negras Mãe Andreza. Disponível em: http://www.geledes.org.br/as-mulheres-negras-na-construcao-de-uma-nova-utopia-angela-davis/. Acesso em: 21 jul. 2018.

DIRCEU, José; IANONI, Marcos. **Reforma política: instituições e democracia no Brasil atual**, 1ª edição, São Paulo, Perseu Abramo Editora, 1999.

FRASER, Nancy. **Fortunes of Feminism – from state-managed capitalism to neoliberal crisis**, London/New York, Verso, 2013.

FRATINI, Juliana (org.). **Princesas De Maquiavel**. São Paulo: Matrix, 2021.

FREEDMAN, Estelle B. **The essential feminist reader.** USA: The Modern Library New York, 2007.

GARCIA, Letícia Giovanini. **A Construção da Representação Política Feminina no Contexto Luso-Brasileiro**. Dissertação de Mestrado apresentada à Faculdade de Direito da Universidade de Lisboa, 2023.

GLOBO, Época Negócios. **Diferença Salarial entre Homens e Mulheres vai a 22**. https://epocanegocios.globo.com/brasil/noticia/2023/03/diferenca-salarial-entre-homens-e-mulheres-vai-a-22-aponta-ibge.ghtml. Acesso em: 16 jul. 2023.

GLOBO, Valor Investe. **Mulheres já chefiam mais da metade dos lares brasileiros.** https://valorinveste.globo.com/mercados/brasil-e-politica/noticia/2023/05/08/mulheres-ja-chefiam-mais-de-metade-dos-lares-brasileiros.ghtml. Acesso em: 16 jul. 2023.

GONÇALVES, Luiz Carlos dos Santos. **Nota sobre os crimes de violência política**. Disponível em: http://genjuridico.com.br/2021/09/20/crimes-de-violencia-politica/. Acesso em: 25 jan. 2022.

GRUNEICH, Danielle; CORDEIRO Iara. **Brasil avança no enfrentamento à violência política contra a mulher: a Lei n. 14.192**. Disponível em: https://www.conjur.com.br/2021-set-16/opiniao-violencia-politica-mulher-lei-14192. Acesso em: 21 ago. 2023.

HAHNER, June E. Honra e distinção das famílias. In: PINSKY, Carla Bassenezi; PEDRO, Joana Maria (Orgs.). **Nova história das mulheres**. São Paulo: Contexto, 2012.

HIRATA, Helena. Conhecimento e Ação Política: Divisão sexual do trabalho e teorias da interseccionalidade. In: ALKMIN, Gabriela Campos; NICOLI, Pedro Augusto Gravatá; RAMOS, Marcelo Maciel. Gênero (orgs.). **Sexuali-**

dade e Direitos Humanos: perspectivas multidisciplinares. Belo Horizonte, Initia Via, 2017.

HOBBES, Thomas. **Leviatã**, Lisboa, INCM.

INSTITUTO MARIELLE FRANCO. **A Violência Política contra as Mulheres Negras: Eleições 2020**. Disponível em: https://www.violenciapolitica.org/. Acesso em: 06 dez. 2021.

INTERNETLAB; REDES CORDIAIS. **Mulheres na Política: guia para enfrentamento de violência política de gênero**. São Paulo, 2022.

IPU PARLINE. **Global and regional averages of women in national parliaments**. Disponível em: https://data.ipu.org/women-averages. Acesso em: 05 jul. 2023.

IPU. **Women in national parliaments**. New York, 2023. Disponível em: https://data.ipu.org/women- ranking?month=1&year=2023. Acesso em: 21 jun. 2023.

KEHL, Maria Rita. **Deslocamentos do feminino: a mulher freudiana na passagem para a modernidade**. 2. ed. São Paulo: Boitempo, 2016.

LAURIS, É.; HASHIZUME, M. **Violência Política e Eleitoral no Brasil: panorama das violações de direitos humanos de 2016 a 2020**. Curitiba: Terra de Direitos e Justiça Global, 2020. Disponível em: https://terradedireitos.org.br/acervo/publicacoes/livros/42/violencia-politica-e-eleitoral-no-brasil/23478. Acesso em: 21 ago. 2023.

LOCKE, Jonh. **Dois tratados sobre o governo**, São Paulo, Martins Fontes, 1998.

LOPES, Ana Maria D'Ávila; NÓBREGA, Luciana Nogueira. As ações afirmativas adotadas no Brasil e no direito comparado para fomentar a participação política das mulheres. **Revista do Programa de Pós-Graduação em Direito da UFC.** Disponível em: https://repositorio.ufc.br/bitstream/riufc/12200/1/2011_art_amdlopes.pdf. Acesso em: 21 ago. 2023.

LUNARDELLI, Ana Laura Bandeira Lins; CASAROTTO, Moisés. **Conflito de normas de crimes de violência política de gênero e de violência política**. Disponível em: https://www.conjur.com.br/2022-jun-23/lunardellie-casarotto-crime-violencia-politica-genero. Acesso em: 30 nov. 2022

MACKINNON, Catherine. **Feminism Unmodified: discourses on life and law**, Cambridge/Massachusetts/London, Harvard University Press, 1987 (tradução livre).

Maioria dos países adota cota para mulheres na política; 22,6% reservam cadeiras. **Correio Braziliense**. Disponível em: https://www.correiobraziliense.com.br/politica/2021/05/4922994-maioria-dos-paises-adota-cota-para-mulheres-na-politica-226-reservam-cadeiras.html. Acesso em: 16 jun. 2023.

MARTINS, Ives Gandra; REZEK, Francisco, **Constituição Federal: avanços, contribuições e modificações no processo democrático brasileiro**, São Paulo, Revista do Tribunais, 2008.

MELLO, Celso Antonio Bandeira. **Curso de Direito Administrativo**, 22. ed. São Paulo: Malheiros, 2007.

NICOLAU, Jairo. Cinco Opções, uma escolha. In: MULHOLLAND, Timothy; RENNÓ, Lúcio R. (org.). **Reforma Política em questão**. Brasília, UNB, 2008.

NICOLAU, Jairo. **Sistemas Eleitorais**, 5ª edição, Rio de Janeiro, FGV, 2004.

ORGANIZAÇÃO DOS ESTADOS AMERICANOS. Comisión Interamericana de Mujeres. Mecanismo de Seguimiento de la Convención de Belém do Pará (MESECVI). **Ley Modelo Interamericana para Prevenir, Sancionar y Erradicar la Violencia contra las Mujeres en la Vida Política** / [Preparado por el Comité de Expertas del Mecanismo de Seguimiento de la Convención de Belém do Pará (MESECVI). Comisión Interamericana de Mujeres.

PARÁ, TRIBUNAL REGIONAL ELEITORAL. Disponível em: https://www.tre-pa.jus.br/eleicoes/eleicoes-anteriores/eleicoes-2018/portal-do-candidato-2018/informacoes-gerais-sobre-elegibilidade-inelegibilidade-e-incompatibilidades. Acesso em: 21 ago. 2023.

PARANÁ, TRIBUNAL REGIONAL ELEITORAL. Disponível em: https://www.tre-pr.jus.br/comunicacao/noticias/2023/Fevereiro/aniversario-do-codigo-eleitoral-de-1932-e-dia-da-conquista-do-voto-feminino. Acesso em: 21 ago. 2023.

PATEMAN, Carole. **O Contrato Sexual**, trad. de Marta Avancini, Rio de Janeiro, Paz e Terra, 1993 (tradução), 1988 (original).

PEDRO, Joana Maria. O feminismo de 'segunda onda': corpo, prazer e trabalho. In: PINSKY, Carla Bassenezi; PEDRO, Joana Maria. **Nova história das mulheres.** São Paulo: Contexto, 2012.

PHILLIPS, Anne, ¿Deben las Feministas Abandonar la Democracia Liberal? In: CASTELLS, Carme (comp.). **Perspectivas Feministas en Teoría Política,** Barcelona, Paidós, 1996, (tradução livre).

PINTO, Céli Regina Jardim. **Uma história do feminismo no Brasil**. São Paulo: Fundação Perseu Abramo, 2003.

PIOVESAN, Flávia; FACHIN, Melina. Diálogos sobre o feminino: a proteção dos direitos humanos das mulheres no Brasil à luz do impacto do sistema interamericano. In: SILVA, Christine Oliveira Peter da; BARBOSA, Estefania Maria de Queiroz; FACHIN, Melina Girardi (coord.); NOWAK, Bruna (org.). **Constitucionalismo Feminista**. São Paulo: Juspodivm, 2018.

PISCITELLI, Adriana. Re-criando a (categoria) mulher? In: ALGRANTI, Leila (Org.). **A prática feminista e o conceito de gênero.** Campinas: IFCH-Unicamp, 2002. Textos Didáticos, n. 48, p. 2. Disponível em: http://www.culturaegenero.com.br/download/praticafeminina.pdf. Acesso em: 21 jul. 2018.

PITANGUY, Jacqueline. A Carta das Mulheres Brasileiras aos Constituintes: memórias para o futuro. In: HOLLANDA, Heloisa Buarque (org.). **Pensamento Feminista Brasileiro – formação e contexto**, Rio de Janeiro, Bazar do Tempo, 2019.

PITKIN, Hannah Fenichel. **The Concept of Representation**, Berkley/Los Angeles/London, University of California Press, 1967.

PONTE, Antonio Carlos. **Crimes eleitorais**. 2ª ed. São Paulo: Saraiva, 2016

PRIORE, Mary Del. **Sobreviventes e Guerreiras: Uma breve história da mulher no Brasil de 1500 a 2000**, São Paulo, Editora Planeta, 2020.

RAMAYANA, Marcos. **Resumo de Direito Eleitoral**. Niterói: Impetus, 2012.

RAWLS, Jonh. **Conferências sobre a história da filosofia política**, trad. de Fabio M. Said (Org. Samuel Freeman), São Paulo, Editora WFM Martins Fontes, 2012.

RAWLS, Jonh. **O liberalismo político**, trad. de Álvaro de Vita, São Paulo, Edição WMF Martins Fontes, 2011.

REZEK, Francisco. Política e constituição. In: MARTINS, Ives Gandra; REZEK, Francisco, **Constituição Federal: avanços, contribuições e modificações no processo democrático brasileiro**, São Paulo, Revista do Tribunais, 2008.

RIBEIRO, José Augusto. **Manual da Constituição para o cidadão**. Rio de Janeiro. Semente, 1987.

ROSEMBERG, Fúlvia. Mulheres educadas e a educação de mulheres. In: PINSKY, Carla Bassenezi; PEDRO, Joana Maria (Orgs.). **Nova história das mulheres**. São Paulo: Contexto, 2012.

ROUSSEAU, Jean-Jacques. **Do Contrato Social**, trad. de Rolando Roque da Silva; Ridendo Castigat Mores (ed.). Disponível em: http://www.ebooksbrasil.org/adobeebook/contratosocial.pdf. Acesso em: 21 ago. 2023.

SALGADO, Eneida Desiree. **Princípios constitucionais estruturantes do direito eleitoral**. 2010. 345 f. Tese (Doutorado em Direito) - Universidade Federal do Paraná, Curitiba, 2010.

SILVA, Bianca Maria Gonçalves e. **Poder e gênero nas Urnas**: o comportamento dos ilícitos eleitorais diante da violência política contra a mulher. Rio de Janeiro: Lumen Juris, 2024.

SILVA, José Afonso da. **Curso de Direito Constitucional Positivo**, 38. ed., São Paulo, Malheiros, 2015.

SILVA, Luís Virgílio da. **Sistemas eleitorais: tipos, efeitos jurídico-políticos e aplicação ao caso brasileiro**, São Paulo, Malheiros, 1999.

SOIHET, Rachel. A conquista do espaço público. In: PINSKY, Carla Bassenezi; PEDRO, Joana Maria (Orgs.). **Nova história das mulheres**. São Paulo: Contexto, 2012.

SOUSA, Raquel de. **Paridade de Gênero no Poder Legislativo brasileiro e comparado**. Disponível em: https://www.puc-rio.br/ensinopesq/ccpg/pibic/relatorio_resumo2016/relatorios_pdf/ccs/DIR/DIR-Raquel_Martins.pdf. Acesso em: 21 ago. 2023.

TABERTI, Vera Lúcia de Camargo Braga. Da necessidade da Fiscalização das Candidaturas Femininas no Enfrentamento da Violência Política de Gênero. In: SARRUBO, Mario Luiz; ROMANO, Michel Betenjane; LEITÃO, Patrícia de Carvalho; CHAKIAN, Silvia (coords.). **Ministério Público Estratégico: Violência de Gênero**. Indaiatuba: Editora Foco, 2022.

TRANSPARÊNCIA ELEITORAL BRASIL. **Relatório 2020-2021 de violência política contra a mulher** / organização de Desirée Cavalcante Ferreira, Carla de Oliveira Rodrigues, Silvia Maria da Silva Cunha – Brasília: Transparência Eleitoral Brasil, 2021.

VICENTE, Débora do Carmo. **Inovação legal no combate à violência política contra a mulher**. Disponível em: https://www.conjur.com.br/2022-mar-28/inovacao-legal-combate-violencia-politica-mulher. Acesso em: 10 jul. 2022.

WIKIPÉDIA. Verbete: Isabel de Mattos Dillon. Disponível em: https://pt.wikipedia.org/wiki/Isabel_de_Mattos_Dillon. Acesso em: 10 jul. 2023.

WOLLSTONECRAFT, Mary. **Reivindicação dos direitos da mulher**. Trad. Ivania Pocinho Motta. São Paulo: Boitempo, 2016.

WOLSKI, Fernanda. **Violência econômica na política: partidos, dinheiro e mulheres**. Disponível em: https://exame.com/bussola/violencia-economica-na-politica-partidos-dinheiro-e-mulheres/. Acesso em: 09 jul. 2023.

ZAPATER, Maíra Cardoso. **A constituição do sujeito de direito "mulher" no direito internacional dos direitos humanos**. Tese (Doutorado). São Paulo, 2016. Faculdade de Direito. Universidade de São Paulo.

EDITORA
JusPODIVM
www.editorajuspodivm.com.br

Impresso por:

Docuprint
CNPJ 01.036.332/0001-99

JUS3998